세상을 지배하는 STC 리더십

김용주

박영story

서 언

시대를 초월하고 활동 영역에 상관없이 세상의 모든 리더들이 내면화하고 실천해야 하는 원칙들에 대해 무엇인가를 남기고 싶었다. 길다면 길고 짧다면 짧은 시간들이지만 사관학교와 대학교에서 30여 년 동안 생도와 학생들에게 심리학과 리더십을 가르치고 연구해 온 사람으로서 내가 깨닫고 경험한 모든 것들을 전해 주기 위해 이 글을 시작하였다. 이 글은 리더십의 거장인 제임스 쿠제스와 베리 포스너의 신념처럼 우리가 사는 세상을 우리가 있기 전보다 훨씬 더 좋은 곳으로 만들 수 있도록 유산을 남기는 의미를 갖는다.

나는 오랜 기간 동안 사관학교에서 리더십을 강의해 왔다. 리더십의 중요성을 설파하며, 생도들의 리더십을 개발시키는 프로그램을 직접 제작하기도 하였다. 생도들에게 사용되는 리더십 역량평가 도구들을 정비하고, 새로운 평가도구로서 다수준집단관찰시스템(SYMLOG)이라는 훌륭한 진단 도구를 사관학교에서 운용하였다. 군에서 필요로 하는 리더십 진단도구를 개발하기도 하였다. 독일연방군의 내적지휘 개념을 차용하여 한국군에 고유한 리더십 개념이 필요하다는 것을 여러 지면을 통하여 역설하기도 하였다. 리더십 교육과 연구를 통하여 획득된 나의 지식과 경험들에 기초하여 후배들에게 도움이 되고 정말 더 행복한 병영생활을 구현하기 위해 무언가를 유산으로 남기고 싶었다.

익히 아는 바와 같이 일반대학이나 사관학교에서 이루어지고 있는 대부분의 리더십 강의는 주로 외국의 유명한 학자들이 저술한 원서들이나 번역서를 중심으로 이루어지고 있다. 강의에 사용되는 교재들의 대부분은 역사적인 순서에 의해 다양한 리더십 이론들을 소개하거나, 리더와 부하 그리고 상황이라는 구도를 사용하여 내용을 구성하고 있다. 학생들은 리더십 강의를 통하여 리더십 이론들에 대해 이해하고, 효과적인 리더십을 발휘하기 위해 리더에게 요구되는 품성과 행동들을 인식하게 된다. 그런데 리더에게 요구되는 요소들을 '어떻게 개발시킬 것인가'에 대해 설명하는 학자들이나 저서들은 의외로 거의 없다. 리더십 개발과 관련하여 발간된 몇 권의 저서들 대부분은 특정한 리더십에 한정되어 있거나, 일반적인 자기개발서의 수준에서 제작되었다. 인터넷 자료 탐색에서 '리더십'이라는 키워드를 입력하면, 엄청난 수의 산물들이 탐색되는데도 불구하고, 리더십 개발에 관한 자료들은 의외로 부족하다. 놀라운 사실은 어떻게 리더십을 개발시킬 수 있는가? 어떤 프로그램들을 활용할 것이며, 어떻게 구성해야 효과적인가? 등에 대해 도움을 받을 수 있도록 체계적으로 구성된 자료들이 거의 없다는 점이다.

리더십 개발에 관한 강의의 필요성을 절감한 나는 2011년에 처음으로 '리더십 개발'을 주제로 강의를 준비하였다. 그런데, 국내에서는 거의 참고할 만한 자료가 없었다. 다행히 미 육사 위탁교육을 마치고 복귀한 장교로부터 미 육사에서 '리더십 개발' 강의에 사용되고 있는 자료들을 얻을 수 있었으며, 이를 바탕으로 강의 내용을 구성하였다. 그러나 미 육사의 리더십 개발은 상당 부분 자기개발에 집중되어 있었으며, 리더십 개발을 위한 이론적 기초가 부족하였다. 나는 2012년 미국 노스캐롤라이나 대학에서의 교환교수 기간을 통하여 미국 내에서 사용되는 리더십 개발과 관련된 자료들을 수집하였다. 귀국 후 10여 년에 걸쳐 '리더십 개발' 강의를 전폭적으로 수정 및 보완해 왔으며 2022년에 이르러서야 나름대로 흡족한 수준의 강의내용을 구성하게 되었다. 리더십 개발 강의의 전반부에서는 리더십 개발과 관련된 이론과 사례들이 소개되고, 후반부에서는 리더에게 요구되는 핵심역량들(자기인식, 대인관계, 피드백, 상담과 코칭, 개발하기 등)의 이해와 개발방안들이 다루어진다. 강의에서 사용된 리더십 개발과 관련된 이론 부분을 요약하여 본 저서의 부록으로 첨부하였다.

30년에 걸친 리더십에 대한 강의와 10여 년에 걸친 '리더십 개발' 과목의 강의를 통하여 나는 또 다른 유산 작업에 대한 욕구를 느끼게 되었다. 나는 리더라면 누구나 갖추어야 할 가장 핵심적인 역량들에 대해 심리학적인 관점에서 분석하고, 이 역량들을 개발할 수 있는 방안들에 대해 소개하는 책을 저술하고 싶었다. 이를 위해 나는 리더십의 수많은 거장들과 이론들, 그리고 유익한 다양한 자기개발서들에서 언급되는 내용에 기초하여 가장 핵심적인 요소들을 선정하고 그 요소들을 중심으로 차세대 리더들에게 도움이 될 수 있는 리더십 원칙들을 정리하였다. 그리고 그 결과는 세 가지 방향으로 압축되었다.

첫 번째 방향은 자기 리더십(Self Leadership)이다. 중국 고전 사서의 대학에서 유래한 수신제가치국평천하(修身齊家治國平天下)가 말하듯, 리더에게 가장 중요한 것은 그 무엇보다도 먼저 자기 자신을 잘 다스리는 것이다. 자기 인식이 결여되었거나 부족한 리더가 이끄는 조직의 성과와 구성원들의 만족도가 낮다는 연구 결과는 리더의 자기 인식이 얼마나 중요한지를 말해 준다. 어려운 상황에서 리더 스스로가 비관적이거나 회의적인 경우, 구성원들은 더더욱 부정적인 방향으로 쏠리게 된다. 리더가 긍정적인 사고와 감정을 유지하고 있을 때, 구성원들도 힘을 얻을 수 있다. 다른 어떤 구성원들보다도 리더의 긍정성이 더 중요한 이유이다. 그리고 리더들은 나름대로의 강한 신념을 갖고 있어야 하며, 구성원들을 자극하고 고무시킬 수 있는 높은 수준의 가치관을 추구해야 한다. 이렇게 리더가 자기 자신을 먼저 다스리는 것이 바로 리더십의 시작이다.

두 번째 방향은 함께 가는 리더십(Together Leadership)이다. 리더의 생각과 행동 그리고 마음이 구성원들과 함께 하지 않는다면 리더십의 효과는 매우 미약하게 된다. 리더가 구성원과의 관계에서 가장 먼저 실천해야 하는 것이 바로 관심이다. 모든 관계적 행동은 관심에서 시작된다. 리더가 구성원들과의 관계를 잘 유지하고 소통하면서 그들을 행동하게 만드는 것 또한 리더의 필수적인 구비요건이다.

세 번째 방향은 변화 리더십(Change Leadership)이다. 조직을 이끄는 리더라면 조직의 지속적인 성장과 발전을 위해 시대적 요구에 민감하게 반응해야 한다. 리더는 시대가 요구하는 것을 정확하게 파악하고 예측하여 다가올 미래를 준비해야 한다. 자신과 더불어 구성원들과 조직의 역량을 지속적으로 개발하여야 한다. 혁신하지 않는 조직은 쇠퇴하게 된다. 최고의 리더는 주어진 임무를 성공적으로 수행하는 데에 만족하지 않고서 새로운 임무를 스스로 창출해 나가는 사람이다.

이렇게 본 저서에는 리더들이 유념하고 실천해야 할 원칙들이 자기(Self), 함께(Together), 변화(Change)의 세 영역으로 정리되었으며, 자기–함께–변화의 의미를 담아 STC 리더십으로 명명하였다. STC 리더십은 어느 영역, 어느 위치에 있든 상관없이 모든 리더들에게 공통적으로 적용되는 원칙들을 담고 있다. 그러한 의미에서 본 저서의 제목은 "세상을 지배하는 STC 리더십"으로 결정되었다.

본 저서는 리더에게 요구되는 9개의 역량을 심리학적 관점에서 심도 있게 해석하고 설명하기 위해 최대한 노력하였다. 아울러 각 역량별로 개발 또는 활성화 방안들을 제시하여 리더들에게 실질적인 도움을 제공하고자 노력하였다. 각 장의 마지막 부분에는 해당 장의 내용과 관련된 영상자료들을 엄선하여 수록하였다. 유튜브상에 넘쳐나는 자료들이 많지만, 학술적으로 의미가 있는 자료들은 그리 많지 않다. 영상자료의 선정은 어디까지나 저자의 개인적인 관점에서 이루어졌음을 알린다.

책을 저술하는 과정에서는 대작에 대한 벅찬 기대감이 넘쳤지만, 막상 책의 출판을 앞둔 시점에 들어서면서 부끄러운 마음과 역량의 부족함을 느끼게 된다. 그럼에도 불구하고 본 저서에 수록된 단 한 줄이라도 독자에게 도움이 될 수 있지 않을까라는 실낱같은 희망을 가져 본다. 어떻게 보면 본 저서는 나 혼자만의 작품이라기보다는 육군사관학교의 선후배 교수님들과 군에서 활동하고 있는 리더십 전문가들의 유산이라고 보아야 할 것이다. 그런 의미에서 이 자리를 빌려 관련된 모든 분들께 감사의 뜻을 전하고 싶다. 특히 어려운 여건 속에서도 본 저서의 출판을 흔쾌히 허락하고 애써 주신 박영스토리 관계자 여러분께 진심으로 감사의 말씀을 드린다.

마지막으로 본 저서의 출판에 독자로서의 의견을 제시하고 편안한 마음으로 집필에 전념할 수 있도록 내조해 준 아내 한민나와 유진, 수환, 혜영에게 감사한 마음을 전하고 싶다.

2022년 7월
태릉 화랑대에서

목 차

PART 01

1차원: Self

CHAPTER 01 자기를 파악하라!

CHAPTER 02 긍정을 강화하라!

CHAPTER 03 가치를 추구하라!

PART 02

2차원: Together

CHAPTER 04 관계를 경영하라!

CHAPTER 05 소통을 장려하라!

CHAPTER 06 동기를 유발하라!

PART 03

3차원: Change

CHAPTER 07 미래를 설계하라!

CHAPTER 08 **역량을 개발하라!**

CHAPTER 09 **변화를 주도하라!**

부 록

리더십 개발 이론

세상을 지배하는 STC 리더십

PART
01

1차원: Self

세상을 지배하려는 자,
먼저 자기 자신을 알라!

"리더는 자기 자신을 이해하고

스스로 긍정주의자가 되어야 하며

확고한 가치관으로 무장해야 한다."

CHAPTER 01

자기를 파악하라!

01 자기 이해의 중요성

02 자기에 대한 생각

03 자기인식의 방해꾼들과 자기인식 방법들

소크라테스는 왜 "너 자신을 알라!"고 말했을까? 공자가 "아는 것을 안다고 하고, 모르는 것을 모른다고 하는 것, 이것이 곧 아는 것이다!"라고 말한 의미는 무엇일까? 손자의 모공편(謀攻篇)에 나오는 '지피지기(知彼知己)면 백전불태(百戰不殆)'라는 말에도 '나를 알면'이라는 전제가 있다.

한 개인의 삶에 있어서도 자신에 대해서 잘 알고 있는 사람이 다른 사람들과의 관계를 잘 맺어갈 수 있다. 리더의 경우에는 더욱 더 자신에 대해 잘 파악하고 있어야 한다. 자신의 성격, 능력, 강점과 약점 등에 대해 스스로 잘 이해하고 있는 리더가 더 효과적인 리더십을 발휘할 가능성이 크고, 리더가 자기 자신을 잘 이해할수록 조직의 성과와 발전 측면에서 더 좋은 결과를 보장받을 수 있다.

그러나, 실제 장면에서는 리더가 자기 자신에 대해 정확하게 인식할 수 있는 기회가 많지 않다. 리더가 자기인식의 중요성을 깊이 인식하고 스스로 노력해야만 가능하다. 자기인식이 저절로 이루어지는 것이 아니기 때문에, 많은 리더십 전문가들이 리더의 자기인식에 대해 강조한다.

리더가 자기를 올바르게 인식할 수 있는 방안들은 다양하다. 개인적 차원과 제도적인 차원에서 자신에 대해 이해할 수 있는 방법들이 있으며, 외부의 도움을 통해서도 자신을 이해할 수 있는 방법들이 있다.

— 01 —

자기 이해의 중요성

1. 고위직일수록 자기인식이 부족?

조직에서 어느 정도 성공적인 지위에 이른 많은 리더들은 자신이 지금 '잘하고 있다'는 믿음을 갖고 있다. 자신이 지금까지 좋은 성과를 보여 왔기에 현재의 자리까지 올라왔고, 그래서 자신의 일하는 방식이 충분히 성공적이라고 믿는다. 직급이 올라가면서 조직 내의 활동이 증가하게 되고, 그 만큼 업무상으로 그를 따르는 사람들이 많아지게 된다. 이럴 경우 대부분의 리더들은 자신이 매우 개방적이며, 합리적이라고 판단하는 경우가 많다. 그리고 이러한 믿음은 자신의 생각과 행동에 전혀 문제가 없으며, 경쟁에서 떨어진 상대들보다 더 월등한 리더십을 구현해 왔다고 생각하게 만들며, 자신의 방식보다 더 생산적이고 효과적인 방식을 탐색할 기회를 허용하지 않는다. 리더의 이러한 사고와 태도는 조직 내부적으로 불만족을 증대시키고, 구성원들의 조직에 대한 몰입을 약화시킬 가능성이 높다. 하지만 구성원들은 그들의 느낌과 고충을 좀체 외부적으로 표현하지 않는다. 여기 자기인식이 부족한 리더의 사례 두 가지를 들어본다.

> A라는 리더는 자신이 매우 열려있는 사람이라는 점을 강조하면서, 누구든지 어려워하지 말고 자신의 방을 방문하면 좋겠다고 말한다. 하지만 사람들은 어느 누구도 업무상의 출입 이외는 개인적으로 A의 방을 방문

하지 않는다. A는 개인적으로 찾아오지 않는 부하 직원들을 못마땅하게 생각할 뿐, 자신에게 그 원인이 있을 것이라는 점에 대해서는 전혀 생각하지 않는다. 그런데 부하 직원들에게 개인적으로 방문하지 않는 이유를 물어보면, 리더 A가 자신들을 이해하지 못하고, 늘 자신의 생각만을 강조하기 때문에 선뜻 찾아가기가 어렵다고 말한다.

B라는 리더가 있다. B는 윗사람들에게는 매우 공손하고 예의바르게 행동하지만, 아랫사람들에게는 오만하며, 직선적인 표현으로 마음에 상처를 주기도 한다. B의 부하직원들은 현실이 불만족스럽고 불합리하다고 판단하지만 들어내어 표현하지 못한 채, 조직에서 벗어나고 싶은 욕구를 잔뜩 품고 있다. 이러한 상황에서 B는 과연 자신의 이중적인 행동에 대해 스스로 인식하고 있을까? 아랫사람들 모두가 그의 이중적인 행동에 대해 알고 있으며, 그의 리더십에 대해 불평과 불만이 있다는 사실을 B는 알고 있을까? 만약 B가 그러한 사실을 인식하면서도 계속 그렇게 행동한다면 그 조직은 하루빨리 B를 방출시키는 것이 조직의 발전을 위해 유리하다. 만약 B가 자신의 행위에 문제가 있다는 사실을 모른다면, 자기에 대한 타인들의 평가를 피드백해 주고 변화의 방향을 도와주는 것이 B와 조직의 발전을 위해 큰 도움이 된다.

조직에서 오랜 시간을 근무하다 보면 여러 유형의 리더들을 경험하게 된다. 그런데 흥미로운 사실은 그 조직의 책임자 역할을 수행한 리더들의 숫자는 많았지만, 그들의 리더십 스타일을 살펴보면 크게 두 유형으로 나뉘어진다는 것이다.

한 유형의 리더들은 가급적 조직을 안정되게 유지하려고 노력한다. 이들은 상당히 방어적이며, 처벌받는 것에 대해 매우 민감하게 반응한다. 이들에게 있어서 사고발생은 치명적이라고 생각되기 때문에 모든 지휘 노력의 대부분을 사고예방에 쏟는다.

다른 유형의 리더들은 상당히 도전적이다. 이들은 조직의 안정적인 운영도 중요하지만 더 발전된 조직으로의 변화를 도모하고자 한다. 이들에게 있어서 실패는 발전을 위한 노력의 과정에서 있을 수 있는 일이라고 생각한다. 여기서 더 흥미로운 사실은 리더들 스스로가 이러한 두 유형들 중 하나라는 사실을 인식하지 못하고 있다는 것이다. 불행하게도 그 어느 부하도 자신의 리더가 두 유형들 중 하나에 속한다는 사실을 말하지 않기 때문에, 리더들은 그 자리를 떠나는 순간까지 자신이 어떻게 평가받고 있는지 모른다.

그럼 왜 이처럼 상반된 모습의 사고와 행동들이 나타나게 되는 것일까? 여기에는 여러 가지 원인이 있을 수 있겠지만, 현재의 자기는 유전적으로 타고난 소인과 성장해 오면서 이루어진 경험이 함께 작용한 결과라고 보아야 할 것이다. 좀 더 구체적인 심리학적 해석을 부여한다면, 두 유형의 리더들이 서로 다른 자기(Self)를 갖고 있기 때문이다. 두 유형의 자기에 대해서는 뒤에 더 자세히 설명하기로 한다.

그런데 자기인식이 부족하다는 비판은 오로지 고위직의 리더들에게만 해당되는 것일까? 우리 모두는 자기 자신에 대해서 잘 알고 있을까? 나의 관심사는 무엇이며 나의 재능은 무엇인가? 나의 강점은 무엇이며 약점은 무엇인가? 나의 행동 스타일과 사고방식은 어떠한가? 우리는 이 모든 질문들에 대해 스스로 명확한 답을 갖고 있을까? 아마도 이러한 부분이 가장 잘 안되는 것이기 때문에 공자나 소크라테스와 같은 옛 성현들이 세상을 지배하려면 먼저 자신에 대해 이해하라고 가르침을 주셨던 것 같다.

2. 성현이 전하는 자기인식

자기인식의 중요성에 대해 가르침을 준 공자의 일화가 있다. 논어의 위정(為政)편에는 공자가 제자들 중 가장 연장자인 자로를 일깨워주는 대목이 나온다. 원래 자로는 중국 춘추시대 노나라의 정치가이자 무인이다. 자로는 어느날 공자가 제자들에게 강론하고 있는 현장에서 행패를 부리려다가 공자와의 대화를 통해 감화되어 그의 제자가 된 사람이다. 공자가 여행하는 동안 호위를 자처하며 시기하는 무리들로부터 공자를 지켰다. 자로는 공자의 제자들 중 보통 용(勇)에서 으뜸가는 인물로 꼽힌다. 자로가 나중에 위나라에서 벼슬을 하다가 반란을 일으킨 공회에 의해 죽임을 당하였다. 공자는 자로의 죽음을 접하고 “하늘이 나를 버리는구나”라고 탄식했을 만큼 심적으로 지지를 받았던 것 같다. 그런 자로에게 공자가 어느 날 가르침을 주고자 하였는데, 그 이유는 자로가 힘쓰기를 좋아하고 남에게 지기 싫어하는 성격 탓으로 모르는 것이 있어도 체면상 아는 체하는 경우가 많았기 때문이다. 이런 자로를 일깨워주기 위하여 공자는 “아는 것을 안다고 하고, 모르는 것을 모른다고 하는 것, 이것이 곧 아는 것이다(子曰, 由, 誨女知之乎, 知之為知之 不之為不知 是知也)”라고 말한다. 이것은 곧 무지(無知)의 지(知)에 도달할 때, 비로소 진정한 앎에 대한 추구가 가능하다는 의미이다.

공자

소크라테스

자기인식에 대한 가르침은 비단 동양에서만 강조되는 것은 아니다. 고대 그리스의 격언에서도 그 가르침을 찾을 수 있다. 델포이에 있는 아폴로 신전의 프로나오스에는 “너 자신을 알라”는 고대 그리스의 유명한 격언이 새겨져 있다. 소위 소크라테스의 명언으로 알려져 있는 이 말은 무엇을 의미할까? 소크라테스의 일화를 살펴보기로 하자.

> 어느 날 소크라테스의 친구가 델포이 신전을 찾아가 "이 세상에서 가장 현명한 사람은 누구인가요?"라고 물었고, 신전의 무녀는 "없다"라는 신탁을 내려주었다. 그 친구는 자기가 들은 신탁의 내용을 소크라테스에게 전했고, 이 말을 들은 소크라테스는 신탁의 내용을 스스로 시험해 보기로 하였다. 소크라테스는 아테네에서 지혜롭다고 알려진 사람들을 모두 찾아다니며 대화를 나누었다. 그런데 사람들이 지혜롭다고 평가하는 그들이 실제로는 지혜롭지 못하다는 것을 확인할 수 있었다. 소크라테스는 그들과의 대화를 통해 자신이 지혜롭다는 확신을 갖게 되었다. 왜냐하면, 지혜롭다고 알려진 사람들은 자신들이 잘 알지 못하는 것도 마치 아는 것처럼 이야기하고 있었지만, 소크라테스 자신은 모르는 것에 대해 모른다고 생각하고 있었기에, 이 점에 있어서 소크라테스 자신이 그들보다 더 지혜롭다고 여기게 되었다는 것이다.

소크라테스의 '너 자신을 알라'는 격언의 의미는 쉽게 말해서 '알지 못하는 것에 대해 아는 체 하지 않으며, 모르는 것에 대해 모른다'고 말하라는 것이다. 그래야만 비로소 진정한 인식, 참된 지혜가 얻어질 수 있다는 의미이다. 달리 이야기 하면, 참된 진리에 도달하기 위해 우선 경험을 통하여 형성된 편견과 오만에서 벗어나라는 뜻이다.

이처럼 동서양을 막론하고 세상의 현인들은 자기 자신의 부족함에 대해 잘 아는 것이 매우 중요하다는 것을 강조한다. 여기서 자기 자신에 대한 이해는 비단 지혜의 영역에 국한되는 것만은 아니다. 소크라테스와 공자의 메시지는 현재 자신이 진정으로 원하는 것이 무엇이며, 지금 추구하고 있는 일이 과연 의미 있는 것인가에 대해서도 숙고해 보라는 의미도 담고 있다.

3. 자기인식이 중요한 이유

그렇다면 왜 자기인식이 그렇게도 중요할까? 자기 인식을 잘 하는 리더와 자신에 대해 잘 이해하지 못하는 리더 사이에는 어떤 차이가 있을까?

우선적으로 자기인식 수준이 높은 사람은 자신의 사고와 행동 스타일에 대해 잘 알고 있다. 이들은 타인의 사고와 행동에 대한 자신의 감정적 반응도 잘 알고 있다. 그래서 이들은 자신이 불쾌한 사람을 상대할 때, 자신에게 어떤 반응이 일어날 것인지를 잘 예측할 수 있으며, 스스로 예기치 못한 상황이 발생할 가능성을 낮출 수 있다. 따라서 자기인식이 높은 사람들이 타인과의 관계에서 파행적인 결과나 부정적인 상태로 진행될 가능성이 낮다. 또한 이들은 자신의 업무스타일을 잘 알고 있기 때문에 프로젝트의 진행 스케줄에 맞추어 일이 진행되는 속도를 잘 조절할 수 있다. 이들은 자기 스스로가 짧은 시간에 일을 신속하게 처리하는 스타일이 아니라고 생각한다면, 미리 미리 준비하여 기한 내에 일을 잘 마칠 수 있도록 업무를 계획한다.

자기인식 수준이 높은 사람은 자신이 무엇을 가장 중요하게 생각하고 있는지, 자신이 어떤 강점과 약점을 갖고 있는지 잘 알고 있다. 이들은 자신이 좋아하는 일, 자신이 몰입할 수 있는 일을 찾아갈 수 있으며, 의무감이나 강제에 의해 일을 선택하는 경우가 적다. 이들에게는 비록 회사의 일이 마음에 내키지 않지만 봉급을 많이 주기 때문에 그 회사를 다닌다는 그런 경우가 적다. 그렇기 때문에 자기인식 수준이 높은 사람은 자신이 좋아하는 일을 선택할 가능성이 높으며, 이로 인하여 자신들의 일에 대한 만족도와 자신감이 높아지고, 결과적으로는 높은 직무성과를 달성할 수 있게 된다.

자기인식 수준이 높은 사람은 자신의 역량에 대해 잘 알고 있기 때문에 어떤 일에 대해서는 자신감을 갖고 행동하며, 자신이 부족한 부분에 대해서는 겸손하고 솔직하게 사실을 인정하게 된다. 이러한 솔직하고 겸손한 행동은 타인들에게 신뢰를 주게 되어 긍정적인 관계를 유지시켜 준다.

자기인식은 모든 사람들에게 중요하지만, 특히 리더에게는 더더욱 중요하다. 왜냐하면 리더의 자기인식 결과는 자신에게 국한되지 않고 그가 속한 조직의 구성원들에게도 영향을 미치기 때문이다. 군대의 경우 지휘관이 자기자신을 잘 파악하고 가장 효과적인 리더십을 발휘할 경우, 수 백, 수 천, 혹은 수 만 명의 장병들이 만족스러운 병영생활을 영위할 수 있게 된다.

세계적으로 유명한 컨설팅 회사인 헤이 그룹(Hay Group)은 한국을 포함하여 미국 등 29개 국가의 기업 리더 1만 3,000여 명을 대상으로 리더들의 자기인식 역량을 조사하였다. 이들의 연구결과에 따르면, 최고의 성과를 내는 조직의 리더들에게서 높은 수준의 '자기인식'이 공통적으로 나타났다. 이들의 연구에서 자기인식수준이 높은 리더들의 92%가 높은 성과를 만들어 내고, 근무환경을 긍정적으로 조성하는 반면에, 자기인식수준이 낮은 리더들의 78%는 낮은 성과를 보이고, 구성원들의 업무몰입도를 저하시켰으며, 근무환경을 부정적으로 조성하였다.[1]

MIT Sloan Management Review에 발표된 글에서도 리더의 자기인식이 리더들을 발전시키는 가장 중요한 능력으로 인용되었다. 이 글에 의하면, 성공한 리더들은 다양한 자기인식 방법을 통하여 자신들의 성향에 대해 정확하게 인식하고, 자신들의 강점을 살리면서 부족한 부분을 보완해 나갔다. 물론 이 경우에 성공의 기준은 리더 자신의 진급이나 승진만을 의미하는 것은 아니다. 조직의 목표를 달성하고, 높은 성과를 보이며, 구성원들의 만족도를 높이는 등의 기준들까지 포함한 것이다.[2]

---

1 https://www.donga.com/news/view?gid=43986060&date=20120212

2 https://sloanreview.mil.edu/article/self-awareness-a-key-to-better-leadership

— 02 —

자기에 대한 생각

스스로 자기 자신을 바라볼 수 있는 가장 쉬운 방법은 거울을 보는 것이다. 많은 사람들은 하루에도 수차례 혹은 수십 차례에 거쳐 자신을 바라본다. 거울 속에 비추어진 자신의 머리 모양을 보기도 하고, 자신의 얼굴을 살펴보기도 하며, 때로는 자신의 몸매를 바라본다. 하지만 거울 속에 나타난 자기의 모습은 현재의 순간만을 보여줄 뿐이며, 내면이 아닌 외적인 모습만을 나타내 줄 뿐이다.

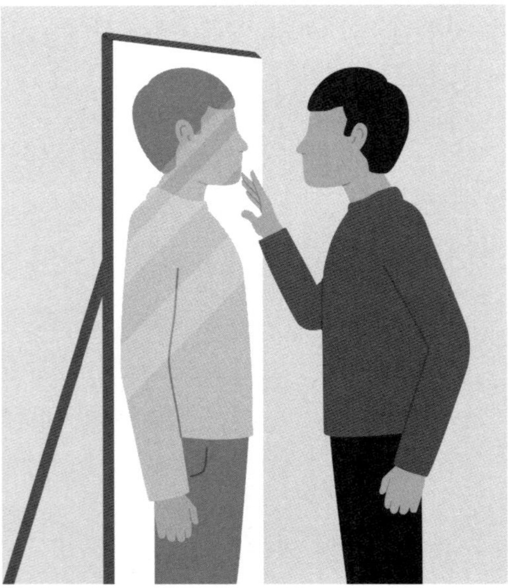

나와 거울 속의 나의 모습

우리는 살아가면서 자기 자신의 내면을 살펴볼 기회가 많지 않다. 대부분의 사람들은 일상생활 속에 파묻혀 살아간다. 학교나 직장에서 바쁘게 생활을 하다가 주말이나 휴가를 맞이하더라도 또 다른 즐거움을 추구하기 위해 분주해 진다. 그러다가 자신을 되돌아볼 기회가 생긴다. 대학을 졸업하고 직업을 선택할 때가 되면 자신의 능력이나 성격, 희망 등에 대해 숙고해 본다. 직장에서 더 높은 직위로의 승급 시기가 다가 오거나 지나가고 나면, 그 즈음에 사람들은 또 다시 자신에 대해 되돌아본다. 은퇴를 앞둔 사람들도 자신의 지나온 길을 되돌아보고, 인생 제2막을 어떻게 시작해야 할 것인지 고민하면서 자기 자신을 평가해 본다. 자신이 살아 온 여정을 돌이켜 보기도 하고, 현재까지 일구어 온 개인적 성과를 가늠해 보기도 한다. 자기를 둘러싼 다른 사람들과의 관계에 대해서도 얼핏 생각해 본다.

그렇지만 대부분의 사람들은 상당히 피상적이며 옅은 수준에서 자기 자신에 대해 되돌아보는 경우가 많다. 자기 자신을 심도 있고 정확하게 이해한다는 것은 쉬운 일이 아니다. 자기 자신에 대한 이해가 어렵다는 것을 느끼기 위해 아래의 질문들에 대해 어느 정도의 답변이 가능할 지 생각해 보자.

당신은 현재 어느 부분에서 부족함을 느끼고 있나요?
당신은 현재 직장에서 자신의 역할에 대해 만족하고 있나요?
당신은 현재 자신의 삶에 대해 만족감과 행복감을 느끼고 있나요?
당신은 늘 마음속 한 구석에 다른 길을 동경하고 있나요?
당신의 성격은 외향적인가요? 아니면, 내성적인가요?
당신은 늘 외향적인 사람이 되고자 애를 쓰고 있나요?
당신이 가장 큰 행복감을 느끼는 순간은 언제인가요?
당신은 조직을 운영할 때 사고예방에 최선을 다하는가요?
당신은 무엇인가에 도전하고 발전하기 위해 노력하는가요?

만약 위에서 언급한 질문들에 대해 어느 정도 대답을 할 수 있다면, 당신은 자기 자신에 대해 상당히 정확하게 인식하고 있다는 것을 의미한다. 아마도 대부분의 사람들은 위에 열거한 질문에 대한 답을 구하는 데에 어려움을 겪었을 것이다.

쿠제스와 포즈너(2006)는 리더들이 자기를 인식하는 데에 도움이 될 수 있는 체크리스트를 아래와 같이 제시하였다. 각각의 질문에 대한 답을 생각해 보면, 리더 스스로 자신의 생각과 행동에 대해 어느 정도의 윤곽을 그릴 수 있다.

Tip 1: 리더의 자기인식 체크리스트

- 나는 누구이며 어떤 목적을 갖고 있는가?
- 나는 지금 무엇을 위해 존재하는가?
- 나는 어떤 변화를 만들어 내고 싶은가?
- 나는 적극적으로 행동할 준비가 되어 있는가?
- 나는 자신의 욕구 너머에 있는 더 큰 것을 보고 있는가?
- 나는 희생과 고통을 감내할 각오가 되어 있는가?
- 나는 내가 섬겨야 할 사람들이 누구인지 알고 있는가?
- 나는 자신의 행복보다 다른 사람들의 행복에 더 관심이 있는가?
- 나는 자신의 조직에서 가장 중요한 사람임을 알고 있는가?
- 나는 다른 사람들의 발전이 나의 발전임을 아는가?
- 나는 다른 사람의 공헌을 기꺼이 받아들일 수 있는가?
- 나는 비판자를 인정하고 사랑할 수 있는가?
- 나는 가르칠 때 가장 많이 배운다는 것을 알고 있는가?
- 나는 자신이 이끌고 있는 모든 사람을 스승으로 만들 수 있는가?
- 나는 자신이 떠날 때 어떤 사람으로 기억되고 싶은가?
- 나는 '리더의 유산'은 '모두의 유산'임을 알고 있는가?

1. 자기의 개념과 유형

자기(Self)란 단어는 얼핏 보아서 매우 쉬운 개념일 것 같지만, 철학과 심리학에서 매우 중요하게 다루어져 온 만큼 다소 복잡한 의미들을 내포하고 있다.

먼저 자기의 사전적 의미를 찾아보면, 자기란 '**개인이 태어나면서 혹은 성장하면서 타인을 포함한 환경과의 관계를 통하여 형성된 자신과 관련된 제반 정보의 총합**'으로 정의된다. 즉 자기란 신체적, 심리적, 사회적 관점에서 자신에 대한 모든 생각과 감정, 행동방식, 능력과 개인 특성 등을 포함한다.

심리학에서 자기 개념(Self-concept)은 **사회적 맥락 속에서 능력, 태도, 느**

낌을 포함한 자신에 대한 주관적인 인식 개념을 말한다. 이는 자기의 신체적, 성격적 특징과 능력 그리고 타인과의 관계 속에서 자기에 대한 인식 등을 포함한다.

여기서 중요한 관점은 자기의 개념이 자기 혼자서 독립적으로 발달되는 것이 아니라, 항상 다른 사람과의 관계, 즉 사회적 관계 속에서 발전된다는 것이다. 즉, 내 스스로가 나에 대해 생각하는 것은 항상 다른 사람과의 비교를 통해서, 혹은 다른 사람들로부터의 반응이나 피드백을 통해서 이루어진다는 것이다.

성인들의 자기 개념은 유아기의 경험에 의해서 결정되어진다고 보는 결정론적 시각도 있지만, 삶을 통하여 지속적으로 변화해 간다고 보는 입장도 있다. 정신분석학에서는 상당한 결정론적인 입장을 보이는 반면에, Rogers를 비롯한 인본주의 심리학자들은 인간의 자기 개념에 대해서도 매우 긍정적인 관점을 취하고 있다.

Rogers는 사람들에게 태어나면서부터 자기를 유지하고 긍정적인 방향으로 발전시키고자 하는 자기실현 경향성이 내재되어 있다는 것을 강조한다. 그는 사람들이 태어나서는 일어나지도 못하고 걷지도 못하지만 점차 근육과 운동신경이 발달하면서 자신의 의지대로 몸을 움직일 수 있게 되는 것과 마찬가지로, 사람들은 성장하면서 자신의 힘으로 세상을 바꿀 수 있는 영역을 점차 확대해 나간다고 보았다. 결국 사람들에게 형성된 자기는 타고난 속성도 있지만, 성장해 가면서 지속적으로 변화되어 질 수 있다.

자기와 관련하여 흥미로운 사실은 내 안에 하나의 자기가 아니라 여러 개의 자기가 존재한다는 것이다. 아울러 대부분 사람들의 경우, 여러 개의 자기들이 서로 일치하는 경우보다도, 오히려 불일치하는 경우가 더 많다고 한다. 여러분의 내면에는 과연 어떤 자기들이 존재하고 있으며, 그들은 서로 얼마나 일치할까?

내가 생각하는 자기와 지각된 자기

사람들은 누구나 다 자신의 모습이나, 자신의 장·단점에 대해 잘 알고 있다고 생각한다. 또한 자신이 어떤 특성을 가진 사람이며, 어떤 행동을 하는 사람인지 잘 알고 있다고 생각한다. 사람들은 누구나 다 '내가 생각하는 자기'의 모습을 갖고 있다. 하지만 다른 사람들도 나에 대해서 내가 스스로 생각하고 평가하는 만큼 그렇게 생각하고 있을까?

사람들은 가끔 이런 의문을 갖는 경우가 있다. 내가 생각하는 만큼 다른 사람들도 나를 그렇게 생각하고 있을까? 나는 테니스를 잘 치는 사람이라고 생각하는데, 남들도 나를 그렇게 평가하고 있을까? 나는 다른 사람들에게 다정하게 대해 준다고 생각하는데, 남들도 나에 대해 정이 많은 사람으로 인식하고 있을까? 나는 나 스스로의 성격이 다소 내성적이라고 생각하는데, 주변 사람들은 오히려 나의 성격을 매우 사교적이며 외향적이라고 말하는 경우는 없는가? 본인은 카리스마와 거리가 멀다고 생각하는데, 다른 사람들은 당신을 카리스마가 넘치는 성격의 소유자라고 말하지는 않는가?

A라는 리더는 본인이 매우 합리적이며 객관적인 판단을 하는 사람이라고 여기고 있다. 그리고 다른 특정한 리더가 매우 독선적이며 편협한 자기 생각을 너무 지나치게 강조한다고 비난한다. 그런데 A는 평소에 자신이 생각한 주제에 대해 반대 의견을 제시하는 사람들과 논쟁을 하는 경우가 많다. 논쟁이 진행되는 과정에서 A는 자신의 생각이 옳다고 믿으며 이에 이견을 제시하는 상대가 생각이 짧거나 잘못된 판단을 하고 있다고 평가한다. 그런데 상대방은 A가 다소 독선적이라고 판단한다. 사람들은 A처럼 자신에 대해 잘 안다고 생각하고 있지만 모르는 부분이 많다. 사람들이 자신에 대해 생각하는 모습과 자신에 대해 다른 사람들이 생각하는 모습이 다른 경우가 많다.

이러한 불일치는 리더들의 리더십을 평가하는 장면에서도 쉽게 관찰된다. 연구자가 특정 리더에게 자신의 리더십을 스스로 평가(자기평가)하도록 요구하고, 그의 상사 또는 부하직원들에게 해당 리더의 리더십을 평가(타인평가)하도록 요구한 경우, 두 유형의 평가값이 불일치하는 경우가 의외로 많다. 자기평가 값과 타인평가 값을 비교해 보면 유사한 경우도 있지만, 자기평가 값이 타인평가 값보다 더 높게 나타나는 '과대평가'의 경우와 자기평가 값이 타인평가 값보다 더 낮게 나타나는 '과소평가'의 경우가 있다. 나는 과대평가자에 해당될까, 아니면 과소평가자에 해당될까?

흥미로운 사실은 '타인이 생각하는 나'에 대한 관심 정도도 사람마다 다르다는 것이다. 어떤 사람은 자신에 대한 타인들의 평가에 매우 민감한 반응을 보이며, 주변 사람들에게 자신에 대한 평가를 요구한다. 반면에 어떤 사람은 타인의 시선을 아예 상관하지 않는다. 사람들이 자신에 대해 알아가는 방식에 있어서도 개인차가 크다. 어떤 이는 자신의 성격이나 스타일을 알아보기 위해 직접적으로 성격검사 등의 심리검사를 실시해 보기도 한다. 이 경우는 '자신이 생각하는 나'를 확인하는 것에 해당된다. 어떤 이는 주변 사람들에게 자신에 대해 물어보는 방식을 택한다. 당신이 생각하기에 나는 어떤 사람인가요? 당신은 나의 성격이나 행동을 어떻게 평가하시나요? 이 경우는 '타인이 생각하는 나'를 확인하는 것에 해당된다. 당신은 자기 자신을 스스로 되돌아보기 위해 어떤 노력을 하고 있는가?

사람들은 다른 사람과의 사회적 관계 속에서 자기 자신에 대한 타인들의 인식과 평가에 대해 피드백을 받게 된다. 이러한 피드백에 기반하여 자신에 대한 이미지를 구축하게 되는데, 이러한 자신의 이미지를 '지각된 자기'라고 한다. 사람들은 '지각된 자기'와 '내가 생각하는 자기'가 일치할 경우 상당한 심리적 안정감을 느끼지만, 두 유형의 자기가 불일치하는 경우 불안을 경험하게 된다. 불안을 경험하게 되면, 사람들은 다른 사람과의 관계에서 안정된 반응보다는 불안정한 반응을 보일 가능성이 높아진다. 예를 들면, 자신도 모르게 자신에 대한 타인의 평가를 무시하거나 그러한 평가를 생성하는 상대방을 멀리하게 된다.

다행스러운 것은 두 유형의 자기가 불일치할 경우 이를 일치시키려는 에너지가 사람들에게 내재되어 있어서, 불안을 유발하는 불일치의 원인들을 해결하려고 스스로 노력한다는 것이다. 하지만 이러한 에너지가 힘을 발휘하지 못할 경우 불일치로 인한 불안은 여전히 여러 가지 방향에서 생활상의 문제를 유발시킬 수 있다.

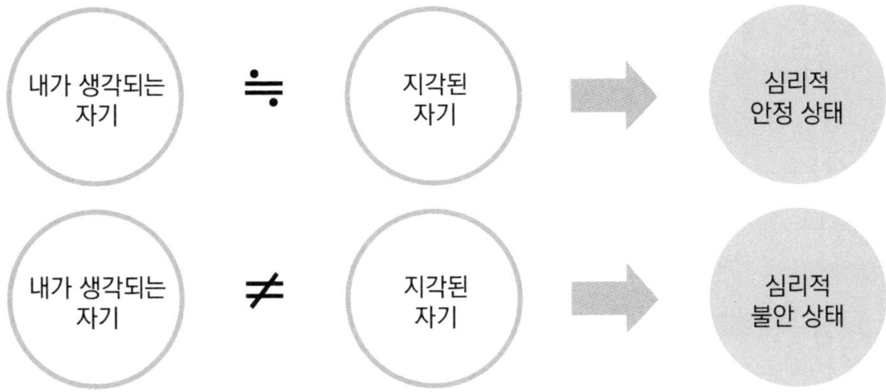

실제적 자기와 이상적 자기

앞에서 우리는 내가 생각하는 자기와 나에게 지각된 자기가 공존하고 있다고 말하였다. 그런데 우리 안에는 또 다른 자기가 존재한다. 내가 생각하는 자기를 다른 말로 표현하면 '실제적 자기(real self)'라고 부른다. 실제적 자기는 '지금 여기'에서 경험하는 자신이다. 그런데 또 다른 자기는 바로 '이상적 자기(ideal self)'로서 자신이 기대하는, 자신이 되고자 희망하는 자기의 모습이다.

일반적으로 사람들은 자기에 대해 긍정적으로 생각하는 경향성을 갖고 있으며, 자신에 대한 타인의 반응도 가급적 긍정적으로 이루어지기를 기대한다. 사람들은 주변 사람들이 나에게 기대하는 사람이 되기 위해 노력함으로써 사람들로부터 긍정적인 존중과 인정을 받을 수 있을 것이라고 생각한다. 그래서, 사람들은 부모, 교사, 직장 선배 등 중요한 주변 사람들이 바라는 가치를 추구하며 살아간다. 그런데 어느 순간 자신의 내면에 마치 두 유형의 자기가 상당히 다른 모습으로 자리잡고 있는 것을 느끼게 된다. 현재 자기가 입고 있는 옷이 자신이 정말로 좋아하는 옷이 아니라는 느낌과 유사한 경험을 하게 된다. 어떤 사람은 현재 자신의 일보다는 예술가로서의 창작활동에서 강렬한 쾌감과 즐거움 그리고 더 큰 만족감을 느낀다. 어떤 사람은 현재의 일을 하면서도 가슴 속에는 늘 '가지 못한 다른 길'을 동경하면서 살아간다. 어떤 사람들은 현재 자신의 대인관계에 늘 부족함을 느끼며 보다 더 원만한 대인관계를 갈구한다.

이처럼 사람들의 내면에는 현실적 자기와 이상적 자기가 공존하며, 사람에 따라 각기 다른 정도의 괴리가 발생한다. 실제적 자기와 이상적 자기간의 괴리가 작을 경우, 삶에 대한 자신감과 만족감 그리고 행복감이 높게 나타난다. 그러나 실제적 자기와 이상적 자기간의 괴리가 클 경우, 삶에 대한 공허감이나 불만족 그리고 타인에 대한 부정적인 행동반응 등이 나타날 수 있다.

실제적 자기와 이상적 자기가 불일치한 경우, 양자를 일치시키기 위한 노력은 각기 사람마다 다르다. 바람직한 방향은 실제적 자기를 더욱 더 발전적으로 변화시킴으로써 이상적 자기에 근접하게 만드는 것이다. 부적응적인 전략은 이상적 자기를 포기하거나 급격하게 수정하여 실제적인 자기와 일치시키는 것이다. 때로는 이상적 자기가 너무 비현실적이거나 이상론적인 측면이 강한 경우 현실적인 측면을 고려하여 이상적 자기를 조정하는 것도 합리적인 전략이 될 수 있다.

자기의 개념을 정확하게 인식하는 것은 리더들에게 어떤 의미를 주는가? 리더 스스로가 보다 더 발전적이고 적응적이며 긍정적인 방향으로 자기 개념을 획득하는 경우, 리더는 자신에 대한 신뢰가 한층 더 강해지며, 보다 더 창의적인 존재로 발전할 수 있다. 또한 자신의 자기가 어떤 과정을 통하여 형성되었으며, 어떤 상태에 있는지를 이해한다면, 부하직원들이나 다른 사람들의 생각과 행동을 이해하고 변화시켜 나가는 데에도 큰 도움을 줄 수 있다. 리더 스스로가 남의 옷을 입고 있는 듯한 인생을 살고 있다면, 그러한 리더는 부하들도 그런 인생을 살도록 요구할 가능성이 크다.

2. 나의 숨은 재능

사람들은 저마다 타고난 재능이 있다. 그런데 아이들의 타고난 재능이 성장하면서 원만하게 실현되기 위해서는 여러 가지 조건이 충족되어야 한다. 개인이 자신의 재능을 발견할 수 있는 기회를 맞이하거나, 주변의 중요한 역할을 수행하는 사람들이 아이의 재능을 발견하고 그 재능이 발현될 수 있도록 도와주어야 한다. 그렇지 않은 경우 대부분의 아동들은 자신의 타고난 재능을 발현하기 보다는 그 시대에 요구되는 사회의 바람직한 가치를 추구하도록 양육되고 교육되어진다.

예를 들면, A라는 사람은 원래 타고난 성향이 예술가이다. 그런데 지적능력이 우수하다보니 A의 부모는 당연히 의대에 진학할 것을 권하였고, A는 의사가 되었다. 그런데, 시간이 흐를수록 A는 의사로서의 삶에 즐거움을 느끼지 못하고, 공허함 속에서 살아가고 있다고 느꼈다. 그래서 음악동아리 활동에 참여하게 되었는데, 의사로서의 생활보다 음악 동아리에서 느끼는 즐거움이 훨씬 더 크게 느껴졌다. 이제 A에게는 의사 생활보다 음악과 함께 하는 것이 가장 즐거운 일이 되었다. 경우는 다르지만 이와 유사한 상황을 경험하고 있는 사람들이 상당히 많다.

성인이라면 대부분 살아오면서 여러 가지 기회를 통하여 자신의 지능지수(IQ)에 대해 피드백을 받아 보았을 것이다. 지능검사에는 여러 가지 유형이 있지만, 일반적인 지능검사들은 거의 대부분 언어능력과 수리능력 그리고 공간지각능력을 측정한다. 이들 검사에서 대략 IQ가 130 이상이면 상당히 우수한 그룹에 해당되고, 145 이상이면 매우 우수한 수준이라고 말할 수 있다. 그런데 문제는 이 세 가지 능력으로 설명되기 어려운 영역들이 있다는 점이다. 사람들이 살아가는 생활공간에서는 수리능력이나 공간지각 능력 이외에도 음악, 체육, 사회적 관계 능력 등 보다 더 다양한 능력들이 요구되고 있다. 그런데, 기존의 지능검사는 이러한 능력들에 대해 아무런 설명을 하지 못한다.

하워드 가드너는 기존의 지능검사가 논리수학 지능만을 지나치게 강조한다고 비판하고, 인간의 생활 전반에 거쳐 9개의 다양한 지능이 있다는 다중지능이론을 제안하였다(문용린, 2007). 가드너의 다중지능이론에 따르면, 지능이란 '한 문화권 혹은 여러 문화권에서 가치 있게 인정되는 문제를 해결하고 산물을 창조하는 능력'을 의미한다. 가드너가 제시한 9개 지능은 언어지능, 논리수학지능, 음악지능, 신체운동지능, 공간지능, 인간친화지능, 자기성찰지능, 자연친화지능, 실존적 지능 등이다. 가드너에 따르면 모든 사람은 개인차가 있지만 9개의 지능을 모두 소유하고 있다고 한다. 다만 사람에 따라서 특정한 지능이 상대적으로 우수하게 나타날 수 있으며, 그 패턴은 천차만별이다.

공간지능은 건축가, 예술가, 장식가, 발명가, 지리학자 등의 직종에 요구되는 지능이며, 인간친화지능은 정치가, 종교인, 마케터, 교사 등의 직종에 요구되는 지능이다. 자기성찰 지능이 높은 사람은 소설가, 상담가, 임상학자 등과 같은 직종에 적합할 수 있으며, 자연친화 지능이 높은 사람은 과학자나 공학자, 또는 동물학자나 식물학자 등과 같은 직종에 적합할 수 있다. 그렇다면, 다중지능이론에 따르면, 당신의 지적 능력은 어느 영역에서 우수하게 나타날까? 이제라도 당신의 숨은 재능을 찾아보는 것은 어떠한가?

— 03 —

자기인식의 방해꾼들과 자기인식 방법들

자기를 인식한다는 것은 모든 사람들에게 자신의 삶을 건강하고 행복하게 영위하기 위해 매우 중요한 일이다. 특히 조직을 이끄는 리더들에게 있어서 자기인식은 더욱 더 중요한 의미를 갖는다. 왜냐하면, 리더의 올바른 자기인식 여부는 조직 구성원들의 행복과 조직의 성패에 지대한 영향을 미치기 때문이다. 그렇지만 자기인식이 중요한 만큼 자기를 올바르게 인식하는 일은 그리 쉽지는 않다.

1. 자기인식의 방해꾼들

생리적인 구조상 인간은 자신을 있는 그대로 되돌아보기 어렵게 되어 있다. 우리는 외적으로 관찰가능한 자신의 외모조차도 거울과 사진을 통해서만 볼 수 있을 뿐, 단 한 번도 자신의 모습을 직접 볼 수는 없다. 많은 요인들이 사람들의 자기인식을 방해하기 때문에 우리의 내면에 대한 성찰은 더더욱 어렵다. 이곳에서는 올바른 자기인식을 방해하는 요인들 중에서 대표적으로 편향, 피드백의 부족, 성격 등에 대해 소개하고자 한다.

편향

자기인식을 방해하는 요인들 중에는 본능적으로 인간에게 내재된 속성들이 있다. 그들 중 하나는 '자기고양 편향(self serving bias)'이다. 자기고양 편향은 사람들이 자신의 행동 또는 그 행동의 결과에 대한 원인을 찾을 때, 그 결과가 좋으면 자기 자신이 잘해서 그렇게 된 것이라고 해석하고, 그 결과가 나쁘면 운이 좋지 않았거나 상황이 좋지 않았다는 등의 외부요인 탓으로 돌리는 것을 의미한다. '잘되면 내 탓이요, 잘못되면 조상 탓'이라는 말도 자기고양 편향 현상을 잘 나타내는 말이다. 그렇다면 자기고양 편향은 자기인식에 어떤 영향을 주는가? 자기고양 편향은 문제의 원인 파악이 정확하게 이루어지지 않게 만들고, 결과적으로 원활한 문제 해결을 어렵게 만든다.

확증편향(confirmatory bias)도 부정확한 자기 인식에 가세한다. 확증편향은 자신의 신념과 일치하는 정보는 받아들이고 그렇지 않은 정보는 무시하는 경향을 말한다. 확증편향이 강한 리더는 많은 정보들 중에서 믿고 싶은 것만 믿고, 보고 싶은 것만 보고, 듣고 싶은 것만 듣는다.

또 다른 방해요인으로 편향된 사고방식이 있다. 긍정적으로 생각하는 사람은 물병에 물이 반쯤 차있는 것을 보고서 "절반이나 남았네!"라고 생각한다. 하지만, 비관적으로 생각하는 사람은 그 물병의 물을 보고서 "절반 밖에 안 남았네!"라고 말한다. 이처럼 현상 자체는 하나이지만, 어떤 방식으로 생각하느냐에 따라서 그 해석의 결과가 완전히 달라진다. 부정적이고 열등감에 사로잡힌 사람은 자기 자신의 능력을 너무 낮게 평가하며 매사에 자신감이 부족해진다. 긍정적으로 생각하는 사람은 자기 자신의 능력을 상대적으로 높게 평가하고 현재보다 더 높은 목표에 도전하고자 하는 의욕이 강하다.

피드백의 부족

그러나 무엇보다도 조직의 리더들에게 있어서 자기 인식이 어려운 가장 큰 이유는 피드백의 부족이다. 피드백의 부족은 시스템상의 문제일 수 있지만, 리더 자신들의 문제인 경우가 많다. 대부분의 리더들은 솔직한 피드백을 원하지 않으며, 심지어 요청하지도 않는다 이들은 불가피한 경우가 아니면 피드백을 받지 않으려 한다.

리더십의 대가인 쿠제스와 포스너는 7천여 명의 사람들에게 30개의 행동평가 항목으로 구성된 리더십 실행 검사를 실시하였다. 그 결과 리더들이 가장 잘 하지 않는 것으로 평가된 항목은 바로 '자신의 행동이 다른 사람들의 성과에 어떠한 영향을 미치는지에 대해 피드백을 요청한다'는 항목이었다. 리더들은 다른 사람들의 행위에 대해서 열심히 들여다보면서 그 행위의 문제점들에 대해 언급한다. 하지만 리더들은 자신이 행한 일을 알리려고만 하지, 그 일에 대한 다른 사람들의 평가를 들으려 하지 않는다. 리더들은 부하들에 대한 다면평가가 유용하며 적극적으로 시행되어야 한다는 것에 동의한다. 그러나 정작 자신에 대한 다면평가는 원하지 않는다. 상당수의 리더들은 자신에 대한 평가를 두려워한다.

조직 내에서 하급자 또는 부하 직원들도 상급자나 리더에 대한 피드백에 적극적이지 않다. 부하직원들은 특히 상위직의 리더들에 대한 피드백에 더 인색하기 때문에 상위직의 리더들은 올바른 피드백을 받을 기회를 갖지 못하게 된다. 부하직원들은 리더의 장점이나 잘 한 일을 중심으로 피드백을 하고, 단점이나 못한 일에 대해서는 언급하는 것을 꺼린다. 조직이 폐쇄적이고 경직되어 있을수록 이러한 현상은 더 뚜렷하게 나타난다. 일상적인 경험을 통하여 부하들은 상급자에게 비록 건설적이라 하더라도 리더에게 부정적인 피드백을 제공하는 것은 결과적으로 자신들의 경력관리에 이롭지 못하며, 긍정적인 피드백은 설사 그것이 거짓되고 과장된 것이라 할지라도 손해를 보지 않는다는 것을 학습해 왔다. 결국 리더들은 부하들로부터 객관적이고 정확한 피드백을 받지 못한 채 점점 더 자신의 세계에 갇히게 된다.

리더들도 부하들에게 피드백을 기꺼이 주려고 하지 않는 경향이 있다. 우선은 리더들 스스로가 효과적으로 피드백하는 방법에 익숙하지 않다. 또한 리더들은 부정적인 피드백의 경우 부하와의 관계가 악화될 것을 두려워하거나, 부하의 보복적 반응이 염려가 되어 적극적으로 피드백하려 하지 않는다.

성격

자신이나 타인에 민감하지 못한 성격도 자기 인식을 부정확하게 만드는 이유들 중 하나이다. 자기를 이해하고자 하는 동기자체가 없는 사람은 자신에 대한 타인의 생각과 반응에 관심이 없다.

자기 자신을 정확하게 인식한다는 것은 쉬운 일이 아니다. 여기에는 상당한 전문성이 요구되기도 한다. 자신을 정확하게 분석하고, 이해할 수 있는 도구를 접할 수 있는 기회도 적으며, 이 분야의 전문가를 만날 수 있는 기회를 갖는 일은 더 어렵다. 자기 자신을 이해할 수 있는 기회는 그저 쉽게 주어지지 않는다. 본인 스스로가 적극적으로 노력할 때 가능한 일이다.

2. 자기인식 방안들

자기를 이해한다는 것은 자신의 성격이나 적성에 대해 살펴보고, 자신이 어떤 것에 흥미를 느끼고 있으며 자신이 추구하는 가치관이 무엇인지에 대해 분석해 보는 것이다.

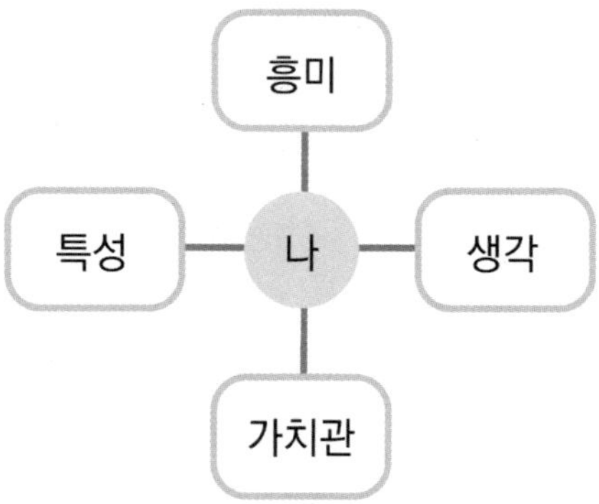

자기 자신을 정확하게 인식할 수 있도록 도와주는 방법들에는 어떤 것들이 있을까? 자기인식을 위한 방법들을 크게 세 가지 관점에서 구분해 볼 수 있는데, 이 세 가지 관점은 제도적 접근, 개인적 접근, 외부의 도움을 활용하는 접근 등이다.

제도적 접근	개인적 접근	외부 도움
· 평가센터 · 다면 평가	· 자기 성찰 · 피드백 원천강화 · 개인적 시도	· 코칭 · 심리검사 · 강점 분석

제도적 접근

제도적인 접근은 개인에 대한 평가결과를 피드백해주는 시스템을 활용하는 방식이다. 가장 대표적인 방식으로는 여러 관찰자가 다양한 상황에서 관찰한 내용들을 종합적으로 판단하여 피드백하는 평가센터(assessment center)방식이 있다. 이 방식은 다양한 심리검사와 상황검사 그리고 서류검토 및 인터뷰 등을 실시하여 피관찰자에 관한 다양한 평가 정보를 제공해 준다. 기업이나 공조직 또는 군대와 같은 조직에서는 360° 다면평가를 활용할 수 있다. 360° 다면평가에서는 하급자와 상급자 그리고 동료들이 평가한 결과와 자기 자신이 평가한 결과를 비교할 수 있다. 자기평가와 타인평가의 비교를 통하여 '자기가 생각하는 나'와 '타인이 생각하는 나'가 어느 정도의 격차를 보이는지도 확인할 수 있다. 또한 타인들의 평가를 통하여 자신의 역량을 객관적이며 정확하게 측정할 수 있다. 조직에서는 이러한 평가방식을 반기 1회 또는 연간 1회에 실시하는 것을 제도적으로 정착시킬 수 있다.

개인적 접근

자기인식을 위한 두 번째 접근은 개인적 차원에서 노력하는 것이다.

가장 먼저 시도할 일은 자기를 관찰(monitering)하는 것이다. 먼저, 자신이 자신의 행위에 대한 피드백을 받기 위해 어느 정도의 노력을 하고 있는지에 대해 살펴본다. 나에 관한 피드백 자료들을 확인하고 있는지, 다른 사람들에게 나에 대해 알아보는 활동을 어느 정도 하는지, 다른 사람들이 기꺼이 나에게 피드백을 해주려고 하는지, 등 피드백 활동과 관련하여 다양한 관점에서 현재 자신의 모습을 살펴본다. 자기 관찰이 잘 되는 사람들은 규준, 역할, 상황적 요구 등에 민감하게 반응하며, 자신의 태도나 가치를 요구에 순응시켜 나간다. 그러나 자기 관찰이 잘 되지 않는 사람들은 자기 자신의 내적 속성을 보호하려고 더 노력하며, 상황의 요구에 순응하기 보다는 자신의 태도나 가치를 유지하려 한다.

다음으로 시도할 일은 피드백의 원천을 강화하는 것이다. 이를 위해 자기 관찰에 시간과 노력을 투자한다. 자신의 언어적, 비언어적 행동에 관심을 갖고, 자신의 행동에 대한 타인들의 반응을 관찰해 보려고 노력한다. 자신의 생각과 느낌을 다른 사람과 나누려고 노력한다. 자신의 생각을 언어화하여 타인과 공유하면서 자신의 생각을 스스로 정확하게 정리할 수 있으며, 타인의 반응을 관찰할 수 있다. 또한 자신에 대한 피드백을 주는 대상들과 행위에 대해 지지와 격려를 보내고 감사의 표현을 한다. 긍정적인 피드백뿐만 아니라 부정적인 피드백의 중요성에 대해서도 강조하며, 적극 수용하는 태도를 보여준다.

그 다음으로 도전할 일은 자신이 갖고 있는 인식의 틀을 깨기 위해 다양한 시도를 해 보는 것이다. 사람들은 각자가 갖고 있는 인식의 틀을 통하여 세상을 이해하려 하며, 자기중심적 해석에서 자유롭지 못하다. 사람들 간의 갈등과 마찰은 저마다 갖고 있는 인식의 틀이 다름에서 발생하는 경우가 많다. 그런데 자신이 갖고 있는 인식의 틀을 벗어나서 타자의 입장에서 생각해 보는 것 또한 매우 어려운 일이며, 자연적으로 이루어지는 것은 절대로 아니다. 나름대로의 특별한 노력을 통해서만이 가능한 일이다.

외부의 도움

자기인식을 위한 세 번째 접근은 외부의 도움을 활용하는 것이다.

최근 들어 자기 인식에 큰 도움을 받을 수 있는 방법으로 코칭이 추천되는 추세이다. 어느 정도 성공적인 리더에게 코칭을 제안하면, 그 리더는 “내가 지금까지 일을 잘 해 와서 이 위치까지 왔는데, 무슨 코칭을 받으라는 거야, 그리고 외부 코치가 내 일에 대해 뭘 안다고 나를 코칭하나”라고 생각할 것이다. 과거 구글 회장이었던 에릭슈밋도 코칭을 받기 전에는 그런 생각과 말을 하였다. 그러나 코칭을 받고 난 후 그는 “내가 받은 생애 최고의 조언은 코치를 고용하라는 것이다”라고 말하였다고 한다. 코칭은 자신의 잠재력을 극대화시켜 스스로 문제의 해결책을 찾아서 목표를 달성케 하며, 더불어 자신의 가치 실현을 추구하도록 도와준다.

자기를 인식하기 위해 다양한 검사를 받아보는 것도 좋은 방법들 중 하나이다. 가령 자신의 성격적 특성을 살펴보기 위해서 시중에서 손쉽게 구할 수 있는 다면적 인성검사(MMPI: Minnesota Multiphasic Personality Inventory)를 실시해 보는 것이다. MMPI는 전 세계적으로 가장 널리 쓰이고 가장 많이 연구된 성격검사로서 현재 국내에는 MMPI검사의 개정판인 MMPI－II가 판매되고 있다. 이 검사가 신경증과 정신병리적 요인들을 진단하는 검사이기에 다소 부정적인 인상을 주지만, 이러한 요소들이 자신의 삶의 방식과 대인관계에 미치는 영향이 크다는 점에서 이에 대한 확인은 의미가 있다. 특히 개정판에서 진단되는 불안과 관련된 다양한 척도들은 자신의 행동상의 특징을 설명해 줄 수 있는 유용한 정보들을 얻을 수 있을 것이다. 아울러 일반적인 성격유형 검사를 함께 실시한다면 훨씬 더 많은 시너지 효과를 얻을 수 있다.

에니어그램(enneagram)은 그리스어로 '아홉개의 점이 있는 그림'이라는 뜻이다. 한국형 에니어그램 검사는 윤운성(2001)이 개발한 것으로 사람들의 성격을 9가지 유형으로 구분한다. 이 검사는 한국에니어그램 교육연구소를 통하여 검사를 받을 수 있으며, 총 81개 문항으로 구성되어 있다. 이 검사에서 제시하는 9개의 유형은 아래와 같다.

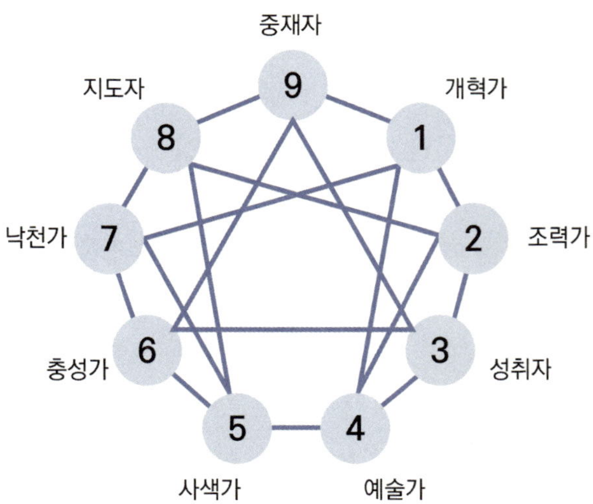

예를 들어 성취자는 성공을 추구하는 사람으로 다음과 같은 특성을 갖는다.

- 항상 효율을 중시하고 성공을 위해서는 자신의 생활을 희생하더라도 개의치 않는다.
- 인생의 가치를 '실패냐 성공이냐'라는 척도로 보고 실적을 중시하는 열정적인 사람으로 그들은 일이나 인간관계에서 성공을 꿈꾼다.
- 자신감에 넘친 인상으로 주위 사람들에게 좋은 인상을 심어주려고 하며, 성공했다거나 일을 효율적이고 성공적으로 완수해 냈다는 것에 가장 큰 만족을 얻는다.
- 건강할 때는 독수리처럼 바람의 황제이면서 날쌔고 힘이 있다. 건강하지 않을 때는 카멜레온처럼 주위 상황에 능숙하게 부응하고 공작새처럼 주변 사람의 반응을 노리고 자신을 내보이는 행동을 하게 된다.
- 장점: 낙관적, 자신감이 넘침. 근면, 성실, 유능, 스스로 일을 추진, 정력적, 실용적인 일하기
- 단점: 신뢰할 수 없는, 자아도취에 빠지는, 잘난 척하는, 자만하는, 일만 하는 심술궂은, 지나친 경쟁의식

최근에는 긍정심리학의 출현과 함께 각 개인의 강점에 대한 분석이 강조되고 있다. 부족한 점을 보완하는 접근보다 자신의 강점을 강화시키는 접근이 더 효과적이라는 믿음으로 개인의 강점분석이 추천된다. 사람들에게서 활용되지 않고 낭비된 재능은 '그늘에 놓은 해시계'와 같다고 한다. 갤럽에서 실시한 한 조사 결과를 보면, 자신의 강점을 발휘하며 일하고 있다고 느끼는 비율은 전체의 20%에 불과하다고 한다. 우수한 관리자들은 '모든 사람은 자신만의 독특한 재능을 보유하고 있으며, 그 사람의 가장 큰 성장 가능성은 그가 지닌 강점에 있다'고 믿는다. 자신의 강점을 분석하는 대표적인 검사로는 클리프톤(Clifton)의 34가지 강점분석이나 VIA 성격강점(Values in Action Inventory of Character Strengths) 검사 등이 있다.

Clifton 강점검사는 갤럽에서 개발한 자기발견 프로그램으로 34가지 테마를 통해 한 사람의 대표적인 강점이 될 가능성이 높은 부분을 제시해 준다. 34가

지 테마는 어떤 사람을 언급하기도 하고, 범주를 말하기도 하며, 성격을 의미하기도 한다. 34가지 테마는 아래와 같다. Clifton 강점검사는 웹사이트(www.strengthsFinder.com)에서 알아 볼 수 있다.

개발자, 개인화, 경쟁, 공감, 공평, 관계자, 긍정성, 매력, 맥락, 미래지향, 복구자, 분석가, 사고, 성취자, 신념, 신중함, 연결성, 의사소통, 자기확신, 적응력, 전략, 조정자, 조화, 중요성, 질서, 착상, 책임, 초점, 최상주의자, 탐구심, 학습자, 행동주의자

자신의 대표적인 강점을 확인해 볼 수 있는 또 다른 검사는 VIA 성격강점 검사이다. 이 검사는 피터슨과 셀리그먼이 주도하여 행동가치연구소에서 만든 것이다. VIA 성격강점 검사는 6가지 덕목(지혜, 용기, 사랑, 정의, 절제, 영성)을 중심으로 총 24개의 강점으로 구성되어 있다. VIA 성격강점 검사는 웹사이트(www.viacharacter.org)에서 무료로 제공받을 수 있다. VIA 성격강점 검사의 24가지 강점은 아래와 같다.

- 지혜와 지식: 호기심, 학구열, 판단력, 창의성, 예견력
- 용기: 용감성, 끈기, 정직, 열정
- 사랑과 인간애: 사랑, 친절, 사회성 지능
- 정의감: 팀워크, 공정성, 리더십
- 절제력: 용서, 겸손, 신중함, 자기통제력
- 영성과 초월: 감상력, 감사, 희망, 유머, 영성

1장 '자기를 파악하라' 관련 유튜브 소개

1. 리더의 자기인식과 피드백(미진서재, 조미진, 7분)

1) URL: https://www.youtube.com/watch?v=K4X-BF1fD4w
2) 내용: 자기인식의 3가지와 피드백 활용
   (1) '나'라는 사람의 인성 중 타고난 것은 무엇인지에 대한 인식
   (2) 리더십 역할을 수행하기 위한 나의 리더십 역량수준을 인식
   (3) 나의 인식과 타인이 보는 나와의 간격 줄이기
   (4) 피드백 프로세스를 적극 구하고 수용하기

2. 오만한 리더의 자기인식(Forbes Korea, 조지선, 20분)

1) URL: https://www.youtube.com/watch?v=DQ1BDrXuR0g
2) 내용: 자기인식 방법
   (1) 자기모니터링, 인정해주기, 핸드폰 시야에서 사라지기
   (2) 대화에서 자기점유율을 낮추고 개방형 질문하기

3. 리더, 자기마음부터 인식하라(EBS 비즈니스리뷰플러스, 장은지, 12분)

1) URL: https://www.youtube.com/watch?v=qH9PMQcHSEI
2) 내용: 자기인식 역량이 우수할수록 성공적인 리더
   (1) 자기인식 방해요인: 성공의 함정, 피드백의 부재, 주체성 결여
   (2) 자기인식 방법: 솔직한 피드백 구하기, 심리검사 활용, 취약성 드러내기

4. 자기이해의 중요성(KBS 파노라마, 이승재, 2분)

1) URL: https://www.youtube.com/watch?v=xdxGgdpF-QM
2) 내용: 자신의 적성을 이해하기
   (1) 현재 직장에 입사한 이유와 전공과 직장의 일치도 조사 결과
   (2) 직업선택 시 적성을 고려

5. 자기인식이란 무엇인가(이승재, 5분)

1) URL : https://www.youtube.com/watch?v=Nwnum4T9WDg
2) 내용 : 자기인식의 내용
   (1) 재능, 성격, 흥미, 가치관, 신념, 세계관, 인격 등

CHAPTER 02

긍정을 강화하라!

일체유심조(一切唯心造)는 화엄경의 핵심사상으로 "모든 것은 오직 마음이 지어낸다" 라는 뜻이다. 이 말은 행복과 불행, 희망과 불안, 어렵다고 느끼는 정도 등 이 모든 것들이 그저 주어지는 것이 아니라 스스로의 생각에 의해 만들어진다는 것을 의미한다.

수선화를 바라보면서 슬픔에 젖어드는 사람이 있다면, 수선화가 슬픔을 주는 것일까? 아니면 자신이 슬프다고 생각하는 것일까? 심리학에서 사용되는 로샤검사라는 투사법 검사라는 것이 있다. 애매한 모양이 그려진 카드를 제시하고서 거기에서 무엇이 보이는지에 대해 물어보면, 사람들은 각기 자신의 입장에서 그 모양에 대한 해석을 하게 된다. 그리고 그 해석은 자신의 의식적 혹은 무의식적 욕구나 사고에 의해 영향을 받게 된다.

우리 주변의 사람들을 관찰해 보면, 늘 부정적인 반응을 보이거나 불만을 쏟아 놓은 사람들이 있는 반면에, 또한 매우 긍정적으로 생각하고 매사에 감사한 마음으로 살아가는 사람들도 있다. 리더십 전문가들은 '긍정적으로 사고하고 적극적으로 행동'하는 것을 적극 추천한다. 왜 그럴까?

— 01 —

생각의 힘

모든 것이 마음 먹기에 달려 있다라는 것은 그만큼 생각의 힘이 강력하다는 것을 의미한다. 클라우드 브리스톨은 '할 수 있다!'라는 믿음과 간절히 바라는 마음의 효능을 강조한다. 사회심리학자인 최인철 교수는 세상을 이해하고 행동하는 근본 원리로서 '마음의 창'에 대해 설명한다. 그 외에도 많은 사례들이 맥락, 역할, 관점에 따라 전혀 다른 인식의 결과가 나타난다는 것을 보여준다.

1. 신념의 마력

클라우드 브리스톨은 우리에게 『신념의 마력, The Magic of Believing』의 저자로 잘 알려진 미국의 유명한 저널리스트이자 은행가였다. 그는 경찰출입기자로 시작하여 투자 은행의 부사장으로 성공하였다. 하지만 세계적인 경제 대공황의 여파 속에서 그도 큰 어려움에 처하게 되었다. 그러나 그는 결국 스스로 그 위기를 극복해 내었고, 그 경험을 토대로 이 책을 저술하였다.

브리스톨은 '신념은 기적을 낳는다, 가질 수 있다고 믿어라, 당신은 반드시 얻게 될 것이다!'라고 말한다. 그의 이러한 외침은 주술사의 설교가 아니라, 우리들의 내면에 존재하는 잠재의식을 깨워주는 메시지이다. 브리스톨은 인간의 사고가 그 사람의 모든 것을 지배한다고 전제한다. 그는 어떤 사람의 몸짓, 말씨, 옷맵시 등의 겉모습은 그 사람의 생각에 따른 산물이며, 그의 생각이 결국은 그 사람의 일상생활과 인생을 결정한다고 보았다. 그는 잠재의식은 인간을 지배하는 신비로운 힘으로서, 그 힘은 쓸수록 커지고, 생명에 활력을 넣어준다고 보았다.

신념의 효능을 스스로 체험할 수 있도록 브리스톨이 저서에 소개한 한 가지 방법은 '자신만의 카드'를 사용하는 방법이다. 만약 당신이 이루고자 하는 일이 있다면, 그 일을 조그마한 카드 여러 장에 자신만이 아는 표식으로 쓴 다음, 그 카드들을 자신의 일상생활 속에서 자주 볼 수 있는 곳에 위치시키고 항상 그 일이 성사될 수 있다고 믿는 것이다. 여기서 중요한 것은 오로지 생각만 하라는 의미가 아니다. 바라는 일이 성사될 수 있도록 잠재의식을 비롯한 나의 모든 생각과 실천적 노력을 하나에 집중하는 것을 의미한다. 목표로 설정한 돈을 모으기 위해서 먼저 절약하는 것부터 시작해야 하며, 그런 다음 돈을 벌 수 있는 수단과 방법을 암시받을 수 있도록 마음의 문을 열어 놓으라는 의미이다. 자신이 사고의 주인이 되어야 하며, 자신의 마음으로 인생을 살아갈 수 있다고 믿어야 한다. 확고하고 정당한 목표와 꿈을 꾸는 자만이 그 꿈을 이룰 수 있다.

2. 프레임(Frame)

서울대학교 최인철 교수는 『프레임』이라는 저서를 통하여 '세상을 보는 마음의 창'에 대해 설명한다. 그에 따르면 마음을 비춰보는 창으로써의 프레임은 세상을 특정한 방향으로 보도록 이끄는 조력자임과 동시에 우리가 보는 세상을 제한하는 검열관의 역할을 한다. 그는 프레임을 좌우하는 것 중 하나로서 '이름'을 예로 들었다. 동일한 인물을 놓고 '테러리스트'라고 이름을 붙이는 것과 '자유의 전사'라고 이름 붙이는 것은 질적으로 다른 행동을 불러일으킨다. 잃어버렸다고 생각했던 자신의 용돈을 어디에서 다시 찾았을 때, '공돈'이라고 이름을 붙이는 순간 그 돈을 쉽게 써버리게 된다. 사실 그 돈은 그가 소유하고 있는 다른 돈과 아무런 차이가 없는데도 불구하고 공돈이라고 생각하는 순간 가치 기준이 변해 버린다. 액수가 적은 돈에 습관적으로 '푼돈'이라는 이름을 붙이는 순간 그 돈은 쉽게 소비될 가능성이 높아지는 것과 유사하다.

세상에 대한 지각은 있는 그대로 지각되는 경우가 드물다. 세상을 바라보는 관찰자가 한 대상을 어떤 관점에서 바라보는지에 따라 다르게 지각될 수 있으며, 동일한 상황이라 하더라도 생각의 기준에 따라 다르게 인식되는 경우가 많다. 동일한 사안에 대해서도 현재의 역할이나 위계적 위치에 따라 다르게 받아들이게 되며, 전혀 다르게 평가하기도 한다. 떠오르는 붉은 태양을 보고 어떤 이는 희망찬 하루를 생각하는데, 어떤 이는 한 낮의 무더위를 걱정한다. 산책을 하다 마주친 아주 작은 들꽃을 보고 아름다움에 취하는 사람이 있는가 하면, 그냥 무심코 지나가는 사람도 있다.

물병의 비유를 다시 한 번 더 상기해 보자, 물병에 물이 반 정도 들어 있는 것을 보고 "아직 반이나 남아있네!"라고 생각하는 사람이 있을 수 있고, "이제 반밖에 없구나?"라고 생각하는 사람이 있을 것이다. 물의 양은 동일하지만 보는 이의 상태에 따라서 다르게 인식된다. 이미 물을 많이 마신 사람은 아직도 반이 남았다고 생각하고, 목이 마른 사람은 겨우 반밖에 남지 않았다고 생각한다. 임진왜란에 이어 정유재란이 발발하고 원균의 칠천량에서 대패한 이후, 조선의 수군은 거의 궤멸수준에 이를 정도였다. 일본 수군은 압도적인 전력으로 이순신 장군이 지휘하는 수군을 격파하고자 진격하고 있었다. 그런데 조선의 수군에게는 단지 12척의 배만 남아 있었다. 이러한 상황에서 이순신 장군은 '신에게는 아직 12척의 배가 남아 있사옵니다' 라는 유명한 장계를 올리고, 한 달 후 명량해전에서 대승을 거두었다.

요즈음은 시내의 공공기관에서 오후에 하기식을 실시하지 않지만, 군부대는 여전히 평일 오후 5시가 되면 애국가를 틀고 하기식을 실시한다. 하기식 나팔이 들리면 모든 장병들이 하던 일을 멈추고 국기가 게양되어 있는 곳을 향해 차렷 자세로 거수경례를 해야 하며, 차량은 그 자리에 멈추어 서야 한다. 대부분의 장병들은 하던 일을 멈추거나, 가던 길을 멈추어야 하는 하기식을 마냥 불편하게 생각한다. 그래서 건물을 향해 걸어가다가 하기식 나팔이 들리면 재빠르게 건물 안으로 들어가는 모습들을 종종 관찰하게 된다. 그런데 장병들에게 군인으로서 단 몇 분만이라도 '자신의 하루를 정리하고 국가와 국민을 지키는 소중한 자신의 임무'에 대해 생각하는 시간으로 하기식의 의미를 설명하고 나면, 그 다음부터는 불편한 의식으로 여기어졌던 하기식이 너무도 맘 편한 시간으로 인식되어진다. 길을 가다 하기식을 알리는 나팔소리를 들으면, '음 그래 오늘 하루 잘 보냈었구나, 나라가 평안해야지 모든 일이 가능하지!'라고 생각하면서 차분하게 하기식을 맞이한다. 즉 세상사 모든 것이 마음먹기에 달려있으며, 동일한 대상이나 사안이 생각하기에 따라 다르게 인식되고 평가된다.

3. 맥락, 역할, 관점의 차이

맥락의 영향

세상에 대한 인식은 상황 또는 맥락의 영향을 받는다. 동일한 대상일지라도 어떤 맥락으로 이해하느냐에 따라 전혀 다르게 인식하는 경우가 있다. 아래의 그림에서 숫자를 읽어나가면 중앙의 것을 숫자 '13'으로 인식한다. 그러나 알파벳으로 구성된 수직선 속에서는 알파벳 'B'로 인식할 가능성이 높다. 인식의 대상은 하나인데, 숫자 맥락에서는 숫자로 인식될 가능성이 높고, 알파벳 맥락에서는 알파벳으로 인식될 확률이 높다. 이러한 현상은 우리가 어떤 사건이나 인물을 경험할 때, 맥락의 영향을 받을 수 있음을 암시해 준다.

A

12 13 14

C

군에 입대하기 이전의 젊은 청년은 하얀 눈이 내리는 것을 보면 화이트 크리스마스를 꿈꾸며 여자 친구와의 달콤한 데이트를 연상하였다. 그런데 그 청년이 군에 입대한 이후에 하얀 눈을 보면, 넉가래로 제설 작업을 해야 한다는 생각에 우울한 느낌을 갖는다. 군에 들어오기 전에 만원은 그저 커피 두 잔 마실 정도의 돈이었지만, 군에 들어온 이후에 만원은 분대원 전체가 조촐하게 간식을 먹을 수 있는 돈의 가치를 갖는다.

역할의 차이

군에 입대한 병사들이 어떤 문제로 고민하고 있는지 알아보기 위해 동일한 질문을 병사들과 간부들에게 물어 보았다. 병사들의 응답 결과를 보면, 전역 후 진로에 대한 고민이 38%로 가장 많았고, 고참병 문제가 10%, 건강문제가 8%, 이성문제가 8%, 부대생활 적응문제가 7%, 가족문제가 7%의 순서로 나타났다. 그런데 간부들의 경우는 전혀 다른 문제들을 언급하였다. 간부들의 30%는 병사들이 느끼는 고충으로 '부대생활 적응의 문제'를 언급하였으며, 이성문제에 대해 29%, 가족문제에 대해 14%, 고참병 문제에 대해 10%, 건강문제에 대해 6%, 전역후 진로에 대해서는 4%만 응답하였다. 즉 병사들 스스로 느끼는 고충의 내용과 정도가 간부들이 생각하는 것과 상당히 다름을 알 수 있다.

간부들의 응답		병사들의 응답	
부대생활 적응	30%	전역 후 진로	38%
이성문제	29%	고참병 문제	10%
가족문제	14%	건강 문제	8%
고참병 문제	10%	이성 문제	8%
건강 문제	6%	부대생활 적응	7%
전역 후 진로	4%	가족 문제	7%

관점의 차이

사람들이 세상을 지각하는 모습을 들여다보면 참 재미있는 일들이 많다. 한 장의 사진을 들여다보는데, 그 사진을 어느 방향에서 보느냐에 따라 사진 속의 형상이 들어가(오목하게) 보이기도 하고, 나와(볼록하게) 보이기도 한다. 아래 그림에서 윗줄의 왼쪽과 오른쪽 원은 나와 보이고 중앙의 원은 들어가 보인다. 아래 줄에서는 가운데의 원이 나와 보이고 양쪽의 원들은 들어가 보인다. 그런데 이 사진을 180도 회전시켜서 보면 전혀 반대의 모습을 경험하게 된다. 들어가 보이던 원이 이제는 나와 보이고, 나와 보이던 원이 이제는 들어가 보인다.

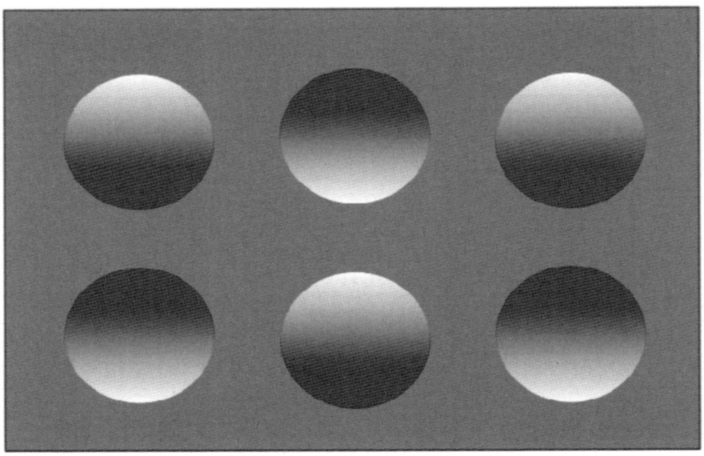

아래의 여성 사진을 보면 단지 거꾸로 보인다는 것 이외는 크게 문제된다는 생각이 들지 않는다. 부분적으로 보면 두 눈과 입이 약간 어색해 보이지만 전체적으로 이상이 없는 듯하다. 그런데 책을 회전시켜서 할머니 사진이 똑바로 보이게 하면, 곧바로 놀라운 모습을 경험하게 될 것이다. 거꾸로 된 상태에서 바라본 얼굴은 별 이상이 없는 듯 했는데, 반대방향에서 바라보니 완전히 다른 모습으로 인식된다. 인식의 대상은 변함이 없는데, 내가 그 대상을 어느 위치에서 바라보느냐에 따라 전혀 다르게 인식하게 된다. 세상사가 그러 할 수 있다.

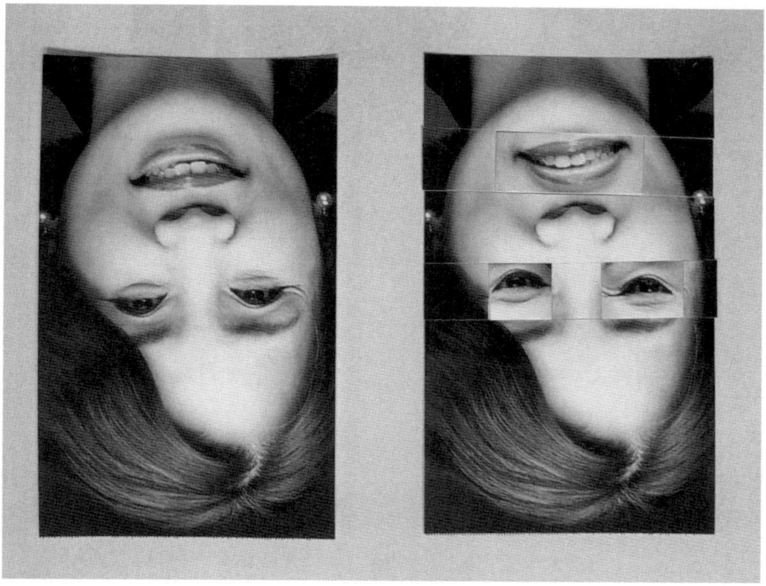

— 02 —

긍정의 힘

앞에서 우리는 세상사를 어떻게 바라보느냐에 따라 인식의 결과가 다르게 나타난다는 것을 알게 되었다. 우리가 세상을 바라보는 방식은 크게 두 가지 부류로 구분할 수 있다. 하나는 세상을 비관적으로 바라보는 것이고, 다른 하나는 세상을 긍정적으로 바라보는 것이다. 주변의 사람들을 살펴보면, 거의 모든 일에 대해 부정적이고 비관적인 태도를 취하는 사람들을 볼 수 있다. 그런데 이런 특성을 가진 사람들의 삶은 그다지 행복해 보이지도 않을뿐더러, 실제로 여유로운 삶을 누리지 못하는 경우가 많다. 반면에 항상 긍정적인 태도를 보이는 사람들은 즐거워 보이고 삶에 여유가 있어 보이며, 실제로 행복한 삶을 영위하는 경우가 많다.

셀리그만은 그의 저서 『학습된 낙관주의』에서 긍정주의가 우리들의 삶에 긍정적인 영향을 미치는 다양한 근거들을 소개하고 있다. 그에 따르면, 긍정적인 사람이 직장에서 성공할 가능성이 더 높으며, 긍정적인 학생의 성적이 더 좋다. 또한 긍정적인 운동선수가 승리할 확률이 더 높으며, 긍정주의자가 비관주의자보다 더 오래 산다. 긍정주의의 효과는 개인차원뿐 아니라 조직차원에서도 큰 의미를 갖는다. 긍정주의가 우세한 조직일수록 어려운 역경을 극복할 가능성이 높으며, 높은 조직성과를 나타내고, 조직 구성원들의 행복감을 높여 준다(최호영 역, 2008).

긍정주의가 우리들의 삶에 긍정적인 기여를 많이 하는 것은 사실이다. 그렇다고 해서 비관주의가 항상 우리 삶에 부정적인 영향만을 주는 것은 아니다. 비관주의도 나름 기여하는 바가 있다. 비관주의자는 매사를 세심하게 살펴보고, 한 번 더 생각해 본다. 부정적인 생각은 섣부른 투자로 인한 손실이나 위험한 상황에 처할 가능성을 줄여주기도 한다. 회의적이고 비판적인 사고는 학문적 연구에 여러 가지로 도움이 되는 측면이 있다. 그래서 긍정심리학의 창시자라고 불리는 마틴 셀리그만은 '절대적인 긍정주의'가 아니라 '유연한 긍정주의'를 강조한다. 이것은 곧 긍정주의가 중심이 되지만 필요에 따라서는 비관주의도 활용될 필요가 있다는 입장이다.

셀리그만은 위험하고 불확실한 미래에 대한 계획을 수립할 경우, 미래가 어두운 사람에게 조언해야 하는 상황, 신뢰와 공감이 형성되지 않은 상태에서 어려운 처지에 있는 사람에게 동정을 표시할 경우 등등의 경우에는 긍정주의를 사용하지 말 것을 권고한다.

그런데 왜 심리학자들은 비관주의보다 긍정주의를 더 적극적으로 추천할까? 아마도 그 이유는 비관주의적인 태도와 생각으로 인한 이득보다 긍정적인 태도와 생각으로 인하여 얻어지는 것이 비교되지 않을 정도로 크고 강력하기 때문일 것이다.

1. 성공 확률

일반적으로 생명보험을 판매하는 영업직 종사자들은 하루도 빠짐없이 상당수의 사람들로부터 거절을 당하는 경험을 반복해 온다. 때문에 대부분의 사원들은 업무에서의 의욕이 떨어지게 되고 점점 더 거절당하는 것이 견디기 어려워진다. 의욕저하는 실적 저하로 이어지고, 결국은 사퇴를 생각하게 된다. 80년대 중반 메트라이프 생명보험회사의 경우, 6만 명 정도의 지원자들 중에서 약 5천명의 신규사원을 선발하는데, 이들 중 절반이 1년 안에 직장을 그만두고, 4년이 지나면 80퍼센트가 직장을 떠났다. 보험판매업을 지원하는 사람들은 다른 직업군에 비하여 비교적 긍정적인 사람들이 지원하는 데도 불구하고, 보험회사 직원들의 퇴사율은 매우 높은 상태였다. 셀리그만은 보험회사의 높은 퇴사율과 채용된 직원들의 긍정주의가 연관이 있을 것으로 판단하고 이를 검증하는 실험을 실시하였다.

셀리그만은 일반적인 채용과정에서 아슬아슬하게 탈락되는 그룹 대상자들 중에서 긍정주의적 언어사용 태도점수가 높은 사람들을 특별채용하고, 이들의 업무실적을 정상적인 과정을 통해 채용된 정규인력들의 업무실적과 비교하였다. 그 결과 첫해에는 특별 채용된 인력이 정규 채용된 인력들 중 다소 비관주의적인 사람들보다 21퍼센트 더 많은 판매실적을 올렸고, 2년째에는 57퍼센트 더 많이 팔았다. 특별 채용된 인력의 판매실적은 정규 채용된 인력의 평균보다 약 27퍼센트 더 높았으며, 정규 채용된 인력들 중 긍정적인 사람들만큼 좋은 판매실적을 올렸다. 이러한 사례는 그만큼 긍정주의적인 태도나 긍정주의적 언어의 사용이 채용된 이후의 실적을 예측하는 데에 있어서 매우 의미 있는 준거들이라는 것을 입증한 것이다.

보험사 직원이 고객으로부터 거절을 당하였을 때, 비관적인 직원과 긍정적인 직원의 생각은 다르다. 비관적인 직원은 '역시 나는 소질이 없어' '오늘 역시 하나도 계약을 못하겠군'이라는 생각 속에 빠지게 된다. 그러나 긍정적인 직원은 동일한 상황에서 '아마도 그 사람이 너무 바빴나 보네' '다른 보험에 들어 있어서 그러하겠지'라고 생각하고 다시 전화를 들어 새로운 고객을 찾는다. 결국 긍정적인 직원은 새로운 보험계약을 성사시키게 된다.

2. 좋은 성적

성적은 지적능력의 산물이라고 보기 때문에, 지적능력을 나타내는 지수가 높을수록 학교에서의 성적이 높을 것이라고 예상한다. 미국의 경우 신입생을 선발할 때, 고등학교 성적과 대입자격시험 점수, 그리고 AT(학력고사) 결과를 참조하는 대학이 많다. 이들 대학에서 신입생 선발시 참조했던 점수들의 예측치가 높다면, 이 점수들과 대학에서의 성적 간에는 매우 높은 상관관계가 나타나야 할 것이다. 그런데 실제로 이들의 상관관계를 분석해 보면 예외적인 경우가 상당부분 발생한다는 것을 알게 된다. 즉 예상했던 것보다 저조한 성적을 보이는 학생들이 있는가 하면, 예상했던 것보다 훨씬 더 우수한 성적을 보여주는 학생들이 있다는 것이다. 셀리그만은 이처럼 예상치에서 벗어난 학생들의 긍정주의 정도를 조사하였는데, 그 결과는 매우 흥미로웠다. 예상치보다 더 높은 성적을 거둔 학생들은 긍정주의 점수가 높은 사람들이었으며, 예상치보다 더 낮은 성적을 거둔 학생들은 긍정주의 점수가 낮은 사람들이었다.

미국 육군사관학교 생도들을 대상으로 한 연구에서도 유사한 결과가 나타났다. 사관학교에서 신입생을 대상으로 실시하는 기초군사훈련은 매우 힘들고 고통스러운 것으로 그 명성이 자자하다. 뿐만 아니라 기초군사훈련이 끝나고 사관학교에서 생도로서 생활한다는 것 자체도 일반 대학생들의 생활과 비교할 때, 꽤 힘든 일이다. 그렇기 때문에 처음에 나름대로의 큰 포부를 안고 입학한 학생들은 시간이 지나면서 다양한 역경에 부딪혀 무너지는 경우가 많다. 그렇다면 이러한 힘든 과정을 잘 극복해 나가는 생도들과 중간에 도태되는 생도들 간의 차이는 무엇일까? 이들의 잠재능력이나 적성에서 차이가 나는 것일까? 아니면 지능에서의 차이가 주된 원인일까? 입학 당시의 SAT 점수에 기초한 예측치보다 뛰어난 성적을 거둔 생도들과 예측치보다 훨씬 저조한 성적을 나타낸 생도들 간에는 어떤 차이가 있는가? 셀리그만은 자료분석 결과, 예측치와 다른 결과를 설명하는 가장 강력한 변인은 긍정주의라는 것을 입증하였다. 이러한 연구결과들은 결과적으로 적성이나 지적능력과 같은 잠재역량이 긍정주의와 결부될 경우 그 의미를 찾을 수 있다는 것을 시사해 준다.

긍정주의가 성과에 미치는 영향은 비단 학업 성적에만 국한되는 것은 아니다. 운동선수들에게 있어서도 긍정주의는 그들의 경기성적에 상당한 영향을 미치고 있었다. 선수들을 지도하는 코치들이 예상했던 경기성적보다 저조한 결과를 나타낸 선수들과 더 우수한 결과를 나타낸 선수들 간에는 마찬가지 긍정주의에서 확연한 차이가 나타났다. 긍정적인 운동선수들은 경기과정에서 자신의 경기기록이 저조한 상태라는 피드백을 받은 경우, 현재보다 더 나은 경기기록을 얻기 위해 전심전력을 다하려고 했다. 그러나 긍정적이지 못한 운동선수들은 저조한 기록 상태를 피드백 받은 경우, 오히려 최종기록이 더 나빠지는 경우가 많았다.

3. 인간 수명과 건강

인간 수명

긍정주의자들이 비관주의자들보다 더 오래 산다는 증거들은 어렵지 않게 찾을 수 있다. 대학생들을 대상으로 긍정주의와 질병발생 빈도간의 관계를 조사한 연구결과를 보면, 비관적인 학생들이 긍정적인 학생들보다 두 배 더 전염병에 걸렸으며, 두 배 더 자주 의사를 찾게 되었다. 암에 걸린 환자들을 대상으로 조사한 연구에서도 긍정적인 환자들이 비관적인 환자들보다 암을 극복할 확률이 더 높았다.

조지 베일런트(George E. Valliant) 하버드의대 교수가 2002년에 저술한 『Aging Well』이라는 저서는 '행복의 조건'이라는 제목으로 우리나라에 소개되었다. 이 책은 1930년대 말 하버드 대학에 입학한 학생 268명의 삶과 추가적으로 서민 남성 456명 그리고 여성 천재 90명 등 총 814명을 대상으로 70여 년간 추적 연구하여 밝혀낸 '행복한 삶'의 공식을 소개하고 있다. 이 연구에서는 건강한 노화를 예측하는 데에 7가지 요소들이 중요한 것으로 소개된다. 첫째는 비흡연 또는 젊은 시절에 담배를 끊는 것이다. 둘째는 성숙한 방어기제를 활용하여 역경을 극복하는 것이다. 셋째는 알코올 중독 경험이 없다는 것이다. 넷째는 체중관리를 잘하는 것이고, 다섯째는 운동을 꾸준히 하는 것이다. 여섯째는 안정적으로 결혼 생활을 유지하는 것이다. 일곱 번째는 평생학습의 길을 가는 것이다. 그러나 가장 중요한 전제조건은 베일런트 교수에 따르면, 역경이 닥쳤을 때 이를 긍정적으로 생각하고 슬기롭게 극복하는 것이라고 한다(베일런트, 2010).

셀리그만은 조지 베일런트 및 크리스 피터슨과의 공동연구를 통하여 그랜트 연구 대상자들 중 99명을 무작위로 선발하고, 이들을 대상으로 1945년에서 1946년 사이에 작성한 글을 분석하였다. 그리고 이들의 글에서 긍정적 표현이 어느 정도 나타나 있는지 여부를 확인하였다. 그 결과 60세 때의 건강과 25세 때 작성한 글의 낙관성과 매우 강한 상관관계가 있다는 것을 발견하였다. 비관적인 사람들은 긍정적인 사람들과 비교하여 중년의 병이 더 일찍 그리고 더 심하게 찾아왔다. 45세 이전까지는 별 차이를 나타내지 않았으나, 45세 부터의 건강에서는 상당한 차이를 보여주었다. 이 연구 결과는 긍정적인 사람들이 비관적인 사람들보다 중년 이후의 삶에서 더 건강하고 행복한 삶을 누릴 가능성이 훨씬 크다는 것을 말해 준다.

긍정적인 생각이 수명에 영향을 준다는 것을 입증하는 또 하나의 대표적인 연구는 켄터키 대학의 데이비드 스노우던 박사팀이 수행한 연구이다. 이들은 미국 밀워키와 볼티모어에 있는 180명의 카톨릭 수녀를 대상으로 이들이 종신서약을 맺기 전날 작성된 일기의 내용과 그 이후의 수명간의 관계를 연구하였다. 종신서약을 앞두고 작성된 일기에 쓰인 문장들을 긍정상태, 중립상태, 부정상태로 분류하고, 이러한 분류를 바탕으로 긍정성 차원에서 4등분하여 집단을 구성하였다. 그 결과 긍정적 기록이 많은 집단이 긍정적 기록이 적은 집단에 비해 오래 살 확률이 훨씬 높았다(유은식 역, 2003).

신체 변화

긍정적인 사고는 인체의 생리적 기능에도 영향을 준다. 긍정적인 사고는 신체 내에 스트레스를 감소시키는 엔돌핀을 분사시키는 반면, 비관적이고 부정적인 사고는 스트레스를 증가시키는 에피네프린 혹은 아드레날린의 분비를 촉진시킨다. 또한 긍정적인 사고는 인체의 면역시스템에도 영향을 미친다. 비관적인 사고가 우세한 사람은 병에 대한 저항력이 떨어지고, 병으로부터의 신속한 회복 또한 지장을 받는다. 하루야마 시게오는 건강의 근원이 되는 베타엔돌핀의 분비를 촉진시키는 가장 대표적인 요인이 바로 '긍정적인 사고'라고 말한다(반광식, 1996).

4. 행복감

서울대 최인철 교수는 행복연구센터를 통하여 행복을 연구하고 행복한 사회를 만들기 위해 다양한 활동을 하고 있다. 이 행복연구센터의 최종안 박사팀은 한국심리학회지에 '낙천적인 사람이 행복할까, 행복한 사람이 낙관적일까?'라는 논문을 발표하였다. 이들은 대학생 270명을 대상으로 1년 간격으로 3차례 낙관성과 삶 만족도, 긍정 및 부정 정서 경험을 조사하였다. 여기서 낙관성은 부정적인 일에 대해 일시적이고 제한적이며 자신과 무관한 요인들에 의해 발생했으며 앞으로는 좋은 일이 생길 거라고 생각하는 성향을 의미한다. 행복지수로서 주관적 안녕감은 만족도와 긍정정서에서 부정정서 값을 제외한 값을 의미한다. 이들의 분석결과, 낙관성은 주관적 안녕감과 상당히 높은 상관관계(상관계수 0.55~0.59)를 보여주었다. 또한 양자 간의 인과관계를 분석한 결과, 낙관성은 주관적 안녕감을 유의미하게 예측한 반면에 주관적 안녕감은 낙관성 값을 유의미하게 예측하지 못했다. 이 결과는 낙관성이 주관적 안녕감, 즉 행복의 원인이 될 수는 있지만, 행복이 낙관성의 원인이 될 수는 없다는 것을 의미한다(최종안, 이인하, 권은희, 2016).

— 03 —

긍정 연습

긍정주의가 우리들의 삶에 제공하는 엄청난 선물들을 받기 위해서 우리는 무엇을 해야 할까? 긍정주의는 타고나는 것인가, 아니면 학습을 통해 함양될 수 있는 것인가? 긍정주의가 온전하게 유전적 특성에 의해서 결정되어 지는 것이라면, 긍정주의자가 되기 위한 우리들의 노력은 아무런 의미를 갖지 못할 것이라고 생각할 수 있다. 그런데 어떤 특질이 유전에 의해 주어진다고 하더라도 그 특질이 완전히 실현되는 데에 환경이 영향을 미친다는 사례들을 어렵지 않게 볼 수 있다. 지능의 경우도 상당 부분 유전적 속성이 강하지만, 환경에 의해 대략 15~20%가 달라질 수 있다는 의견이 지배적이다. 따라서 긍정주의가 유전에 의해 결정되어지는 성격적 속성이 강하다 하더라도 우리는 학습이나 노력에 의해 우리들의 긍정주의를 변화시킬 수 있다. 긍정주의가 타고난 것이 아니요, 훈련과 개인의 노력에 의해 개발될 수 있다는 점은 매우 희망적이다.

긍정주의는 생존가능성이 거의 없다고도 볼 수 있는 상황에서도 삶의 의미를 찾게 해준다. 유태인 포로수용소의 생존자인 빅터 프랭클은 삶이 언제 끝날지도 모르는 불투명한 미래와 함께 힘든 하루하루를 살아가야 했던 수용소에서 생존할 수 있었던 가장 큰 힘은 긍정주의라고 말했다. 하물며 포로수용소가 아닌 세상에 사는 우리들에게 긍정적인 태도를 취한다는 것은 그리 어려운 일만은 아닐 것이다.

다음에서는 긍정주의자가 되는 첫걸음으로 세 가지를 제시하고자 한다. 첫 번째는 긍정적인 사고로서 인지적 차원의 접근이다. 이 접근은 '일체유심조'를 실현하는 방략이다. 두 번째는 감사하기로서 정서적 차원의 접근이다. 모든 것은 마음에서 출발한다. 마음이 바뀌어야 모든 것이 바뀔 수 있다. 세 번째는 언어사용 바꾸기로서 행동적 차원의 접근이다. 모든 것은 실행으로 구현될 수 있다.

1. 긍정적 사고

긍정주의자가 되는 가장 첫 번째 방법은 생각을 바꾸는 것이다. 앨버트 엘리스(Albert Ellis)는 사람들이 정서적 문제를 겪는 이유가 어떤 사건을 지각하고 받아들이는 방식이 잘못되었기 때문이라고 설명한다. 즉 그 사건을 자신이 이미 갖고 있는 기존의 생각들에 비추어 비합리적으로 해석하기 때문에 그 결과로 정서적 문제를 경험하게 된다는 것이다. 여기서 비합리적 해석은 보통 '모든', '항상', '반드시'와 같은 당위적인 사고와 '~하면 큰일 날 것이다', '~은 끔찍한 일이다'와 같이 현실보다 훨씬 더 과장된 사고로 나타나는 것을 의미한다. 따라서 비관적인 태도에서 긍정적인 태도로 전환하는 방법들 중 하나가 바로 비합리적인 해석을 유발하는 사고나 신념대신에 합리적인 사고와 신념을 통해 합리적인 해석을 유도하는 것이다. 이처럼 부정적인 정서 상태에서 벗어나 건강한 정서 상태를 유지하는 방법으로 엘리스는 'ABCED 모형'을 제시한다.

ABCED 모형에서 A는 현재의 문제를 갖게 만들었던 상황이나 이전의 선행사건이고, B는 선행사건 이후에 일반적으로 나타나는 사건에 대한 비합리적 해석이다. C는 선행사건에 대한 비합리적 해석의 결과 생겨난 정서적 또는 행동적 결과이다. D는 비합리적인 해석을 유발한 신념이나 사고가 적절한 것인가를 따져 보는 논박(Dispute)을 의미한다. E는 비합리적인 해석을 합리적으로 해석한 결과 생겨나는 적절한 정서적 또는 행동적 결과이다.

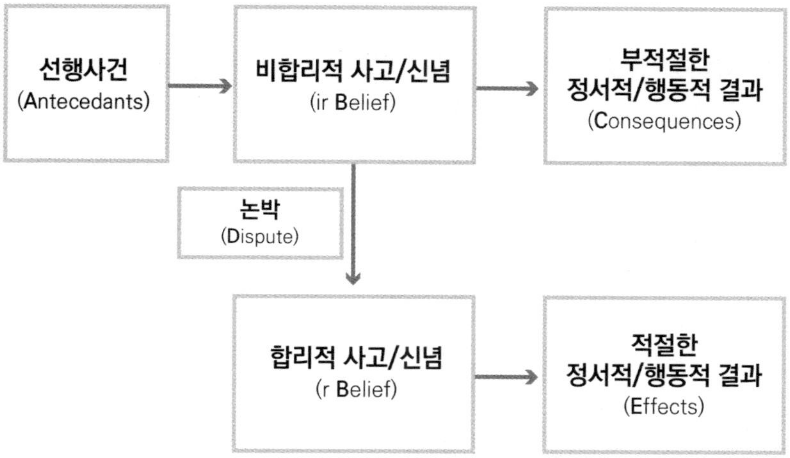

논박을 통하여 합리적인 해석을 유도하는 기법에는 여러 가지가 있다. 대표적인 기법을 소개하면 다음과 같다. 먼저 신념의 결과가 자신에게 도움이 되었는지를 검증하는 것이다. 예를 들면, "그렇게 생각하는 것이 자신에게 얼마나 도움이 되는가?", "다른 긍정적인 결과를 얻을 수 있는 방법은 없는가?" 등이다. 다음은 자신을 격려하는 합리적인 자기진술을 활용하는 것이다. 예를 들면, "이런 상황에서 기분 나빠 할 필요는 없어", "이 일을 해내기 위해 열심히 노력하겠지만 만약 성공하지 못한다고 해도 내가 실패자가 되는 것은 아니야" 등이다. 또는 존경하고 닮고 싶어 하는 인물을 모델로 삼는 방법이다. 예를 들면, "내가 존경하는 그 사람은 그때 어떻게 생각했을까?" 등이다. 이처럼 선행사건에 대한 비합리적인 해석 대신에 합리적인 해석을 시도해 보는 것은 세상을 긍정적으로 바라보는 데에 큰 도움이 될 수 있다.

기업이나 군대조직, 또는 소규모의 단체에서 일을 하다보면, 자신을 힘들게 하는 다양한 사건이나 상황을 경험하게 된다. 상급자로부터 업무관계로 질책을 받기도 하고, 다른 사람과의 관계에서 상처를 받기도 한다. 때로는 희망을 갖고 추진하는 사업이 실패를 하는 경우도 있다. 다른 사람을 설득해야 하는 상황에서 자신의 뜻대로 되지 않는 경우도 있다. 이런 상황에서 당신은 통상적으로 어떻게 반응하는가? 이제 당신이 직면했던 나쁜 사건이나 상황을 메모지에 기록을 하고(A), 그때 들었던 생각(B)과 그 생각으로 인하여 경험되었던 느낌이나 행동(C)을 적어본다. 그리고 나서 그때 들었던 생각(B)이 최선이었는지, 혹은 지나치게 확대해서 생각을 한 것은 아닌지, 닮고 싶어 하는 사람이라면 어떻게 생각하였을 것이라고 믿는지 등 여러 가지 관점에서 자신의 비합리적인 생각과 사고를 반박해 본다. 이러한 반박훈련을 통하여 어떤 나쁜 상황에 대한 자신의 생각과 판단이 상당부분 긍정적으로 변화되어 질 수 있다.

2. 감사하기

긍정주의자가 되기 위해서는 에너지가 필요하다. 긍정주의의 에너지는 과거와 현재에 대해 만족감을 느끼는 것이다. 자신의 삶에 대한 만족감을 느끼지 못한다면 행복감을 갖기도 어려우며, 미래에 대한 희망이나 비전도 유지하기 어려워진다. 그런데 인간의 자연적인 속성은 현재에 대한 만족보다는 불만족을 느끼는 것이다. 어떻게 보면 이러한 자연적인 속성이 있기 때문에 사람들이 그대로 안주하지 않고 무엇인가를 추구하게 되는 것일지도 모른다. 결국 의식적인 노력을 하지 않는다면 사람들은 현재에 대해 불만족을 느끼게 되고, 불만족은 여러 가지 부정적인 생각과 행동을 유발하게 된다. 그렇다면 이러한 인간의 자연적인 속성을 극복하고 보다 더 만족스러운 삶을 영위하는 방법은 무엇일까? 이에 대한 답은 바로 매사에 '감사하는 것'을 습성화하는 것이다. 매사에 감사한다는 것은 어려울 것 같으면서도 쉬운 일이다. 너무도 쉬운 일이라 생각해서 사람들이 중요하게 생각하지 않는지도 모른다. 그러나, 감사하기는 긍정적인 사고를 강화하는 데에 있어서 가장 강력하고도 지속적인 효과를 나타낸다. SNS 상에서 감사하기에 대해 검색을 해 보면, 의외로 많은 사람들이 감사하기를 강조하고 있다는 것을 확인할 수 있다.

감사하는 생각과 마음은 자신의 과거와 현재에 대해 부정적인 정서 대신 긍정적인 정서를 형성시켜 주며, 이로 인하여 삶의 만족감을 증진시켜준다. 긍정적인 정서는 자신의 언어와 행동 스타일을 변화시켜주며, 다른 사람들과의 관계양상을 변화시켜준다.

감사하기를 실천하는 가장 효과적인 방법은 감사 일기를 작성하는 것이다.

매일 밤 잠자리에 들기 전에 그날 하루를 되돌아보면서 감사할 만한 일을 다섯 가지 이상 일기에 적는 것이다. 이때 감사하는 내용을 구체적으로 작성하도록 한다. 아마도 한 달이 되지 않아서 감사일기의 효과를 느끼게 될 것이다. 잠자리에 들어서서 오늘 하루를 무사히 보낼 수 있게 된 것에 대해 감사하는 생각을 갖고 잠이 들 경우, 몸 속에서는 엄청난 긍정 에너지가 작용하게 된다.

3. 언어사용 습관 바꾸기

언어는 사람들의 사고를 지배한다. 아울러 언어사용은 자신의 신체건강을 비롯해서 전반적인 삶에 영향을 줄 뿐만 아니라 주변사람들의 자신에 대한 인식에도 영향을 준다. 따라서 일상적인 언어사용 습관을 바꿀 경우 자신의 긍정주의를 강화시킬 수 있다. 긍정적인 언어사용은 삶을 충만하게 해 주고 역경을 극복할 에너지를 제공해 주지만, 비관적인 언어사용은 삶에 무감각하게 되고 역경에 당면하여 좌절과 우울을 느끼게 한다.

긍정주의의 형성에 결정적인 영향을 미치는 언어사용습관은 스스로 의식하지 못한 채 여러 가지 요인들에 의해 형성되어진다. 먼저 언어사용 습관은 아동기 엄마의 언어 사용습관에 의해 영향을 받는다. 전반적인 언어발달이 아동기에 이루지기 때문에 아동기의 언어습관이 긍정주의나 비관주의의 형성에 큰 영향을 미친다. 그런데 아동기의 언어습관은 부모와 같은 중요한 주변 인물들에 의해 영향을 받는다. 따라서 부모가 자녀를 키울 때, 세상을 긍정적으로 보면서 긍정적인 언어를 사용하면 자녀들 또한 그러한 언어를 구사할 가능성이 높다. 예를 들면, “나는 항상, 누구에게나, 어떻게 행동하든지 거부당한다 혹은 실패한다”와 같은 과잉 일반화를 하거나, “나는 인생의 실패자야, 나는 왜 이렇게 멍청하지”라는 식의 잘못된 명명(mislabeling)을 하는 경우이다. 어떤 실수나 잘못된 결과에 대해 엄마가 자녀 앞에서 부정적이고 비관적으로 표현하는 경우, 아이들은 엄마의 언어사용습관을 학습할 가능성이 크다. 셀리그만의 연구에 의하면 엄마의 언어사용습관이 어느 정도 긍정적이냐에 따라 아이들의 긍정주의가 영향을 받는다고 한다.

잘못하거나 실패하였을 때, 중요한 주변 인물들의 부정적인 꾸지람과 질책은 아이들의 비관적인 견해를 키우는 데에 일조한다. 예를 들어 "넌 머리가 나쁘구나", "이 쓸모없는 녀석아" 등과 같이 불변하고 보편적인 형태의 꾸짖음을 자주 접하는 아동들은 역시 비관적 사고의 지배를 받을 가능성이 크다. 또한 상실과 충격의 지속여부가 사람들의 언어사용 습관에 영향을 미친다. 성장 과정에서 상실과 충격을 일시적으로 경험한 아동들은 성장 후에 나쁜 일을 경험하더라도 그것들은 일시적으로 나타나는 것이라고 생각한다. 그러나 지속적인 상실과 충격 속에서 성장하여 온 아동들은 성장 후에 경험하게 되는 나쁜 일들을 경험하게 되면 비관적이고 절망적인 생각 속에 빠질 가능성이 높다.

따라서 긍정주의자가 되기 위해서는 자신이 구사하는 언어들을 가급적 긍정적인 패턴으로 바꾸어야 한다. 이는 앞에서 강조한 생각 바꾸기와도 연관된다.

한국 긍정심리 연구소 프로그램

한국 긍정심리 연구소(Korea Positive Psychology Institute, KPPI)는 '긍정심리학'을 통해서 개인적, 조직적, 사회적으로 'Flourish'를 지원하고 있다. 이 연구소는 다양한 프로그램들과 교육 및 강연을 통해 긍정문화의 확산에 기여하고 있다.

- 행복한 조직(일터) 만들기 24H
- 긍정심리 리더십 16H
- 회복력 키우기 16H
- 낙관성 키우기 16H
- 긍정조직 만들기 16H
- 행복한 부모 과정 16H
- 행복한 부부 과정 16H
- 행복한 인생설계 과정 24H

2장 '긍정을 강화하라' 관련 유튜브 소개

1. 짝퉁 긍정에 속지 마세요(세바시 1160회, 채정호, 16분)

1) URL: https://www.youtube.com/watch?v=xz8NZMpl4PI
2) 내용: 긍정의 올바른 개념에 대한 설명
(1) 긍정은 좋게 보거나 좋게 생각하는 것이 아니다.
(2) 긍정은 있는 그대로를 인정하는 것이다.
(3) 제임스 본드 스톡데일(베트남 포로 경험)의 사례 등

2. 삶을 행복하게 만드는 법(법륜스님의 희망세상 만들기, 26분)

1) URL: https://www.youtube.com/watch?v=CHFCGN7HzYQ
2) 내용: 행복한 삶을 위한 여러 가지 마음가짐
(1) 욕심을 버리고, 상대방 입장에서 생각하고, 현실을 수용하기
(2) 불리한 것을 극복하려고 하다보면 불리한 것이 성공의 계기가 됨
(3) 수처작주(주어진 조건의 유리한 것을 발견해 나가기)

3. 회사 분위기를 긍정적으로 바꿔보고 싶은 자(IGM 세계경영연구원, 6분)

1) URL: https://www.youtube.com/watch?v=apeT50iRnQw
2) 내용: 회사분위기를 긍정적으로 조성하는 방안
(1) 긍정적인 정서 활성화: 감사 생활화 운동
(2) 긍정 에너지 언어 사용
(3) 칭찬으로 인정하는 문화 조성

4. 긍정을 심어야 긍정이 난다(삶의 지혜 5분 The 인문학, 6분)

1) URL: https://www.youtube.com/watch?v=i56OwhXq_Hg
2) 내용: 긍정의 역사적 사례
(1) 알렉산더 대왕: 신의 계시를 받았다고 꾸며서 병사들에게 희망을 줌
(2) 로버트 머튼의 자기충족적 예언
(3) 선입견의 양면성
(4) 긍정기대의 give & take

CHAPTER 03

가치를 추구하라!

리더는 구성원들의 거울과 같은 존재여야 한다. 사람들이 꿈꾸고 바라는 것들이 승화된 모습으로 리더라는 거울을 통하여 나타날 수 있어야 한다. 리더는 구성원들이 한 인간으로서, 한 가정의 가장으로서, 그리고 한 지역사회의 일원으로서 바라고 누리고 싶어하는 것들을 잘 이해하고, 무한 경쟁사회에서 생존을 위해 조직이 추구하는 가치들을 신념화하여야 한다.

리더는 자신에게 내면화되고 신념화되어 행동으로 나타나는 가치들을 구성원들이 바라보고 느끼고 함께 참여할 수 있도록 모범이 되어야 한다. 리더 스스로가 조직의 가치를 철저하게 실천하지 않는다면, 구성원들도 마찬가지 조직의 가치를 중요하게 여기지 않는다.

그러나 리더가 추구하는 모든 가치가 의미있는 가치라고 볼 수는 없다. 리더는 개인 이기주의적 가치, 집단 이기주의적 가치, 종족 중심의 가치 등 인류공영을 저해하는 가치들은 경계해야 한다. 리더가 이러한 가치들을 추구하는 경우, 참혹한 결과를 맞이하는 역사적인 사례들을 어렵지 않게 볼 수 있다. 따라서 조직의 리더는 개인과 조직 모두에게 의미있는 가치를 추구하도록 노력해야 한다.

— 01 —

리더와 가치관

인생에서 가치관은 나침반과 같다. 나침반이 바다를 항해하는 배들로 하여금 올바른 방향으로 나아가도록 도와주듯이, 가치관은 혼돈스러운 삶의 현장에서 삶의 방식과 삶의 방향을 제시해준다. 가치관은 현재의 모습을 판단하는 기준이 되고, 미래를 향한 좌표가 되기도 한다. 가치관은 또한 내가 무엇을 원하는 지 말해 주며, 내가 누군지 알게 해준다. 많은 사람들이 인생에서 가치관의 중요성을 강조한다. 『백만불짜리 습관』을 저술한 브라이언 트레이시(Brian Tracy, 1944~)는 '가장 존중하고 본받고 싶어 하는 가치와 자질을 분명하게 인식하는 것이야말로 성공의 초석'이라고 말하였다. 리더가 어떤 가치를 중시하며, 어떤 가치관을 갖고 있느냐는 매우 중요하다. 왜냐하면 리더의 가치관은 리더의 사고와 행동에 절대적인 영향을 미치며, 리더가 이끄는 조직의 성패와 구성원들의 삶에 결정적인 영향을 주기 때문이다. 여기서 우리는 먼저 가치관의 개념에 대해 이해를 하고, 그 다음에 리더로서 어떠한 가치관을 추구해야 하는지에 대해 살펴보고자 한다.

1. 가치관의 이해

사전적 의미로 가치관은 '인간이 삶이나 어떤 대상에 대해서 무엇이 좋고, 옳고, 바람직한 것인지를 판단하는 관점'이다. 현실 생활에서 가치관은 세계관과 인생관을 토대로 나는 어떻게 살 것인가? 적당히 시류에 타협하면서 살 것인가 아니면 어떤 가치를 절대적인 기준으로 삼아 살아갈 것인가? 등을 결정해 주는 인생의 좌표, 잣대, 무게 중심이며, 더 나아가 자신의 정체성을 결정하는 중요 요인이다.

가치관은 태어나면서 저절로 부여되는 것이 아니다. 가치관은 삶에서의 다양한 경험을 통하여 형성되어 지기 때문에 삶 속에서 끊임없이 변화될 수 있다. 개인의 가치관 형성에 미치는 환경의 영향은 매우 지대하다. 가정에서 부모의 가치관이 자녀의 가치관 형성에 영향을 미친다. 예를 들면, 종교적인 믿음이 강한 집안에서 성장하는 자녀들은 영적인 가치관을 추구할 가능성이 높다. 한국에서 성장한 한국인과 미국에서 성장한 한국인이 추구하는 가치가 동일할 수 없다.

가치관의 소재가 되는 가치는 일반적으로 좋은 것, 값어치, 값을 뜻하며, 인간의 욕구나 관심을 충족시키는 것, 충족시키는 성질, 충족시킨다고 생각되는 것을 말한다. 가치는 가치관을 결정해주는 중요한 요인으로 삶의 방식과 행동의 방향을 결정하며, 중요도에 따라 우선순위가 결정된다.

일반적으로 사람들이 추구하는 가치들은 내적가치와 외적가치로 구분되며, 여기에 추가하여 관계가치, 성장가치를 언급하기도 한다. 여기서 외적가치는 부, 권력, 지위, 파워, 명예, 외모 등을 의미하며, 내적가치는 인격, 지식, 자유, 우정, 정의, 성실, 신뢰, 도전, 모험, 봉사 등을 의미한다. 관계가치는 우정, 협력, 결혼, 가족 등을 포함하며, 성장가치는 자기개발, 지식, 리더십 등을 포함한다.

밀턴 로케치는 가치를 개인적으로나 사회적으로 보다 선호하는 지속적인 신념으로 보았다. 그는 가치를 궁극적 가치와 수단적 가치로 구분한다.

궁극적 가치는 개인이 일생동안 성취하고자 하는 궁극적인 목표로서, 여기에는 행복, 자유, 성취, 편안한 삶 등이 있다. 궁극적 가치는 다시 자기중심적이냐 사회중심적이냐에 따라 개인적 가치와 사회적 가치로 구분된다. 궁극적 가치들 중에서 가장 높게 평가되는 가치는 '행복'이다.

반면에 수단적 가치는 최종 가치를 달성하는 데 선호되는 수단이나 행동방식과 관련된 가치이다. 수단적 가치는 죄의식이나 양심의 가책과 같은 논리적 가치와 야심적 용기, 지적인 것과 같은 능력가치로 구분된다. 예를 들면, 어떤 사람은 행복한 삶이라는 궁극적 가치를 얻기 위한 수단적 가치로 '돈'을 추구하는 사람이 있다. 수단적 가치들 중에서 가장 높게 평가되는 가치는 '사랑'이다.

사회심리학자인 샬롬 슈와츠(Shalom K. Schwartz)는 다양한 문화권을 대상으로 사람들의 가치를 조사한 결과, 보편적 가치이론(Theory of Basic Human Values)을 정립하였다. 그는 인간들이 기본적으로 10가지의 가치유형과 57개의 가치항목으로 구성된 체계를 지닌다고 설명하였다. 이 가치들은 크게 두 개의 축으로 2차원상에서의 위치가 정해진다. 한 축은 개인적인 가치 대 사회적인 가치를 의미하고, 다른 축은 성장과 관련된 가치 대 유지나 보존과 관련된 가치를 의미한다.[1]

보편적 가치 이론

자율 자극 쾌락 권력 성취
박애 보편 안전 전통 순응

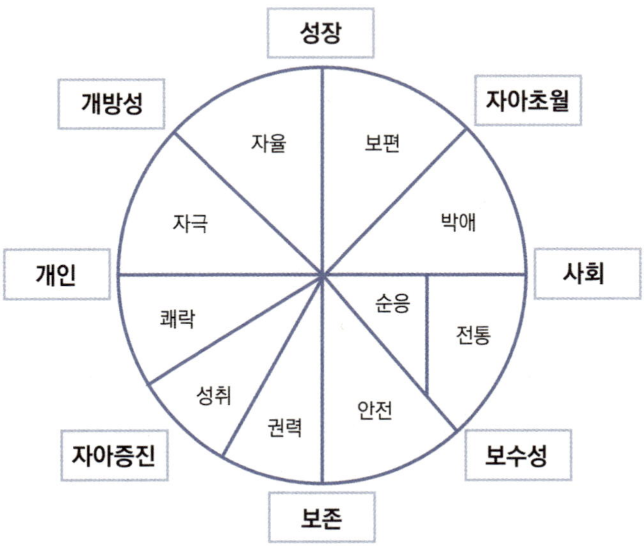

1 https://hleccaster.com/personal-values/

2. 리더의 가치관

누구에게나 올바른 가치관을 갖는 것이 중요하지만, 리더가 올바른 가치관을 갖는다는 것은 더더욱 중요하다. 왜냐하면 리더의 가치관은 리더 자신의 삶을 결정지어주기도 하지만, 아울러 그가 이끄는 조직과 조직의 구성원 모두에게도 영향을 미치기 때문이다. 왜 리더가 올바르고 의미있는 가치관을 명확하게 갖추어야 하는가에 대한 설명은 다음과 같다.

먼저, 리더의 가치는 옳고 그름과 윤리적 판단의 기준이 된다. 부와 물질적 성공에 가치를 두는 리더들은 이익을 위해 사실을 의도적으로 왜곡하는 것을 꺼리지 않는다. 물질지향적인 가치를 추구하는 리더는 주주의 가치를 높이고 개인적인 이익이 보장된다면 경영난 해소를 위해 수 천 명의 일자리를 없애는 방안에 손쉽게 동의한다. 리더가 잘못된 가치가 얼마나 엄청난 재앙을 초래하는 지를 여실히 보여준 사례가 바로 엔론(Enron) 부정회계 사태이다. 엔론은 미국의 에너지, 물류 및 서비스 회사로서 2000년에 매출 1,110억 달러를 달성한 세계적인 기업의 하나였으며, 미국에서 가장 혁신적인 기업으로 선정되기도 하였다. 그러나, 2001년 말, 엔론의 부실한 재정상태가 치밀하고 계획적인 회계부정으로 은폐되어 왔다는 사실이 밝혀졌다. 미국의 엔론 부정사태를 포함하여 최근 국내 제약회사들의 부도덕한 행위들을 고려할 때, 리더의 올바른 가치 추구가 얼마나 중요한 가를 새삼 깨닫게 된다.

둘째, 리더의 가치는 리더의 의사결정에 중요한 역할을 한다. 리더의 가치는 리더가 어떤 자료를 보고 어떻게 문제를 정의하느냐에 결정적인 영향을 미치며, 문제해결책과 그에 따른 의사결정에도 영향을 미친다.

셋째, 리더의 가치는 리더가 취하는 행동 양식에도 영향을 미친다. 예술적 가치를 중시하는 리더는 결과의 질적인 수준에 관심을 갖으며, 안정지향적인 리더는 남들의 주목을 받는 다소 위험한 방식보다는 예측가능한 안전한 방안을 선택한다.

넷째, 리더의 가치는 부하와의 관계에도 영향을 미친다. 리더들은 자신과 비슷한 가치를 가진 팔로워를 좋아하고, 상반된 가치를 가진 팔로워를 싫어하는 경향이 있다. 그러다 보면 리더의 주변에 동질적인 가치를 갖고 있는 구성원들이 군집하게 된다. 올바른 가치관을 갖고 있는 리더는 부하들을 배려하고 그들을 위해 책임있는 행동과 결정을 할 가능성이 높다.

다섯째, 리더의 가치관은 업무뿐만 아니라 조직의 인력충원, 승진, 전략 등 다양한 영역에 영향을 미친다. 가치관을 통해 해야 할 일과 하지 말아야 할 일이 결정되어진다. 리더의 가치관은 삶의 모든 부분, 도덕적 판단, 타인에 대한 태도, 개인 및 조직 목표에 대한 몰입 등 매우 광범위한 영역에서 행동 패턴의 판단 기준이 된다. 리더가 분명하고 합의된 일련의 가치에 의거할 때 가장 훌륭한 결과가 나오게 된다. 조직구성원들은 리더가 무언가를 대표해주고, 그것을 위해 희생을 감수할 정도의 용기를 갖기를 바란다. 만약 리더가 자기철학도 없으면서 영향력 있는 자리에 앉아 있게 되면, 그는 변덕이 심하고, '정치적' 행동이나 일삼는 것으로 낙인찍히기 쉽다.

— 02 —

의미있는 가치

가치를 추구하는 것은 인생을 살아가면서 나침반을 활용하는 것과 같다. 내가 추구하는 가치는 나의 생각과 행동을 포함하여 나의 삶 전반에 영향을 미치기 때문에 명확한 가치관을 갖는다는 것은 매우 중요하다. 그러나 개인이 추구하는 가치가 오롯이 자신의 발전만을 위한다거나, 오히려 그가 속한 사회나 조직에 도움이 되기보다는 해가 된다면, 그것은 잘못된 가치를 추구하는 것이다. 만약 리더가 권력을 지향하는 욕구를 개인의 부와 영광을 누리기 위한 수단으로 활용한다면, 그 리더는 조직에 부정적인 결과를 제공할 가능성이 높다. 그러나 리더가 조직의 발전을 위해 자신의 권력을 행사하고자 하는 욕구가 강한 경우, 그 리더는 조직에 긍정적인 결과를 안겨줄 가능성이 높다. 사람들마다 나름대로의 추구하는 가치가 있지만, 리더라면 조직의 미래에 조금이라도 도움이 되는 의미있는 가치를 추구하는 것이 바람직하다.

1. 의미있는 삶

리더가 될 사람들은 평범을 초월해야 한다. 리더가 될 사람들은 일반적인 가치가 아닌 의미 있는 가치를 추구해야 한다. 그런데 의미 있는 삶이란 무엇일까?

일단은 그저 행복하고 건강하게 사는 것만이 의미 있는 삶은 아니라는 것에 동의한다. '나만의 정원을 가꾸겠노라'면서 세상으로부터 물러나는 것도 의미있는 삶과 거리가 멀다. 자신의 재산을 늘리기 위해 평생을 투자하는 기업가가 있다. 이 기업가에게 있어서 삶의 목적은 오로지 부를 얻는 것이다. 그는 재산을 늘리기 위해 편법이나 위법을 마다하지 않았다. 자신의 재산을 늘려가면서 타인에게 발생하는 피해는 고려할 가치도 없었다. 오히려 타인들이 피해를 볼수록 자신이 경쟁에서 이겼으며, 자신의 목표에 한발씩 더 다가가고 있다고 생각하였다. 그는 최종 목적지에 대해 생각하지 않은 채, 그리고 왜 그곳에 도달해야 하는지 생각하고 싶지 않았다. 오로지 재산을 늘리는 과정에 충실했다.

의미 있는 일에 대해 학술적이고 체계적인 논의가 윤리학, 심리학, 사회학 등 여러 학문 영역에서 상당히 많이 이루어져 왔다. 이 연구들에서 언급된 '의미 있는 일'에 관한 정의를 살펴보면, 의미있는 일이란 '개인적 차원을 넘어서서 더 넓은 차원의 초월적 목적과 연관되는 일'을 의미한다(Bailey & Madden, 2016). 그렇다면 일반적으로 사람들이 일에서 의미를 경험하는 것은 어떠한 경우일까?

Bailey와 Madden은 MIT Sloan Management Review에 기고한 글에서 사람들이 어떤 경우에 일의 의미를 느끼게 되었는지에 대해 다양한 직업군을 대상으로 조사하였다. 그 결과, 이들은 예상과 다른 매우 흥미로운 결과들을 발견하였다.

일의 의미를 경험하는 것에 대한 Bailey와 Madden의 연구 결과를 보면, 의미의 경험은 다음의 몇 가지 요건들을 포함하고 있었다. 첫째, 자신의 일에 의미를 느끼는 경험은 좋은 성과에 대한 자긍심과 성취감과 연관되었다. 둘째, 자신의 일에 의미를 느끼는 경우는 이미 그 일에 대해 스스로 몰입되어 있었으며, 잠재력의 실현이나 창의적인 시도와 연관되어 있었다. 셋째, 자신의 일이 본인뿐 아니라 타인이나 조직 그리고 환경에 중요한 영향을 미쳤다는 자기초월적 생각과 연관되었다. 넷째, 자신의 일에 대한 의미 경험은 비단 행복한 상황에서만 경험되는 것이 아니라 고통스럽고 험난한 상황에서도 경험될 수 있었다. 다섯째, 일을 의미있다고 느끼는 경험은 비교적 지속적인 상태로 유지되는 것이 아니라, 매우 불시의 순간에 경험되었다. 여섯째, 일의 의미가 직장에서 일어나는 다양한 상황들의 결과로 나타나기 보다는 매우 개인적이고 개별적인 상황에서 발견되었다.

2. 리더에게 의미있는 가치

히틀러는 자신의 꿈을 실현하기 위해 독일인의 영광을 수단으로 이용하였다. 결국 수많은 독일 국민들이 희생되었고, 더 많은 세상 사람들의 생명을 앗아 갔다. 히틀러의 카리스마 넘친 리더십은 리더의 잘못된 가치 추구가 얼마나 비참한 결과를 초래하는지를 실증적으로 보여주었다. 1978년 남아메리카 가이아나 존스타운에서 벌어진 사이비 종교 인민사원의 집단 자살사건도 리더의 잘못된 가치 추구가 얼마나 많은 희생을 불러일으킬 수 있는지를 여실히 보여준 사례라고 볼 수 있다.

올바른 리더는 자신만의 가치를 추구해서는 안 된다. 리더는 개인의 삶과 더불어 조직을 책임지고 이끌어가야 하는 사람이다. 리더가 자신의 꿈을 실현시키기 위해 조직 구성원들을 희생시켜서는 안 된다. 리더는 조직구성원들이 행복한 삶을 살 수 있도록 도와주는 사람이어야 하고, 행복하게 만들어주는 사람이어야 한다. 이것은 곧 리더가 조직구성원들에게 의미있는 가치를 추구해야 한다는 것을 의미한다. 그렇다면 리더가 추구해야 할 의미있는 가치는 무엇인가?

조직 가치

조직을 이끄는 리더로서 의미있는 가치를 멀리서 찾을 필요는 없다. 세계적인 대기업의 경우, 최고의 경영진들이 고심하여 설정한 조직의 가치들이 있다. 조직 가치는 조직의 이념과 비전을 구현시키기 위해 구성원들이 지향해야 할 사고와 행동의 원칙들이다. 조직 내의 리더라면 다른 어떤 구성원들보다도 해당 조직의 핵심가치들을 보다 적극적이고 능동적으로 내면화하고 신념화하여야 한다. 그래서 조직가치를 신념화하는 리더의 모습이 조직 내의 다른 구성원들에게 모범이 되어야 한다.

예로서 국내 S 기업의 경우 '인재제일', '최고지향', '변화선도', '정도경영', '상생추구'라는 핵심가치들을 설정하고 있다. 인재제일 가치는 '기업은 사람이다'라는 신념으로 인재를 소중히 여기고 능력을 발휘할 수 있는 기회를 최대한으로 만들어가는 것이다. 최고지향 가치는 끊임없는 열정과 도전정신으로 모든 면에서 세계 최고를 목표로 삼는 것이다. 변화선도 가치는 변화와 혁신을 주도적으로 실천하는 것이다. 정도경영 가치는 곧고 진실되며 명예와 품위를 지키는 정도를 추구하는 것이다. 상생추구 가치는 더불어 살아간다는 마음으로 지역, 국가, 인류의 공동 번영을 위해 노력하는 것이다.

또 다른 예로서 L 기업의 경우, 'Innovation', 'Openness', 'Partnership'을 핵심가치로 설정하고 있다. 혁신은 새롭고 독특한 가치를 신속하고 지속적으로 창출하는 것이다. 개방성은 열린 사고와 행동으로 고객과 환경변화에 대응하는 것이다. 파트너십은 최고의 성과를 만들어가는 동반자 관계이다.

기업가 더불어 조직 가치를 강조하는 또 다른 조직은 군 조직이다. 미 육군은 1990년대 육군의 핵심가치 7가지를 채택하고, 이를 미 육군의 리더십 교범 등 여러 매체를 통하여 널리 전파하였다. 미 육군의 7대 가치는 충성(Loyalty), 의무(Duty), 존경(Respect), 봉사(Selfless Service), 명예(Honor), 정직(Integrity), 용기(Personal Courage) 등이며, 이들 단어의 첫 철자를 모으면 LDRSHIP이 된다.

한국 육군은 2020년 과거의 5대 가치(충성, 용기, 책임, 존중, 창의)를 3대 핵심 가치(위국헌신, 책임완수, 상호존중)로 수정하였다. 새롭게 정립된 육군의 핵심가치는 기존의 가치를 포괄하면서도 시대적 변화의 흐름에 맞춰 진화한 것이다. 그 첫 번째 핵심가치인 '위국헌신'은 군인의 존재목적을 제시해 주는 것으로서, '무엇을 위해 군복무를 하는가?'에 대한 답을 제공한다. 두 번째 핵심가치인 '책임완수'는 복무태도를 제시해 주는 것으로서, '어떻게 복무해야 하는가?'에 대한 답을 제공해 준다. 세 번째 핵심가치인 '상호존중'은 복무방식에 관한 것으로서, '공동체 일원으로서의 행동방식'을 제시해 준다.

헌신적인 삶

대부분의 사람들에게 의미있는 삶이라고 여기어 지듯이 리더들이 추구해야 할 의미있는 가치를 생각할 때, 가장 먼저 떠오르는 것은 '봉사와 희생'이라는 가치이다. 실제로 우리의 역사와 주변을 돌아보면 일생 전체를 통하여 헌신적인 삶을 살아간 리더들을 볼 수 있다. 성웅 이순신 장군의 일생을 되돌아보아도, 그가 얼마나 확고한 헌신적인 삶을 살았는지 이해할 수 있다. 이순신 장군이 일생동안 추구한 삶의 가치는 개인의 부나 권력이 아니라, 온전하게 애국애민이었다. 이순신 장군은 평생 동안 나라를 지키고 나라에 헌신하며 백성의 평안을 위해 온 힘을 다하였다.

성인 마더 테레사는 18세에 수녀회에 입회한 이후 1997년 87세의 나이로 선종할 때까지 평생을 빈민구제와 선교활동을 위해 전심전력을 다하였다. 1979년에 평화노벨상을 수상하기도 하였던 그녀는 가난한 자들을 도외시하는 것은 하느님에게 등을 돌리는 것과 같다고 말하며, 인도에서 가난한 사람들이 입는 흰색사리를 입고서 청빈한 생활을 하였다. 그녀의 하루하루가 고되고 힘들었지만 그녀는 가난한 자들에게 사랑과 보살핌을 나누어주며 삶의 에너지를 불태웠다.

리더에게 있어서 봉사와 희생이라는 가치는 쉽지만 실천하기에 가장 어려운 대상이다. 쉽다는 것은 누구에게나 기회가 주어진다는 의미이며, 어렵다는 것은 대부분의 사람들이 실천하지 않고 있다는 의미이다. 많은 리더들은 현재 자신에게 주어진 리더라는 직책을 통하여 인정받고 싶어하며, 자신이 무언가를 할 수 있다는 것에 초점을 둔다. 그러나 훌륭하고 성공적인 리더라면, 자신보다도 구성원들이 무엇을 할 수 있도록 기회를 제공하고, 도와주고, 지지해 주는 데에 봉사와 희생의 마음을 써야할 것이다. 봉사와 희생의 가치는 멀리 있는 것이 아니라 바로 리더의 바로 옆에 있다.

유산을 남기는 삶

리더가 추구할만한 의미있는 가치들 중 하나는 세상에 기여하는 유산을 남기는 것이다. 미국의 시인이자 사상가인 Emerson이 쓴 시 “성공이란 무엇인가”에 나오는 대목은 우리들에게 또 하나의 의미 있는 가치의 기준을 제공해준다. 이 시는 최근에 카카오 김범수 회장이 자신의 기부활동의 동기를 제공해 준 시로 소개하면서 세간에 회자되기도 하였다. Emerson은 진정한 성공이란 ‘세상을 조금이라도 살기 좋은 곳으로 만들어 놓고 떠나는 것, 자신이 한때 이곳에 살았음으로 해서 단 한 사람의 인생이라도 행복해지는 것’이라고 말하였다.

리더십의 대가인 Kuzes와 Posner도 리더들이 ‘유산’이라는 관점에서 어떤 유산을 남길 것인가를 생각해야 한다고 주장한다. 이들은 리더들의 존재 의미는 오늘보다 더 나은 세상을 유산으로 남기기 위해 그 무엇인가를 만들어 가는 것이라는 것을 강조한다. 그래서 두 연구자는 세상의 리더들이 과거에는 무엇을 했고, 현재는 무엇을 하고 있으며, 미래에는 무엇을 할 것인지를 깊이 생각하면서 더 깊은 삶의 의미를 찾아가야 한다고 말한다.

조직에서 일할 수 있는 기간이 얼마 남지 않은 리더에게 부하 직원이 질문한다. 곧 떠나실 분이 무엇을 하려고 그 일을 하십니까? 그 시간에 새로운 삶을 준비하시는 데에 고민하시지요! 이러한 질문을 받은 리더는 이렇게 대답한다. 조금이라도 더 나은 업무환경을 후배들에게 남겨주어서 그들이 보다 더 효율적이고 효과적으로 일하고, 그리고 더 만족스러운 삶을 살게 하고 싶어서 그러하네! 이 얼마나 아름다운 모습인가?

— 03 —

나의 가치체계 분석

그렇다면 나는 어떤 가치를 추구하며 살아왔는가? 현재 가장 중요하게 생각하는 가치는 무엇인가? 어떤 가치관을 갖고 살아가고 있는가? 대부분의 사람들은 살아오면서 인생의 가치관에 대해 한두 번 생각은 해보지만 신중하게 그리고 구체적으로 탐색해 보는 경우는 드물다. 그렇기 때문에 주변에 있는 사람들에게 "당신은 어떤 가치관을 갖고 있습니까?"라고 물어보면, 돌아오는 대답이 참 다양하다. 대부분의 사람들은 처음에 머뭇거리다가 "가치관이요?" 하고 되묻거나 "뭐 그런 것에 대해 생각해보지 않았는데요!"라고 응답한다. 어떤 사람은 지금까지 열심히 살아왔으며, 항상 주어진 과업을 성실히 수행하려고 노력해왔다고 이야기한다. 또 어떤 사람은 현재 일하고 있는 직업에 충실히 임해왔다고 한다. 심지어 어떤 이는 가치관과 같은 것으로 자신을 얽매이지 않는 것이 좋다고도 한다. 이처럼 몇 십 년을 살아온 사람들도 인생의 가치관에 관한 질문에 대해서는 쉽게 적절한 답변을 내놓지 못한다.

인생의 가치관에 대한 명확한 생각이 없는 이유는 무엇일까? 그 이유는 간단하다. 살아오면서 가치관에 대한 숙고나 논의를 할 기회가 거의 없었기 때문이다. 가정이나 학교에서 청소년들에게 인생의 가치관을 올바르게 정립하도록 생각의 장을 마련해주고 자신에게 적합한 가치관을 선택할 수 있도록 기회를 제공해주는 경우는 매우 드물다. 가정에서는 부모가 그리고 학교에서는 교사들이 학생들 개개인의 가치관 정립을 적극적으로 도와주기 보다는 당면한 경쟁상황에서 우위를 선점하는 데에 최선을 다하도록 독려한다. 부모들은 자식들에게 일단 좋은 성적을 받고 나면 그 다음의 인생이 순탄하게 전개된다는 것을 강조한다. 학생들은 학업과 연관성이 떨어지는 사회적 활동을 수행하지만, 이는 그 자체가 좋아서 라기보다는 성적과 연관된 스펙을 쌓기 위한 것이다.

자기 스스로 중요하다고 생각하는 가치를 추구하지 않고, 주변의 중요 인물들이 권하는 삶을 살아 온 사람들은 어느 순간 혼란을 경험하게 되는 경우가 많다. 부모의 권유와 지도에 의해 의사가 되고, 변호사가 되어서 한 세월을 보낸 다음에 "아, 이 길이 아닌가보다, 내가 가야할 길은 아마도 교육자의 길이었어."라고 생각하면서 지나 온 나날들이 만족스럽지 못했다고 후회하는 사람들이 있다. 어떤 이는 아무런 생각이 없이 살아오다가 인생의 끝자락에서 비로소 인생의 참된 가치를 깨달았지만 이미 때가 늦었다는 것을 알고 자신의 인생을 책망한다.

리더가 사람들을 이끌고 그들에게 공감을 주기 위해서는 나 스스로 내가 무엇에 열정을 느끼고 있는지가 분명해야 한다. 가치체계를 분명히 하는 것은 리더로서 자기를 개발하는 노력의 출발점이라고 볼 수 있다. 리더는 자신의 내면을 탐구하고 정말로 중요한 것을 선택하려는 노력을 통해 자신의 가치관을 깨닫을 수 있다. 가치관이 확고한 리더는 기초가 굳건하고 자신감이 있으며, 온갖 어려움 속에서도 자신을 붙잡아 주고 지탱할 수 있다.

1. 가치의 명료화

'나는 어떤 가치관을 갖고 있는가? 나는 어떤 가치관을 추구할 것인가?'에 대한 답을 얻기 위해서는 자신에 대한 깊은 성찰의 시간이 요구된다. 자신을 성찰하다보면, 자신이 가장 잘하는 것, 자신이 가장 좋아하는 것, 자신이 가장 행복하게 느끼는 순간이나 활동, 관심이 이끌리는 것 등에 대해 생각하게 된다. 이러한 성찰의 시간을 통해 자신이 어떤 삶을 살아야 할 것인지에 대한 구체적인 방향들이 스스로에게 인식되어진다.

가치명료화는 가치에 관련된 문제를 여러 각도에서 생각해 보고, 선택한 가치에 만족함으로써 가치를 확고히 하여 실행에 옮기는 과정이다. 가치 명료화는 다음과 같은 방식으로 실행해 볼 수 있다. 가장 먼저 할 일은 자신이 원하는 것이 무엇인지 생각해 보는 것이다. 행복, 부자 등 생각나는 대로 종이에 써 내려간다. 원하는 것을 기록할 때는 가급적 구체적으로 기술하도록 한다. 가령 단순하게 행복이라고 적기보다는 행복한 삶은 어떠한 삶인가를 기술하는 것이다. 그리고 나서 자신에 대해 생각해 본다. 자신이 가장 흥미를 느끼고 즐거워하는 것은 무엇인가? 자신에게 중요하다고 생각되는 것은 무엇인가? 스스로 도전해 볼 수 있는 것이라고 생각되는 것은 무엇인가? 다음은 자신의 미래를 상상해 본다. 그리고 인생의 목표를 설정해 본다. 가급적 구체적인 목표를 설정하고, 그 목표를 선택한 이유를 스스로에게 명확하게 설명할 수 있도록 한다. 그리고 나서 최종 목표를 달성하기 위한 단계적 목표를 수립해 본다.

로쓰 등은 가치명료화를 아래와 같이 7단계 방식으로 제안한다(Raths, Harmon & Simon, 1966). 1~3단계는 선택하기 과정이다. 1단계는 자유로운 선택을 위한 상황을 보장하는 것이다. 2단계는 다양한 제안들을 설정하는 것이다. 3단계는 각각의 제안들에 대한 결과를 고려하여 선택하는 것이다. 4~5단계는 선택에 대한 만족과정이다. 4단계는 보상과 칭찬이며, 5단계는 확인이다. 6~7단계는 행동화 과정이다. 6단계는 선택한 가치를 행동으로 옮기는 것이며, 7단계는 반복하는 것이다.

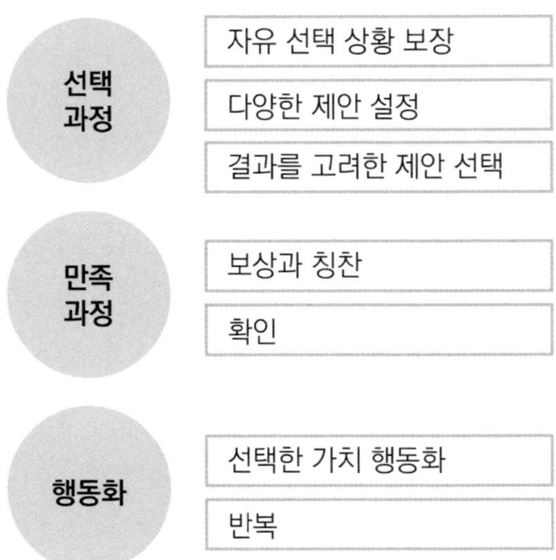

2. 직업 가치 분석

앞에서 한 인간으로서 또는 한 사람의 사회인으로서 자신이 추구하는 가치에 대해 상당히 포괄적으로 살펴보았다면, 이곳에서는 직업과 연관하여 자신이 추구하는 가치를 살펴볼 수 있는 방법에 대해 간략하게 소개하고자 한다.

직업가치관 검사

직업가치는 직업의 선택에 영향을 미치는 가치관을 의미한다. 이 또한 부분적이지만 자신의 가치를 이해하는 방법들 중 하나이다. 직업가치를 측정하는 대표적인 검사는 한국고용정보원에서 사용되는 직업가치관 검사이다. 이 검사는 총 13개 요인에 대해 각각 6개 문항씩, 총 78개 문항으로 구성되어 있다. 피검사자는 각 문항에 대해 5점 기준으로 해당 문항이 자신에게 얼마나 중요한 것인지를 판단한다. 다음에는 13개 요인과 각 요인에 대한 간략한 설명을 추가하였다.

- 성취: 자신이 목표를 세우고 이를 달성함
- 봉사: 남을 위해 일함
- 개별활동: 여러 사람과 어울려 일하기 보다는 혼자 일을 중시
- 직업안정: 직업에서 오랫동안 안정적으로 종사하는 것을 중시
- 변화 지향: 엄무가 고정되어 있지 않고 변화 가능함
- 몸과 마음의 여유: 마음과 신체적 여유의 보장여부를 중시
- 영향력 발휘: 타인에 대해 영향력을 발휘하는 것을 중시
- 지식 추구: 새로운 지식을 얻는 것을 중시
- 애국: 국가를 위해 도움이 되는 것을 중시
- 자율성: 자율적으로 업무를 해 나가는 것을 중시
- 금전적 보상: 금전적 보상을 중시
- 인정: 타인으로부터 인정받는 것을 중시
- 실내활동: 신체활동을 덜 요구하는 업무나 직업을 중시

흥미검사(직업선호도 검사)

흥미는 특정활동이나 대상을 좋아하거나 싫어하는 것을 의미한다. 개인의 흥미는 개인의 성격, 가치, 생활 양식을 반영한다. 따라서, 흥미를 살펴보면 내면의 가치를 어느 정도 짐작할 수 있다. 직업과 연관된 흥미를 측정하는 검사로 직업선호도 검사를 예로 들 수 있다. 직업선호도 검사는 고용노동부 워크넷(www.work.go.kr)에서 무료로 제공된다.

직업선호도 검사는 Holland가 개발한 6가지 코드 이론에 기반하고 있는데, Holland의 6가지 코드는 아래와 같다.

- R(현실형): 실행/사물 지향
- I(탐구형): 사고/아이디어 지향
- A(예술형): 창조/아이디어 지향
- S(사회형): 자선/사람 지향
- E(진취형): 관리/과제 지향
- C(관습형): 동조/자료 지향

6가지 코드 중에서 탐구형을 예로 들면 다음의 특성을 갖는다.

- 흥미특성: 분명/질서정연/체계적 선호, 연장/기계 조작/기술 흥미
- 자기평가: 사교성 보다는 손재능/기계적 소질
- 타인평가: 겸손하고 솔직하나 독단적이고 고집이 셈
- 선호활동: 기계나 도구 조작
- 적성: 기계 능력
- 성격: 현실적, 신중
- 가치: 눈에 보이는 성취에 대한 물질적 보상
- 회피활동: 타인과의 상호작용

3장 '가치를 추구하라' 관련 유튜브 소개

1. 돈을 좇기보다 가치를 추구하는 삶(CGNTV 나침반, 우수명, 32분)

1) URL: https://www.youtube.com/watch?v=5NzDTmZqc9g
2) 내용: 삶의 가치를 높이는 방법
   (1) 내 외부 자원을 잘 활용, 삶의 성장을 위해 스스로를 점검
   (2) 실행계획
   (3) 목표를 설정하고 가치를 재조명

2. 나는 누구이고 무엇을 원하는가(자아, 가치관) (스터디언, 3분)

1) URL: https://www.youtube.com/watch?v=to-IrP6tGbE
2) 내용: 오프라 윈프리의 연설
   (1) 나는 누구이며, 무엇을 원하는가?
   (2) 스스로 헌신할 곳을 찾기

3. 왜 우리는 불안한가(micimpact TV)

1) URL: https://www.youtube.com/watch?v=c6saL55Z0dU
2) 내용: 알랭드 보통의 강연
   (1) 적성을 고려한 선택
   (2) 의미있는 직업의 기준
   (3) 의미: 다른 사람을 도와주는 기분을 경험

4. 의미있는 삶을 만드는 4개의 기둥(네모탈출, 7분)

1) URL: https://www.youtube.com/watch?v=_oYGNFxxuNQ
2) 내용: [어떻게 나답게 살것인가]의 저자 에밀리스미스의 글
   (1) 유대감, 목적(능력, 성향, 세상에 기여)
   (2) 스토리텔링(자신의 삶을 하나의 이야기로 이해), 초월에 대해

PART
02

2차원: Together

세상을 지배하려는 자,
함께 가라!

“리더는 구성원들에게 관심을 갖고
신뢰를 바탕으로 소통하며,
구성원이 스스로 움직이게 만들어야 한다.”

CHAPTER 04

관계를 경영하라!

01 관계의 중요성

02 관계의 시작: 관심

03 관계 개선 방법

오늘날 회자되는 리더십의 정의를 살펴보면, 리더십은 '집단과 각 구성원들의 목표 달성을 촉진하기 위하여 각 구성원들이 다른 구성원들에게 영향을 미치고 또한 그들을 동기화시키는 상호적, 교환적, 변혁적 과정'으로 설명된다. 이 정의를 보면, 리더십의 성공여부에 영향을 미치는 중요한 요소로서 리더뿐만 아니라 구성원들의 역할이 함께 고려되고 있다는 것을 알 수 있다. 조직의 성과를 결정하는 데에 있어서 리더의 역할은 매우 중요하다. 그런데, 리더와 더불어 구성원들이 함께 노력할 경우, 더 큰 성과를 얻어낼 수 있다.

조직내 구성원들의 자발적인 참여는 자동적으로 이루어지지 않는다. 리더가 제시하는 비전이나 방향으로 조직과 조직의 구성원들이 움직이기 위해서는 신뢰관계가 형성되어야 한다. 신뢰는 리더의 적극적인 관심을 통해서 이루어질 수 있다. 구성원들이 리더에게 관심을 가져주기를 희망하기 이전에 리더가 구성원들에게 관심을 갖고서 다가가야 한다. 그때서야 비로소 온전한 소통의 기회가 열리기 시작한다. 신뢰를 바탕으로 소통이 되어야만 구성원들은 스스로 움직인다.

또한 리더는 사람들을 움직이게 하는 힘의 원천들을 잘 이해해야 한다. 리더는 사람들로 하여금 최대한의 노력을 유발시키는 요인들의 작용 기제에 대해서도 잘 알고 있어야 한다. 그리고 이러한 원리들을 현장에 적용하기 위해 노력해야 한다.

리더들은 목적지에 빨리 가고싶어 한다. 그러다 보면 리더 홀로 그 길을 외롭게 걷고 있는 모습을 발견하게 된다. 목적지가 멀리 떨어져 있을수록 혼자서 가기보다 함께 가야 한다.

— 01 —

관계의 중요성

1. 삶에서 인간관계

인간의 삶을 살펴보면 항상 다른 사람과의 관계 속에서 생활한다. 우리는 태어나면서부터 다른 사람들과의 관계 속에서 존재하고, 살아가면서 항상 관계의 문제를 풀어나가야 한다. 사람들은 어릴 적에 가족이라는 울타리 속에서 부모와 형제들과 함께 생활하다가, 학령기가 되면 교사와 친구들과 어울리게 된다. 공부를 마치고 직장을 얻게 되면, 직장의 동료나 선후배 그리고 상사와의 관계가 이루어지게 된다. 그러다가 배우자를 만나 가정을 꾸리게 되면, 이제 또 다시 새로운 가족관계가 시작된다. 이처럼 인간의 삶은 다른 사람과의 연속되는 관계 속에서 이루어진다.

슈미트와 서먼트(Schmidt & Sermant)는 인간관계를 가족관계, 이성관계, 교우관계, 직업적 동료관계 등 네 영역으로 구분하고, 이 네 영역들 중 어느 한 영역의 인간관계가 결핍되거나 불만족스러울 때, 사람들은 고독을 느끼게 된다고 한다. 이들은 만족스럽고 행복한 삶을 위해서 네 영역의 동반자가 모두 다 필요하다고 한다. 가장 이상적인 유형은 가족 간의 신뢰와 사랑이 느껴지고, 사랑하는 연인과의 낭만적인 사랑과 친근감을 갖으면서, 우정과 신뢰 그리고 긍정적인 정서를 교류하는 교우들이 있으며, 함께 작업하는 동료들과 가치를 공유하면서 협력해 나가는 사람이다.

아프리카의 속담에도 “빨리 가려면 혼자가고, 멀리가려면 함께 가라”는 말이 있다. 어렵고 위험한 길을 갈 때, 다른 사람과 함께 가는 것이 맹수들의 공격으로부터 보호를 받을 수 있기 때문이다. 사람을 뜻하는 인(人)자는 인간이 혼자서 사는 존재가 아니라 다른 사람과 함께 존재함을 나타낸다. 아리스토텔레스가 ‘인간은 사회적 동물이다’라고 말한 것도 바로 인간이 다른 사람과의 관계 속에서 살아가는 존재임을 의미한다. 이는 곧 인간은 타인과의 관계를 떠나서 존재하기 어려우며, 그만큼 다른 사람과의 관계를 형성하는 것이 매우 중요한 과업이라는 것을 암시해준다.

쌩떽쥐베리의 ‘어린왕자’에서도 인간세상의 관계에 대해 언급하는 대목이 나온다. 지구에 도착한 어린 왕자와 여우가 나누는 대화에서 여우는 ‘상대방에게 길들여진다’는 표현을 사용하여 관계에 대해 설명한다. 그리고 길들여지기 위해서는 인내심이 필요하다고 말한다. 이것은 곧 상대에게 관심을 갖고 정성을 기울이며 사랑을 줄 때, 관계가 형성되고 무관한 남이 아닌 나의 사람이 된다는 것을 암시한다.

인간관계는 행복과도 연관성이 높다. 행복을 연구하는 사람들은 인간관계가 삶의 행복과 불행의 원천이라고 말한다. 이들은 노년을 행복하게 보내기 위해 가장 필요한 것들 중 하나가 바로 진실된 인간관계라고 주장한다. 젊어서부터 다른 사람과의 관계를 잘 유지해 온 사람들은 노년에 이르러서도 행복지수가 높은 반면에 노년을 외롭게 보내는 사람들의 행복지수는 상대적으로 낮다. 1930년대 하버드 대학생 268명을 70여 년 간 추적 연구한 결과를 책으로 저술한 베일런트 교수는 ‘인간관계’의 중요성에 대해 설명한다. 그에 따르면, 행복하고 건강하게 살아가는 데에는 지적인 능력이나 사회적 신분이 아니라 사회적 인간관계라고 한다. 또한 그는 “부모, 형제자매, 친척, 친구, 스승 등과의 따뜻한 인간관계가 충만한 삶을 보장하며, 인생에서 가장 중요한 것이다”라고 말한다(이덕남 역, 2010).

사람들간에 맺어지는 관계, 즉 인간관계는 타인과의 상호작용을 통해 이루어지는 사회화 과정이다. 인간관계는 사람간의 상호작용이기 때문에 의미있는 인간관계를 위해서는 인간 자체에 대한 이해와 더불어 타인에 대한 깊은 이해가 필요하다. 효율적이고 원할한 인간관계를 위해서는 타인의 욕구, 생각, 반응, 그리고 나의 언행을 통한 변화 등에 대한 이해가 전제되어야 한다. 즉 '나'와 '너' 그리고 '우리 사이'에 대한 깊은 이해가 성숙한 인간관계의 필수조건이다(이재열, 2010).

2. 리더의 관계 역량

리더에게 있어서 인간관계는 다양하다. 수직적 관계에서는 부하들과 상급자들이 있으며, 수평적 관계에서는 동료들이 있다. 또한 조직내부의 타부서 사람들과의 관계가 있으며, 조직외부의 사람들과 이루어지는 관계들이 있다. 이러한 다면적 관계에서 리더가 인간관계를 잘 유지하는 경우, 조직의 성과가 긍정적인 방향으로 나타날 가능성이 매우 높다.

리더십에서도 인간관계는 매우 중요하게 다루어지는 요인이다. 리더십의 거장인 쿠제스와 포스너는 "리더십은 곧 관계이다"라고 정의하고, 리더십이 리더와 구성원들 간의 관계에 의해서 작동된다고 한다. 이들의 주장에 따르면, 리더는 구성원들로 하여금 자신을 좋아하도록 다양한 행동을 취하고 결과적으로 구성원들이 리더를 좋아하는 감정을 느낄 때 조직의 성과가 향상된다고 한다(김경섭, 2007).

리더의 특성에 대해 연구한 카쯔(Katz)는 리더에게 요구되는 세 가지 특성으로서 개념적 기술(conceptual skill), 대인관계기술(interpersonal skill), 전문적 기술(technical skill)을 언급하였다. 여기서 개념적 기술은 분석력, 논리적 사고력, 개념적 사고, 트랜드 분석과 결론 도출 능력 등을 의미한다. 대인관계 기술은 인간관계에 대한 지식, 타인지각 능력, 의사소통 능력, 협업능력, 관계유지 능력 등을 의미한다. 전문적 기술은 전문화된 활동을 수행하는 데에 요구되는 기법 지식, 도구 및 장비사용 능력 등을 의미한다. 카쯔는 리더들이 갖추어야 할 세 가지 유형의 기술들이 리더의 직급에 따라 각기 다른 패턴을 요구한다고 말한다. 상위직급일수록 전문적 기술보다 개념적 기술이 더 많이 요구되며, 하위직일수록 반대로 개념적 기술보다 전문적 기술이 더 많이 요구된다. 하지만 대인

관계 기술은 직급에 상관없이 중요하게 요구된다. 이처럼 대부분의 리더십 이론들은 리더들로 하여금 인간관계를 잘 유지하고 효과적으로 활용할 것을 적극 권장한다.

리더십 이론들 중에서 상황부합이론으로 잘 알려진 피들러의 상황적응이론에서도 리더와 구성원간의 관계가 리더십 효과에 결정적인 영향을 미치는 것으로 설명된다. 피들러의 주장에 따르면, 리더의 행위가 리더십 효과로 나타나는 데에 있어서 리더와 구성원 간의 관계, 과업의 구조화 정도, 리더의 직책권력의 수준이 조절변인으로서 영향을 준다고 한다.

3. 인간관계의 심리적 분석

인간관계에 대한 심리적 분석

인간관계는 사람들 간의 심리적 상호작용에 의해 이루어지기 때문에, 인간관계에 대한 심리적 과정을 이해한다면 현재 자신의 인간관계를 판단하는 데에 큰 도움이 될 것이다.

인간관계에서 한 개인은 나름대로의 고유한 심리적 특성을 갖고 있으며, 상대방 또한 나름대로의 심리적 특성을 갖고 있다. 이렇게 각기 다른 심리적 특성을 갖고 있는 사람들이 인간관계를 맺을 때, 다양한 심리적 상호작용이 일어난다. 여기서 인간관계에 영향을 주는 심리적 특성으로는 대인동기, 대인신념, 그리고 대인기술이 있다. 다양한 심리적 특성을 가진 한 사람과 다른 사람들이 만나서 이루어지는 심리적 상호작용은 인지적 차원, 정서적 차원, 행동적 차원에

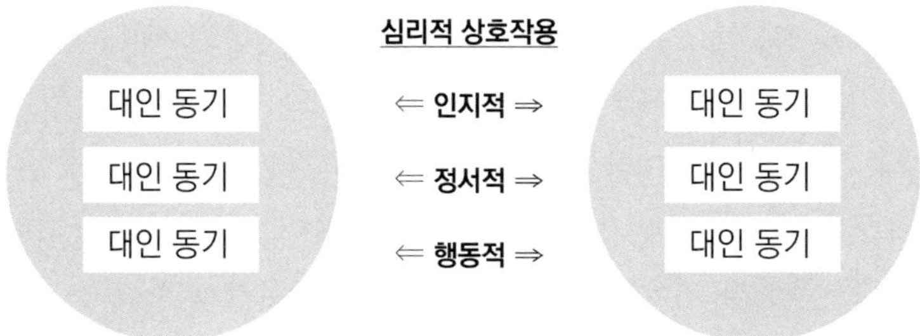

서 이루어진다(권석만, 2018).

인간관계에 영향을 주는 심리적 특성들 중, 대인동기는 인간관계에 대해 각 개인들이 갖고 있는 내재된 욕구를 의미한다. 사람마다 인간관계의 필요성에 대한 생각이 각기 다르다. 어떤 사람은 직업특성상 경제적인 이득을 얻기 위해 인간관계에 관심을 갖는다. 어떤 사람은 다른 사람들과 친근감이나 애정을 교환하고 소속감을 느끼기 위해 인간관계를 유지한다. 타인보다 우월함을 느끼기 위해 다른 사람과의 관계를 맺는 사람이 있는가 하면, 다른 사람들로부터 인정을 받기 위해 관계를 맺는 사람도 있다. 이처럼 다른 사람과의 관계를 맺으려 하는 근원적인 욕구가 사람마다 다 다르다. 나는 어느 정도의 대인동기를 갖고 있을까?

인간관계 정도에 영향을 미치는 심리적 특성으로서 대인신념은 개인이 인간관계에 대해 가지고 있는 지적인 이해, 지식, 믿음 등을 의미한다. 삶에 있어서 인간관계가 매우 중요하다고 믿는 사람은 다른 사람과의 관계를 위해 많은 시간과 노력을 투입할 것이다. 반면에 인간관계가 그다지 중요하지 않다고 생각하는 사람은 사람들과의 관계형성에 시간을 보내려 하지 않을 것이다. 인간관계의 다양한 영역들(가족, 교우, 이성, 직장 동료 등)에 대하여 느끼는 중요도 또한 사람마다 다르다. 어떤 사람은 가족과의 생활이 가장 중요하다고 여기면서, 가족 이외의 만남을 자제한다. 한편 또 다른 사람은 오로지 친구들과의 우정이 가장 중요하다고 생각하며, 늘 친구들과 함께 하고자 한다. 그에게 있어서 친구가 전부인 것처럼 보인다.

인간관계에 영향을 미치는 심리적 특성으로 대인기술은 사람을 사귀는 행동적 기술로서, 자신을 표현하고, 타인과 소통하며, 타인을 배려하는 능력이다. 대인기술은 크게 비언어적 기술과 언어적 기술로 구분된다. 비언어적 대인기술은 얼굴 표정, 눈 맞춤, 몸동작, 신체적 접촉, 공간 활용 등을 포함한다. 언어적 기술에는 경청하기, 질문하기, 반영과 공감하기, 설명하기, 자기공개하기, 자기주장하기, 유머활용하기 등이 해당된다. 나 자신은 이러한 언어적 기술과 비언어적 기술을 어느 정도 갖고 있을까? 나는 다른 사람과 대화를 나눌 때 온화한 표정을 지으며, 눈을 마주치고, 말하는 사람에 집중하는 스타일인가? 나는 상대방의 말을 얼마나 경청하고 공감하는가?

이처럼 자신의 인간관계를 대인동기, 대인신념, 대인기술의 관점에서 되돌아본다면, 어느 정도 현재 자신의 인간관계 양상을 이해할 수 있을 것이다. 그런데 여기에 한 가지 더 고려해야 할 요인이 있는데, 그것은 바로 심리적 상호작용이다. 심리적 상호작용은 앞에서 소개한 바와 같이 인지적 차원, 정서적 차원, 행동적 차원이 있다. 그런데 이 세 가지 차원 중에서 인지적 차원이 가장 큰 의미를 갖는다. 세 가지 심리적 특성, 즉 대인동기, 대인신념, 대인기술이 동일하더라도 인지적인 정보처리 양식이 다를 경우, 인간관계에서 일어나는 심리적 상호작용의 결과는 다르게 나타난다.

인간관계에서 인지적인 정보처리가 관여하는 심리적 상호작용으로 인상형성이 있다. 우리는 어떤 사람을 만날 때 그 사람의 언어적 정보와 비언어적 정보에 기초하여 그 사람에 대한 인상을 신속하게 형성한다. 이때 인상형성에 사용되는 단서들은 얼굴생김새, 옷차림새, 행동단서들이다. 사람들과의 만남에서 첫인상은 매우 중요한 의미를 갖는데, 그 이유는 사람들이 처음 형성된 인상을 가급적 유지하려는 경향성이 강하기 때문이다.

인지적 차원에서 인간관계와 관련하여 이루어지는 또 하나의 중요한 상호작용은 귀인(attribution)이다. 우리는 어떤 사람의 행동이나 결과를 볼 때, 그 원인에 대해 거의 자동적으로 추리하게 된다. 추리의 결과는 그 행동의 원인이 그 사람의 내부적 원인인지, 아니면 외부적 원인인지를 판별하는 것이다. 그 사람이 시험을 잘 못 보았을 경우, 시험공부를 제대로 하지 않았을 것으로 추리(내부귀인)하는 것이다. 혹은 어떤 결과에 대해 운이 좋지 않았다거나, 상황이 여의치 않았다고 해석(외부 귀인)하는 경우도 있다. 어떤 사람이 처음 대면하는 상황에서 표정이 좋지 않았다면, 나로 인해서 좋지 않았다고 해석하기 보다는 아마도 가정에서 좋지 않은 일이 있었나보다 라고 해석한다. 이러한 귀인의 결과는 다른 사람과의 관계형성의 강도와 지속성에 영향을 미친다.

— 02 —

관계의 시작: 관심

하루에 잠자는 시간마저 아까울 정도로 바쁘게 살아가는 사람들이 있다. 이렇게 살아가는 사람들의 대부분은 나름대로 성공적인 삶을 살아가기 위해서 열심히 준비하는 사람들이거나, 자신들의 직장에서 보다 더 나은 직위로의 이동을 꿈꾸는 사람들이다. 자신들의 꿈을 실현하기 위해 옆이나 뒤를 돌아보지 않고 오로지 앞을 향해 나아가고자 최선의 노력을 기울인다. 이러한 상황에서 관리자들은 보다 더 많은 성과를 얻기 위해 부하 직원들을 더욱 더 매몰차게 몰아가며, 더 많은 것을 요구한다. 자신의 일에 모든 노력을 아끼지 않는 리더들의 대부분은 다른 사람들도 자신처럼 행동하기를 원한다. 또한 스스로 유능하다고 생각하는 리더들의 경우 모든 일을 자신이 다 해결하고자 한다. 이런 경우 리더는 부하들과 함께한다는 생각보다 자신이 부하들을 이끌고 간다고 생각하며, 부하들이 최선을 다하여 임무수행에 임해주기를 바란다. 그런데 이러한 경우 해당 조직은 일정한 수준까지는 성과를 나타내지만, 곧바로 한계에 봉착하게 된다.

모든 것의 출발은 관심에서 시작된다고 볼 수 있다. 요즈음 '감사하기' 운동을 강조하는 조직이나 교육기관을 어렵지 않게 볼 수 있게 되었다. 그런데 감사하는 마음을 갖으려면 먼저 감사할 일에 관심을 가져야 한다. '소통'의 중요성을 강조하면서 구성원 개개인에 대한 관심이 없는 경우가 많다. 개인에 대한 관심이 없이 어떻게 올바른 소통이 가능할까? 관심은 그 사람 개인에 대한 관심, 그가 하고 있는 일에 대한 관심이다. 사람들이 무엇을 원하고, 무엇을 잘하며, 어디에 관심이 있고, 어떤 생각을 하고 있는지 알기 위해서는 관심을 갖고 보아야 한다. 리더가 부하의 장점을 파악하려면 예리한 관찰력과 부하에 대한 관심이 필요하다. 이를 통해 리더는 부하의 장점과 단점을 파악할 수 있기 때문이다.

1. 관심의 효능

척 마틴의 저서 『Coffee at Luna's』에 등장하는 주인공 빌 테일러도 직장에서의 성공을 위해 밤낮없이 일하는 사람이다.[1] 그는 컴퓨터 소프트 회사에서 4년, 컨설팅 회사에서 3년을 일한 다음 테크놀로지 주식회사에 들어와서 6개월 동안 가족과의 시간도 없이 직장에 올인하여 오고 있었다. 이렇게 최선을 다해 열심히 일하는 테일러를 긍정적으로 평가한 회사에서는 최근에 새로 인수한 회사를 책임지고 맡아서 실적을 개선시킬 것을 요구하였다. 엄청난 기회라고 판단한 테일러는 그 날 이후 더욱 더 모든 노력과 시간을 들여 회사 일에 전념하였다. 그러던 어느 날 테일러는 자신과 가족들이 번-아웃되는 느낌을 받았다. 테일러는 지금까지 가족을 돌보지도 못한 채 자신의 모든 시간을 자신의 일에 쏟아 부으면서 노력해 왔는데, 더 이상의 시간을 투자하는 것은 불가능하다고 생각하였다. 이렇게 자신의 한계를 느끼고 절망감에 사로 잡혀 있는 그에게 회사는 중년신사 한 분을 소개해 준다.

중년신사는 허튼 일에 일분일초도 쓰기 아깝다고 생각하는 테일러를 루나 카페에 초대한 다음, 테일러로서는 납득하기 어려운 아주 단순한 요구를 제안한다. 중년신사는 테일러에게 하던 일을 멈추고, 부하 직원들의 책상에 가보거나 주위를 둘러보라고 요구한다. 테일러는 지금도 일하기 바쁜데 일을 잠시 멈추고 주변 사람들을 돌아보라는 제안이 너무도 황당하게 생각이 들었지만 회사에서 추천한 사람의 말이니 왠지 모르게 그대로 실천해 보기로 하였다. 그런데 신기하게도 지금까지 자신의 일에 파묻혀 보지 못했던 많은 일들을 경험하게 되었으며, 그 경험들의 효과는 주인공의 상상을 초월하였다. 왜 보고서를 항상

1 김명신 역(척 마친 저). 삶을 재발견하는 최고의 법칙 관심. 대교배텔스만. 2006.

늦게 갖고 오냐고 꾸중만 하였던 부하 직원의 책상에서 가족사진을 보았고, 거기에서 장애를 갖고 있는 아들에 대해 전해 들었으며, 업무에 집중하지 못하는 사정을 이해하게 되었다. 이 과정에서 부하직원의 사정을 이해하고 배려한 결과는 오히려 부하직원이 헌신적인 참여를 촉발시켜 주었다.

이렇게 주변에 대한 관심과 배려는 사람들의 생각과 행동을 변화시켰으며, 그에 따라 업무실적도 월등하게 향상되어지는 놀라운 결과가 나타나게 되었다. 일이 바쁘다고 생각하고 주변을 돌아보지 않았다면, 그러한 성과는 불가능했을 것이다. 관심의 중요성을 논하는 글들은 위에서 설명한 사례 이외에도 여러 곳에서 찾아 볼 수 있다.

박찬효 박사는 배려가 없이 사랑할 수 없으며, 관심이 없으면 배려할 수 없다고 한다. 사랑의 반대는 미움이 아니라 무관심이라고 볼 수 있다. 왜냐하면, 관심이 없다면 미움조차 없기 때문이다.

영국의 극작가 조지 버나드쇼는 '인간에 대한 가장 나쁜 죄는 미워하는 것이 아니라 무관심'이라고 한다. 인간이 가장 절실하게 원하는 것이 타인으로부터의 관심이다. 특히 한국사회에서는 타인의 관심 또는 타인을 의식하는 정도가 강하다. 연예인들이 시상식에서 소감을 발표하는 내용을 보면 쉽게 이러한 성향을 감지할 수 있다. 거의 대부분의 소감에 빠지지 않는 멘트는 '앞으로도 계속 저에게 관심을 가져 주세요. 열심히 하겠습니다'이다.

알프레드 아들러는 그의 책 『삶의 의미 What Life Should Mean to You』라는 책에서 "주변 사람들에게 관심을 갖지 않는 사람은 살아가면서 많은 어려움을 겪고, 다른 사람들에게 큰 상처만 준다. 인류의 모든 실패는 바로 그런 사람들이 저지른 것이다"라고 말했다(최호영, 2019).

2. 리더의 관심 행동

리더십 연구에서 리더의 행동 특성은 크게 2가지 차원으로 분류된다. 관리격자모형을 제시한 Blake와 Mouton의 연구를 살펴보면, 리더의 행동은 '성과에 대한 관심(concern for production)'과 '사람에 대한 관심(concern for people)'

으로 구분된다. 여기서 '사람에 대한 관심'은 일종의 배려이며, 종업원을 중심으로 하는 관계지향적 행동을 의미한다. 더 구체적으로 보면, 사람에 대한 관심 행동은 헌신과 신뢰를 구축하고, 종업원들의 개인적 가치를 실현하며, 좋은 작업환경을 제공하고, 공정한 임금구조를 유지하고, 좋은 사회적 관계를 촉진하는 것들을 포함한다. 두 연구자들이 제시한 가장 효과적인 리더는 성과에 대한 관심뿐만 아니라 사람에 대한 관심을 보이는 사람이다. 리더가 오로지 성과에만 관심이 있거나 사람에만 관심을 두는 사람보다 양자에 큰 관심을 갖는 사람이 조직을 효과적으로 이끌 수 있다.

1980년대 이후 새롭게 제시된 리더십 이론들 중에서 가장 체계적으로 연구된 것은 변혁적 리더십(transformational leadership)인데, 이 이론에서도 리더의 부하에 대한 관심을 강조한다. 변혁적 리더십은 리더가 구성원들에게 고차원적인 가치를 추구하게 하고 높은 이상적 비전을 제시하여 구성원들이 자발적으로 전심전력하도록 유도하는 리더십이다. 변혁적 리더십은 바람직한 리더의 모습으로 다음과 같은 내용들을 제시한다.

첫째, 리더는 부하들에게 모범적이고 역할 모델을 제공한다.
둘째, 리더는 부하들의 자신감과 작업동기를 향상시킨다.
셋째, 리더는 기존 관행으로부터 탈피하여 행동한다.
넷째, 리더는 부하들의 개별적인 관심사와 욕구에 관심을 갖는다.

이렇게 변혁적 리더십에서 강조되는 리더의 행동들을 보면, 리더의 부하에 대한 관심이 매우 중요한 역할을 수행한다는 것을 알 수 있다.

미국의 창조적 리더십센터에서는 성공의 궤도에서 이탈한 사람들, 탑 매니지먼트로 가지 못한 임원들을 대상으로 탈락의 원인들을 조사하였다. 그 결과 탈락에는 여러 요인들이 작용하였지만, 가장 큰 요인은 '타인에 대한 무관심'이었다.[2] 그만큼 임원의 성공적인 진출에 필요한 것이 곧 '타인에 대한 관심'이라

---

2 A Look at Derailment Today: North American and Europe. Greensboro, NC: Center for creative Leadership, 1996.

는 의미이다.

취업포탈 인쿠르트는 직장인을 대상으로 '상사의 리더십 행동에서 가장 필요한 것은 무엇인가?'에 대해 조사하였다. 그 결과 '부하직원에 대한 배려와 관심'이 21%로 가장 높은 응답을 보였다. 그 다음으로는 업무의 정비능력 및 체계(15%), 주도성과 결단력(13%), 정직성 및 도덕성(12%)의 순서로 나타났다(베리타스 알파, 신승희 기자). 이 말은 곧 구성원들이 리더의 관심과 배려를 절실히 요구하고 있다는 것을 의미한다.

리더의 관심에 대한 논의는 일반 사회조직에서 뿐만 아니라 군 조직에서도 매우 중요하다. Yukl과 Van Fleet은 군에서 효과적인 리더의 행동들을 조사하기 위하여 미국의 대표적인 군사저널에 5년간(1977~1982) 수록된 리더십 관련 논문들을 살펴보았다. 그 결과 두 개 이상의 저널에서 가장 많이 언급된 리더의 행동은 '부하에 대한 관심과 배려, 영감을 불러일으키기, 비판, 문제해결, 목표설정, 작전 모니터링, 정보공유' 등이었다.[3]

국내에서도 최병순은 소대장, 중대장, 대대장들을 대상으로 설문조사와 더불어 면접방식을 통한 중요사건기법으로 효과적인 리더십 행동을 조사하였다. 그 결과 전 계급에 걸쳐 '부하에 대한 관심과 배려'가 공통적으로 언급되었다.[4] 6.25 한국전쟁과 베트남전에 참전하였던 장병을 대상으로 '전투상황에서 효과적이었던 리더십 행동'에 대한 사례분석에서도 '부하에 대한 관심과 배려', '동기부여', '문제해결 및 위기관리' 등의 행동이 제기되었다. 이렇게 평시상황에서 효과적인 리더십 행동과 전투상황에서 효과적인 리더십 행동을 비교 분석한 결과 '부하에 대한 관심과 배려 행동'은 상황과 연구방법이 다소 상이하였음에도 불구하고 공통적으로 효과적인 리더십 행동으로 식별되었다.

---

3 Yukl, G. A. & Van Fleet, D. D. (1982). "Cross-Situational, Multi-Method Research on Military Leader Effectivness". Organizational Behavior and Human Performance, 30(1), August, pp. 87-108.

4 최병순. (1990). 한국군의 효과적인 지휘행동에 관한 탐색적 연구: 소대장과 대대장을 중심으로. 육군사관학교 화랑대연구소.

— 03 —

관계 개선 방법

1. 관계 분석

교우 관계

흔히 인간관계를 이야기할 때, 정량적인 판단을 하는 경우가 많다. 우리는 일반적으로 친구들이 많고, 아는 지인들이 많은 사람은 인간관계를 잘 맺고 있는 사람이라고 판단한다. 인간관계에 대한 정량적인 판단을 쉽게 하는 방법들 중 하나는 자신의 친구관계를 단짝, 친한 사람, 동료, 그리고 아는 사람의 숫자를 계산하는 것이다. 예를 들면 단짝은 8점, 친한 사람은 6점, 동료는 4점, 그리고 아는 사람은 2점을 부여하되, 각 항목 당 5명을 최고로 해서 계산해 보는 것이다. 이때 단짝은 절친한 친구이며 어려운 일을 상의하거나 느낌과 생각을 언제든지 교환할 수 있는 사람을 의미한다. 친한 사람은 어느 정도 마음을 털어

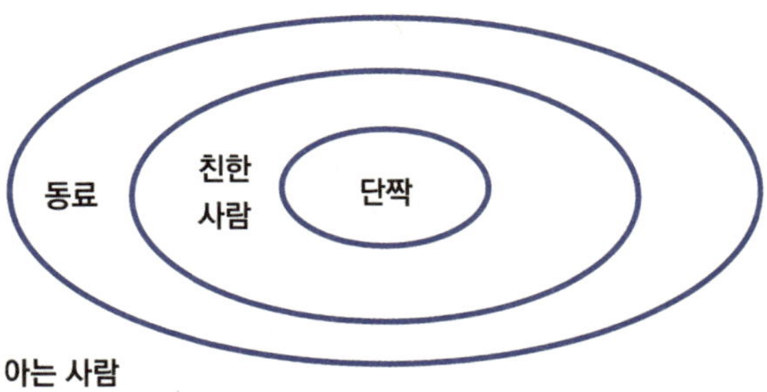

놓을 수 있고, 공동의 관심사와 친밀감을 느끼는 사람이다. 각 항목의 값을 합한 값이 나의 우정관계지수가 된다.

조하리의 창

좀 더 구체적으로 자신의 인간관계를 평가해 볼 수 있는 방법은 앞에서 소개한 바 있는 '조하리의 마음의 창'을 이용해 보는 것이다. 조하리의 마음의 창에서는 공개된 영역의 크기에 따라서 인간관계 유형을 크게 개방형, 주장형, 신중형, 고립형으로 분류한다. 개방형은 공개된 영역이 넓은 사람으로 자기공개 점수와 피드백 받는 점수가 높은 사람이다. 주장형은 가려진 영역이 넓은 사람으로, 자기공개 점수는 높지만 피드백 점수가 낮은 스타일이다. 신중형은 숨겨진 영역이 넓은 사람으로, 자기공개 점수는 낮으면서 피드백은 어느 정도 받는 유형이다. 고립형은 자기공개와 피드백 점수 모두 낮은 유형으로 미지의 영역이 넓은 사람이다.

고독 지수

자신의 인간관계를 나타내 주는 또 다른 방법은 자신이 얼마나 고독한가를 판단해 보는 것이다. 친한 친구가 없다거나, 이성친구가 없는 경우, 자주 외로움을 느끼거나 타인으로부터 이해받지 못하는 경우, 다른 사람과 소통할 내용이 없다고 생각하며, 자신이 다른 사람에게 별로 중요하지 않다고 보는 경우, 등등에 해당될 경우 고독의 정도가 심한 편에 속한다고 볼 수 있다.

한국판 대인관계 문제 척도(K-IIP)

이 척도는 Horowitz 등이 개발한 대인관계 문제 척도를 김정욱, 권석만, 정남운이 2000년에 번안하여 한국판으로 개발한 것이다. 이 척도는 총 127문항으로 구성되어 있으며, 대인관계문제를 7개의 요인으로 분석한다. 하위척도에는 대인예민성, 비사교성, 비주장성, 비판/의심, 과배려, 성적 회피, 성마름/짜증 등이 포함되어 있다. 예로서, 대인예민성은 다른 사람의 반응에 대해 지나치게 염려하거나 의존하는 행동, 인정 욕구나 거절에 대해 예민하게 반응하는 것을 의미한다(김정욱, 권석만, 정남운, 2000).

대인관계 형용사 척도(KIAS-40)

이 척도는 Wiggins(1977)의 모델을 정남운(2004)이 번안하여 개발한 것으로서 총 40문항으로 구성되어 있다. 이 척도는 8개의 하위척도에 5개씩의 형용사를 포함하고 있다. 하위척도의 명칭은 확신/주장, 비판/통제, 냉담/배타성, 회피/고립, 비주장/소심, 순응양보, 온화/친절, 사교성/쾌활 등이다.

2. 관계의 개선

인간관계를 발전적으로 변화시킬 수 있는 방법의 시작은 우연으로 맺어진 만남을 기초로 관계를 형성하는 것이다. 관계가 이루어지고 난 다음에는 다양한 인간관계 기술을 활용하여 관계를 유지하고 발전시켜 나가는 것이다. 이 과정에는 타인에 대한 관심과 경청 그리고 효과적이고 설득력 있는 자기표현과 반응 등의 인간관계 기술이 요구된다. 이미 이루어진 관계가 지속적으로 유지되기 위해서는 상호간의 신뢰가 형성되어야 하고, 여러 가지 갈등상황들이 잘 극복되어야 한다. 다음에서는 사람들이 관계를 처음 맺고, 그 관계를 발전시켜서 지속적으로 유지시켜 나가는 과정을 설명하고자 한다. 이러한 과정을 이해

함으로써 리더들이 타인과의 관계를 신뢰롭게 경영할 수 있을 것이라 판단된다.

관심 갖기

앞 절에서 관심의 중요성에 대해 이야기 한 바와 같이, 리더들은 무관심으로 인한 문제점들을 극복하기 위해 '관심 갖기'를 실천해야 한다. 그렇다면 어떻게 관심 갖기를 실천할 수 있을까?

관심 갖기를 실천하는 가장 첫 번째 도전은 하던 일은 잠시 멈추는 것이다. '멈추면 비로소 보이는 것'이라는 제목의 책도 있듯이, 일에 파묻혀 있는 자신의 눈을 들어 의도적으로 주변을 돌아보는 여유를 가지는 것이다. 하던 일을 멈추고 주변을 돌아보는 여유를 갖는다는 것 자체가 말이 되지 않는다고 볼 수도 있다. 그럴 여유가 있으면, 하나라도 더 일을 해야 한다고 생각할 것이다. 앞 절에서 빌 테일러도 역시 직장에서 잠시도 여유 있게 쉴 시간이 없다고 생각하며, 가정도 잘 돌보지 못한 채 늘 일에 쫓기는 생활을 반복하였다. 그에게 잠시 일을 멈춘다는 것은 사치이며 불가능한 것이었다. 그런데 비록 타의에 의한 것이지만 막상 하던 일을 잠시 멈추고 주변을 둘러보게 되자, 그 동안 보이지 않았던 것들, 볼 수 없었던 것들이 보이기 시작하였다. 부하 직원이 장애를 겪고 있는 아이로 인하여 힘들어 하는 모습, 나름대로 열심히 일하는 모습, 일방적으로 지시하기 보다는 직원의 입장을 생각해 볼 수 있는 여유 등, 이러한 모든 것들이 비로소 느껴지고 인식되기 시작하였다.

카네기는 성공적인 인간관계를 맺기 위해서는 다른 사람들에게 순수한 관심을 보이라고 말한다. 그는 다른 사람들로 하여금 나에게 관심을 갖게 하기 이전에, 내 자신 스스로가 먼저 다른 사람들에게 관심을 가져야 한다고 말한다. 다른 사람에게 관심을 표현하는 가장 손쉬운 방법은 상대방의 이름을 기억하고 불러주는 것이다.

조직에서 리더들은 당연히 부하들의 이름을 기억하고 있다. 그런데 부하들의 아내와 아이들의 이름까지 기억하는 리더들은 많지 않다. 리더들이 부하의 가족에 대해서 물어보는 경우도 흔하지 않다. 바쁜 일과 속에서도 조금의 시간을 내어 리더가 부하의 책상에 가보거나, 부하의 가족생활에 대해 관심을 갖고서 대화를 나눌 경우, 부하가 리더에 대해 생각하는 호감과 신뢰는 크게 달라질 것이다. 또한 카네기는 부하와의 좋은 관계를 형성하는 방법으로 자신의 관심사에 대해 이야기하는 것보다는 상대방의 관심사에 대해 이야기하라고 한다. 부하의 마음을 사로잡는 것은 그 사람이 가장 흥미를 느끼고 있는 것에 관해 이야기하는 것이라고 한다.

부대의 지휘관이 직접적인 접촉이 많지 않은 병사의 이름을 불러주며 그 병사의 근황에 대해 물어볼 경우, 그 병사는 자신의 이름을 불러주는 그 지휘관에 대해 매우 호의적인 태도를 갖게 된다. 교실 장면에서도 마찬가지이다. 교수가 학생의 이름을 불러주는 것은 그 만큼 교수가 학생에게 관심을 갖고 있다는 것을 증명하는 가장 뚜렷한 근거가 된다.

관계의 시작과 발전 그리고 유지

사람들은 살아가면서 수없이 많은 만남과 대화를 경험한다. 하지만 그렇게 많았던 만남들은 대부분 일회성으로 종료되고 현재 나에게 유지되고 있는 다른 사람들과의 관계는 그리 많지 않다. 사람들은 한번 알게 된 사람과 인간관계를 유지하지 못하는 경우가 많으며, 그런 사람과의 우연한 만남을 대화의 기회로 발전시키지 못하는 경우가 다반사이다. 그런데 인간관계의 유지 및 발전을 위해서는 한번 알게 된 사람과 대화의 기회를 포착하고 조성하는 것이 중요하다.

길을 가다가 전에 소개받았던 사람과 우연히 마주친 경우, 특별한 대화거리가 없다는 생각, 상대방이 가는 길을 괜히 방해한다는 생각, 나의 시간이 약간 빠듯하다는 생각, 당장 관계된 일이 없다는 생각 등으로 간단한 인사만을 나눈 채 헤어진 경우가 대부분이다. 그러나 이러한 경우에도 대화를 위한 짧은 커피타임을 제안해 볼 수 있으며, 특별한 내용이 아니더라도 자연스럽고 부담 없는 화제로 간단한 대화를 나누는 과정에서 관계를 발전시키는 데에 도움이 되는 정보들이 교환될 수 있다.

어떤 특정한 장소에 가게 된 경우, 그 곳에는 이전에 알게 되었던 사람이 근무하는 곳이라면 당신은 그에게 전화를 하는 사람인가? 당장 그와 일이 없다 하더라도 전화를 해서 그냥 여기에 온 김에 안부전화 드렸다고 한다면 어떤 결과가 나타날까? 그냥 잊혀 졌다고 생각한 사람이 자신에게 전화를 해서 안부를 묻는다면 그 사람은 당신에 대해 어떤 생각을 하게 될까? 인간관계는 그저 주어지는 것이 아니라, 관심과 노력이 요구된다.

한번 맺어진 인간관계가 발전되어 진다는 것은 서로를 조금씩 더 잘 알게 되는 것을 의미한다. 그런데 처음 만난 자리에서 자신을 너무 공개하다 보면, 상대방에게 부담이 될 수 있다. 그래서 자신에 관한 정보를 타인에게 알리는 자기공개는 몇 가지 규칙에 따라서 실행하는 것이 효과적이다.

먼저 자기공개는 친밀도에 따라 공개되는 수준의 깊이가 달라진다. 초기의 관계에서는 개인의 공적인 정보를 알리는 수준이라면, 관계가 발전할수록 개인의 사적인 취향이나 태도, 가족관계, 사회이슈에 대한 견해 등이 공개되어진다. 깊은 수준의 공개는 자신의 신체적 결함이나 성적인 문제 등에 대해 공개하는 것이다.

자기공개는 상호교환 방식으로 이루어지는 것이 좋다. 관계가 진행되고 상대방에 대해 더 깊은 수준의 정보를 알고 싶을 때, 자신이 먼저 자발적으로 유사한 수준의 정보를 공개하도록 한다. 이 과정에서 일방적으로 깊은 수준의 정보제공이 이루어지는 경우 오히려 상대방이 불편하게 느낄 수 있으며, 상대가 피상적인 관계유지만을 원하는 경우에도 쌍방향의 정보교환이 잘 이루어지지 않을 수 있다. 따라서 적절한 깊이의 정보를 제공하여 상대방이 자연스럽게 반응할 수 있도록 하는 것이 바람직하다.

인간관계에서 상호간의 신뢰는 관계를 공고히 하고 지속적으로 발전시켜 나가는 데에 있어서 빼 놓을 수 없는 중요한 요인들 중 하나이다. 신뢰에 기초한 관계는 상대방에 대한 긍정적인 기대와 상대를 위해 위험을 감수할 용의가 있으며, 상호 의존적인 상태를 의미한다.

신뢰는 상대방에 대한 깊은 이해로부터 출발한다. 상대방을 있는 그대로 수용하고 인정할 때, 신뢰가 성장한다. 신뢰를 강화시켜 나가기 위해서는 서로의 생각과 경험을 많이 공유하는 것이 좋다. 상대방에 대해 협력적인 행동을 보이고, 의도를 표현하는 것이 좋으며, 일관되게 행동하는 것이 중요하다.

도움 청하기와 거절하기

또한, 인간관계를 맺고 지내다 보면 서로가 서로에게 도움을 청해야 할 때도 있고, 때로는 불편한 요구를 거절해야 할 때가 있다. 그런데 사람들은 거절당할 것을 두려워하여, 부탁하기를 꺼려한다. 또 비난을 받을 것 같아 상대의 부탁을 거절하지 못하고 힘들어 한다. 도움이 필요로 할 때는 일단 적절한 방식으로 상대방에게 도움의 필요성을 설명하는 것이 좋다. 도움을 요청하고 도움을 주는 상호작용은 인간관계에서 매우 정상적인 활동이기 때문이다. 자신이 해결해주기 어렵거나, 큰 부담이 되는 상대방의 부탁은 솔직하게 표현하되, 상대방의 기분을 상하지 않는 방식으로 거절하는 것이 기존의 인간관계를 더 발전시키는 데에 도움이 된다.

데일카네기 인간관계론

인간관계론의 거장 데일 카네기는 우리들에게 인간관계를 잘 맺고 유지 및 발전시켜 나갈 수 있는 방법을 제시하였다. 그가 제시한 좋은 인간관계를 위한 방법들은 다음과 같다.

첫째, 누군가를 비난하고 책망하는 대신에 이해하도록 노력해야 한다.

둘째, 인간의 본성을 이해하도록 한다. 사람들은 누구나 남으로부터 인정을 받고 싶어 한다. 윌리엄 제임스도 인간본성의 가장 깊은 내면에 존재하는 기본적인 본질은 인정을 받고자 하는 갈망이라고 하였다. 다른 사람을 인정하고 격려해 주는 것은 그들의 최선을 이끌어 내는 가장 효과적인 방법이다.

셋째, 상대의 마음속에 강렬히 원하는 마음을 불러일으키도록 한다. 사람들에게 영향을 미치는 유일한 방법은 상대가 원하는 것에 관해 이야기하는 것이며, 상대의 관점에서 바라보며, 상대가 뭔가를 원하게 하는 것이다.

넷째, 사람에게 호감을 사기 위해서는 다른 사람들에게 진심 어린 관심을 가지고, 이름을 기억하여 불러주고, 훌륭한 경청자가 되도록 한다.

다섯째, 앞에서 설명했던 활동들, 즉 인연을 관계로 맺어가기, 관계를 발전시키기, 경청하고 반응하기, 자기를 표현하기, 신뢰를 구축하기 등을 실천하는 것이다.

4장 '관계를 경영하라' 관련 유튜브 소개

1. 인간관계에서 절대 함부로 드러내면 안되는 3가지(셀프컴퍼니, 10.8분)

1) URL: https://www.youtube.com/watch?v=uhshpWfC6QE
2) 내용: [베이징대 처세 수업]에서 리더의 금기사항
   (1) 내가 쏟아낸 나쁜 감정이나 불평이 빌미를 준다
   (2) 마음 상태를 얼굴에 그대로 드러내지 말라
   (3) 어려운 처지를 아무에게나 하소연 하지 말라

2. 데일 카네기 인간관계론(책읽기 좋은날, 42.3분)

1) URL: https://www.youtube.com/watch?v=s0_J7uMqKOM
2) 내용: 사람의 마음을 사로잡는 가장 빠르고 확실한 방법
   (1) 책 읽어주는 여자 오디오 북

3. 인간관계 잘하는 사람들의 7가지 특징(웅이사의 하루공부, 18분)

1) URL: https://www.youtube.com/watch?v=MnXyDPsTn54
2) 내용: [세상에서 가장 발칙한 성공 법칙]의 저자 에릭 바커, 7가지 특징
   (1) 경청하고 칭찬하라, 맛있는 간식이 있으면 조건없이 먼저 나눠먹어라.
   (2) 인맥을 늘리고 싶다면 지금의 친구들에서부터 출발하라.
   (3) 마당발 친구를 한 명씩 두라, 문자 한통 차 한잔으로 인맥을 산다.
   (4) 평소 닮고 싶어했던 사람을 꼭 만나라, 참석만 하지 말고 뭐라도 하라.

4. 자유롭고 행복한 인간관계(정토불교대학 627회, 법륜스님, 30분)

1) URL: https://www.youtube.com/watch?v=xPXr5oBwUyk
2) 내용: 가족관계, 직장의 인간관계, 부부관계 등
   (1) 존재와 의식의 불일치, 인간에 대한 이해
   (2) 타인의 생각에 대한 전제
   (3) 같아야 한다는 생각

CHAPTER 05

소통을 장려하라!

01 소통의 중요성

02 소통을 위한 경청과 존중

03 소통을 위한 방안들

오늘날의 현대인은 가정, 학교, 직장, 사회 등 모든 영역에서 다른 사람들과 대면 혹은 비대면의 방식으로 소통하며 살아가고 있다. 우리의 생활 속에서 의사소통이 없는 삶은 상상하기 어렵다. 조직에서의 직무활동을 분석해 보면 의사소통이 차지하는 비율이 압도적이다. 최고경영자의 경우 거의 대부분의 시간이 의사소통에 할애된다고 볼 수 있다. 직무상황을 보아도 직무대화, 발표, 보고, 정보 교환, 지시와 접수 등 수많은 의사소통 활동들이 가득하다.

조직의 활동이 효과적으로 수행되기 위해서는 구성원들 간의 소통이 원활하게 이루어져야 한다. 조직구성원들 간에 정보가 교환되고 서로의 활동이 효율적으로 조정되고 통합되어야 공동의 목표달성이 성공적으로 이루어질 수 있다.

리더십에서 리더의 영향력은 기본적으로 의사소통을 통하여 이루어진다. 리더가 구성원들을 이끌어 가기 위해서는 의사소통을 통하여 리더의 비전과 의도를 전달하게 되며, 의사소통을 통하여 구성원들의 근무의욕을 증진시키고 협력을 촉구하며 발전적인 개발활동에의 적극적인 참여를 유도할 수 있다. 리더가 조직내의 의사소통 기능을 얼마나 잘 활성화시키느냐에 따라 조직의 성패가 결정되어 질 수 있다. 이러한 의미에서 의사소통은 리더, 구성원, 상황과 더불어 리더십의 제4요소로 고려된다(강성록 외, 2021).

— 01 —

소통의 중요성

오늘날 우리가 경험하고 있는 세상을 들여다 보면, 블로그, 페이스북, 카카오톡, 인스타그램, 유튜브 채널 등 무수히 많은 정보채널과 수단들이 넘쳐나고 있다. 소위 말하는 사회관계망을 통해 모든 사람들이 누군가와 정보를 활발하게 주고받고 있다. 이렇게 발달되고 풍부한 소통수단을 갖고 살아가는 우리 사회는 정말로 소통이 잘 되어야 한다. 그런데 정작 뉴스미디어에서 자주 접하는 소식들 중 하나는 “도대체 소통이 안 된다!”라는 불평의 소리이다.

일반 기업에서 자주 들리는 경영자들의 소리는 “사람들에게 말이 잘 통하지 않는다!”라는 불평이다. 반대로 조직구성원들은 경영자들이 자신들의 의도를 잘 이해하지 못하고 있다고 불평한다. 이러한 불평은 정치권이나 사회영역에서도 마찬가지이다. 청원제도나 신문고 제도 등이 있다고 하는데, 언론들은 대통령과 장관들 또는 회사의 운영자들이 국민들과 사원들의 의견을 제대로 청취하지 않는다는 지적을 자주 전한다.

군에서도 많은 지휘관들이 상하간의 소통을 강조하며, 다양한 방법으로 소통을 위해 노력하고 있다고 말한다. 그런데 군에서 4성 계급까지 오른 어느 장군은 우리 군에 가장 필요한 것이 ‘소통과 존중’이라고 말하였다. 군 내부적으로 그렇게 소통을 강조하는데도 현실에서는 왜 잘 이루어지지 않을까?

사람들은 함께 있으면 소통이 잘될 것이라고 생각한다. 그런데 하루 종일 같이 있으면서도 소통이 되지 않는 채 살아가고 있는 경우가 많다. 지하철을 타고 가는 사람들을 보면, 한결 같이 거의 모든 사람들이 자신의 핸드폰에 푹 빠져있다. 가정에서도 마찬가지이다. 식구들이 함께 있지만 틈만 나면 각자의 모바일 세상에 갇혀 있다. 소통의 세상에 살고 있으면서 소통이 잘 되지 않는 세상이다. 왜 그럴까? 소통을 위한 해답을 찾기 전에 먼저 소통의 기능과 문제에 대해 살펴보도록 하자.

1. 의사소통의 기능과 과정

의사소통에 대한 학자들의 정의는 다양하지만, 일반적으로 의사소통은 '한 사람으로부터 다른 사람에게로 어떤 의미(정보)를 전달하는 과정'이라고 할 수 있다. 의사소통을 통해 전달되는 의미에는 감정, 태도, 사실, 믿음, 생각 등이 포함된다. 조직에서 의사소통은 다음과 같이 다양한 기능을 갖고 있다.

의사소통의 기능

첫째, 의사소통은 조직 구성원들에게 정보를 제공해 준다. 의사소통이 잘 되는 조직은 단순히 위에서 아래로의 일 방향적인 정보전달이 아니라, 위에서 아래로 그리고 아래에서 위로의 정보전달이 잘 이루어지는 쌍방향 정보전달이 활성화되어 있다. 잘 이루어진 의사소통은 조직의 리더가 추구하는 의도와 계획이 구성원들에게 정확하게 전달되게 해주며, 이를 통해 전 구성원이 혼연일치된 노력을 기울일 수 있게 된다.

둘째, 의사소통은 조직 내 문제 해결에 커다란 도움을 준다. 조직생활에서는 자연스럽게 오해와 갈등 그리고 불만이 발생하게 되는데, 이러한 불만이 적시 적절하게 해소되지 않을 경우 결과적으로 조직에 결정적인 피해를 입히게 될 수 있다. 의사소통은 구성원들의 불만을 털어놓고, 해결책을 강구하게 하는 시발점을 제공해 줄 수 있다. 불만들은 메일을 통해서 위로 전달될 수 있으며, 정기적인 미팅이나 고충처리 위원회를 통해 접수되고 처리될 수도 있다. 의사소통은 일상생활에서의 다양한 문제를 합리적이며 원활하게 해결하는 데에 큰 도움이 된다. 의사소통을 통해 문제 상황을 여러 사람에게 정확하게 알려줄 수 있으며, 이를 통해 해결책을 도움받을 수도 있다. 이런 의미에서 의사소통은 조직에서 접착제와 같은 역할을 한다고도 볼 수 있다.

셋째, 의사소통은 인간관계를 원활하게 해 준다. 의사소통은 단순히 언어의 교환만을 의미하는 것이 아니다. 의사소통은 서로의 감정까지 공유하게 해 준다. 의사소통을 통해 관계가 형성되고, 발전될 수 있다. 사람들은 소통되지 않은 상황에서 발생된 오해와 잘못된 인식들을 대화를 통하여 오해를 풀고, 정확한 인식을 얻게 되는 경우가 많다.

넷째, 의사소통은 다른 사람을 움직이게 한다. 의사소통을 통해 주고 받은 상호 격려와 감사의 메시지들이 상대의 의욕과 만족감을 높여준다. 의사소통은 구성원들의 사기와 행복감을 증진시켜주기도 한다. 의사소통은 사람들로 하여금 서로의 생각과 감정을 공유할 수 있게 하여, 협력하고 단합된 의식을 고취시켜 준다.

의사소통의 과정

의사소통은 크게 발신자, 메시지, 수신자 등의 세 요소로 이루어진다. 의사소통 과정은 발신자가 전달하기를 원하는 메시지를 부호화하여 특정한 매체를 통해 전달하고 수신자가 이 메시지를 해독하여 접수하는 일련의 과정을 의미한다.

의사소통의 시작은 송신자가 자신이 의도한 의미를 부호화하는 데에서 시작된다. 송신자는 의도한 의미를 구두언어, 문장 표정, 목소리의 어조 등의 부호로 표현한다. 매체는 메시지를 송신자로부터 수신자에게로 전달하는 물리적 수단이다. 매체로는 음성 및 시각자극, 전화, 문서, 편지, 인터넷, 텔레비전, 라디오, 신문, 서적 등 다양하다. 수신자는 매체를 통하여 수신한 메시지의 부호들을 해독하여 그 의미를 파악한다. 피드백은 송신자가 보낸 메시지에 대한 수신자의 반응이다. 피드백을 통해 송신자와 수신자 간의 이해 정도가 비교될 수 있다.

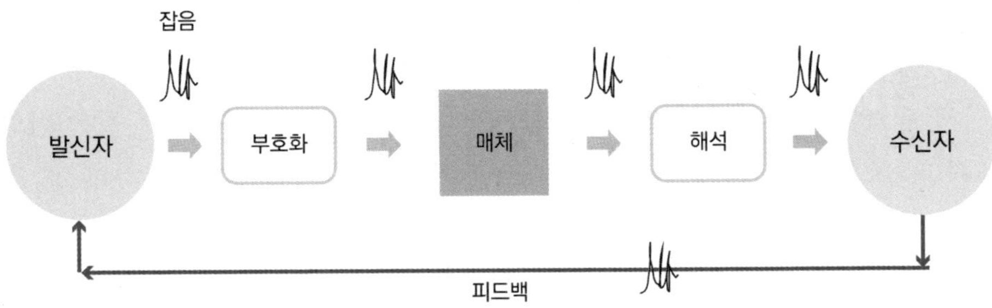

의사소통과정 모형

이와 같은 의사소통 과정에는 항상 잡음(noise)이 발생한다. 잡음은 의미의 왜곡, 혼란 또는 단절을 의미하며, 의사소통 장애의 주요 원인이다. 잡음은 일차적으로 송신자가 자신의 의도를 부호화 하는 과정에서 발생할 수 있다. 자신의 의도와 생각을 글이나 언어로 완전하고 충분하게 표현한다는 것이 실제로는 어렵기 때문이다. 잡음은 매체의 전달과정에서도 발생한다. 정상적으로 전달되지 않고 누락될 수 있다. 잡음은 수신자의 해석과정에서도 발생한다. 동일한 정보에 대해 각기 자신의 입장에서 해석하는 것이 일반적인 현상이기 때문에, 하나의 정보가 수진자의 특성에 따라 전혀 다른 방향으로 해석될 가능성이 항상 존재한다.

2. 의사소통의 왜곡

조직에서 이루어지는 의사소통에서 왜곡이 발생하는 경우는 비일비재하다. 회사의 경영자나 군의 지휘관들이 하달한 최초의 복안들이 조직의 말단에 이르러서는 전혀 다른 방식과 내용으로 전파되는 경우가 많다.

의사소통의 왜곡은 왜 발생하는 것일까? 그 원인의 대부분은 크게 송신자와 수신자의 차이 그리고 비언어적 의사소통의 문제에 기인하다.

송신자와 수신자의 차이

흔히 아는 만큼 보이며 자신의 생각대로 이해한다고 한다. 해석이 명확하지 않은 정보가 주어졌을 때, 사람들은 자신이 고민하거나 관심을 갖고 있었던 관점에서 또는 자신이 처한 상황에서 그 정보를 해석한다. 의사소통과정에서 송신자와 수신자의 차이를 유발하는 원인은 크게 5가지로 압축된다.

첫째는 자아정체감이다. 도전의식이 강한 리더가 어떤 대안을 부하들에게 제안하였다고 가정해 보자. 이때 부하들이 안정을 추구하고 도전을 회피하려는 성향이 강할 경우, 리더의 제안에 무관심하거나 중요하지 않은 것으로 여길 가능성이 높다.

둘째는 역할 인식의 차이이다. 리더와 부하들은 각기 다른 역할을 수행하고 있기 때문에, 특정한 임무에 대한 입장과 태도가 다르다. 리더 입장에서는 열정을 다해 임무를 수행하라고 요구하지만, 부하의 입장에서는 절박함이나 긴요함이 리더가 요구한 만큼 느껴지지 않을 수 있다.

셋째는 가치관의 차이이다. 리더와 부하들 간에는 서로 추구하는 가치가 다를 수 있으며, 세대 간의 차이가 존재할 수도 있다. 리더는 조직에 대한 헌신을 최고의 덕목으로 생각하는 반면에, 부하들은 충성보다는 존중과 행복을 더 중요한 가치로 여길 수 있다.

그 밖에도 기분의 차이가 있을 수 있으며, 동기에서의 차이도 있을 수 있다. 리더는 부하들의 정체감, 역할, 가치관, 기분, 동기 등에서 차이가 존재한다는 사실을 항상 유념하고 그에 따라 유연하게 행동할 줄 알아야 한다.

비언어적 의사소통

사람들은 의사소통에서의 왜곡을 통상 언어적인 측면에서만 생각한다. 그러나 의사소통의 왜곡은 비언어적인 요인들에 의해 발생될 가능성도 상당하다. 왜냐하면 대면 소통의 상황에서 메시지 전달에 언어가 미치는 영향력은 비언어적 요인들이 미치는 영향력보다 훨씬 작기 때문이다. 메라비언이 주장한 바에 따르면, 의사소통에서 영향력은 얼굴표정이 55%, 목소리가 38%를 차지하고 언어요인은 7%에 불과하다. 의사소통에 영향을 미치는 비언어적 단서들은 공간상의 거리, 자세, 얼굴 표정, 목소리의 어조, 외모와 의상 등이다. 리더들은 의사소통 과정에서 비언어적 단서들이 미치는 영향을 항상 염두해 두어야 한다.

— 02 —

소통을 위한 경청과 존중

조직을 책임지고 운영하는 많은 관리자들 혹은 리더들은 한결같이 소통의 중요성을 강조한다. 이들은 소통이 잘 이루어져야 조직이 발전하고 구성원들이 만족스러운 조직 생활을 영위해 나갈 수 있다고 믿는다. 그래서 이들은 여러 차례에 걸쳐 '간단회'를 개최하고 SNS를 통한 '소통의 장'을 개설하여 운영한다. 리더들의 이러한 노력을 생각한다면 해당 조직에서의 소통이 원활하게 이루어질 것으로 예측할 수 있다.

그러나 리더의 노력에도 불구하고 대부분의 구성원들은 여전히 소통되지 않는다고 여긴다. 왜 그럴까? 조직의 실상을 살펴보면 리더가 소통을 하고자 하는 취지와 열의는 있지만 소통이 잘될 수 있는 대화방식에 서투른 경우가 많다. 소통을 위한 간담회를 생각해 보자. 구성원들의 다양한 생각을 알아보기 위해 2시간 동안 대화의 장을 만들었는데, 간담회 시간의 절반 이상을 리더가 자신의 생각을 피력하고 전달하는 데에 써버린다. 아랫사람이 약간 다른 의견을 제시하면, 리더는 곧장 그 내용을 반박하거나 해명한다. 간담회가 종료되고 난 다음에 참석자들은 "우리 이야기는 안듣고 자기 이야기만 하는군! 이럴거면 간담회는 왜 하는 거야!" 등의 푸념을 쏟아 낸다.

소통을 잘하고자 노력하는 리더들이 대화 장면에서 가장 유념해야 할 점은 바로 '경청'이다. 경청이 없는 대화는 일방적인 전달이나 지시와 다를 바가 없다. 적극적이고 공감적인 경청은 사람들의 마음을 스스로 열게 만든다. 존중 또한 소통을 위한 전제조건에 해당된다. 자신이 존중받고 있다는 느낌이나 생각은 진심어린 충성을 유발시키는 핵심 조건이다.

1. 경청의 개념과 유형

경청의 개념

'경청'의 위대한 힘을 실감하는 사람은 많지 않다. 대부분의 사람들은 '경청'에 대해 그저 '다른 사람의 말을 잘 들어주는 것' 정도로 생각한다. 즉 그냥 들어주는 것으로 이해해 버린다. 그러기에 사람들은 올바른 '경청'이 가져다 줄 수 있는 어마어마한 결과를 인식하지 못하고, 다른 사람에게 경청하는 것을 소홀히 한다.

키케로가 "침묵은 예술이다. 웅변도 예술이다. 그러나 경청은 잊혀져 가는 예술이다. 경청을 잘하는 사람은 매우 드물다."라고 말하였다. 가톨릭 주교인 제임스 설리반은 『The Good Listner』에서 경청은 타인을 이해하고 관심을 갖게 해주며, 여러 가지 심리적, 사회적 문제들을 해소시켜 준다고 설명한다. 그에 따르면 경청은 인간에게 가장 기본적인 욕구들을 충족시켜준다. 인간들은 누구나 자신의 감정을 발산시키고, 정서적으로 친밀해지고 싶고, 자기 가치를 인정받고 존중받고 싶어한다. 발산되지 못하고 억눌린 감정은 비이성적이고 반사회적이고 파괴적인 방식으로 표출될 가능성을 갖고 있다. 억눌린 감정이 자신의 내부로 향하면 여러 가지 신체적 질환을 유발한다. 경청은 바로 이러한 인간의 욕구들을 해소시켜 준다(김상환, 2016).

경청은 참된 우정과 유대의 토대를 마련해 주기도 한다. 사람들은 자신의 속내를 드러내는 데에 주저하는데, 그 이유는 상대방이 정말 진심으로 내 말을 들어줄 것인가에 대한 확신이 없기 때문이다. 그런데 내가 상대에게 진실되게 경청하는 모습을 보여주면, 상대는 마음의 문을 열고 소통하려 한다. 이러한 과정 속에서 진실된 우정이 싹트게 된다.

경청은 상대에게 존중감을 선물한다. 사람들은 누구나 자신이 존중받고 싶어한다. 자기가 존중받고 있다는 생각은 행복감과 내적 평화를 선물해 준다. 경청은 바로 상대의 자존감을 세워준다.

상담활동을 하는 많은 상담가들은 심리적인 문제를 안고 찾아 온 내담자(상담하러 온 사람)에게 문제해결을 위한 만병통치약을 제공하는 것이 아니다. 그들의 주된 역할들 중 하나는 그들의 말을 관심과 이해로 들어 주는 것이다. 죄책감, 우울, 분노 등 다양한 문제를 안고 찾아 온 사람들은 자신의 말이 경청되어지는 것을 경험할수록 서서히 치유되어가는 경험을 하게 된다. 상담자가 자신의 말에 경청하는 것을 느낄 때, 내담자는 자신의 생각이나 감정을 자유롭게 표현하게 된다.

경청의 유형

소통의 생명은 경청이라고 한다. 따라서 리더가 진정한 소통을 원한다면 경청의 기술에 익숙해져야 한다.

경청은 아무런 노력 없이 저절로 이루어지지 않는다. 경청은 의지를 갖고서 노력하여 이루어지는 것이다. 상대의 말을 관심과 배려가 없이 무심코 듣는 소극적 경청이나 부적절한 경청은 생각하지 못한 부작용을 유발시킬 수 있다. 따라서, 리더는 대화시 소극적 경청을 자제하고 적극적인 경청을 강화시켜 나가야 한다.

소극적인 경청은 무성의한 청취이다. 무성의한 청취는 비난과 같다. 비난은 온갖 방식으로 우리의 자존감을 손상시킨다. 직접적인 비난과 암시적인 비난 모두 다 우리의 자존감에 상처를 준다. 빈정거림, 깔보는 듯한 시선, 함부로 던지는 말투, 무시하는 태도 등 암시적인 비난은 우리의 자존감을 위축시킨다. 상대방이 나의 말을 무성의하게 듣고 있으면, 나는 무시받는 느낌으로 자존심에 상처를 입는다. 무성의한 청취는 은연중에 드러나는 암시성 비난에 해당된다.

겉으로만 대충 듣는 것 같은 부분적인 경청도 대화의 상대에게 부정적인 반응을 유발한다. 상대방에게 질문을 한 다음, 답변을 귀담아 듣지 않고 다른 곳, 다른 사람을 바라보는 사람이 있다. 그러면 대답을 하는 상대방은 질문을 한 사람이 자신에게 무성의하며 조금 전의 질문은 관심에서 나온 질문이 아니었구나 라는 생각에 배신감마저 느끼게 되고, 나아가 질문한 사람에 대한 신뢰가 무너지게 된다.

대화과정에서 상대의 말을 귀담아 듣지 않고, 자신이 말하고 싶은 내용을 생각하며, 상대방의 말이 끝나기만을 기다리는 사람이 있다. 그 사람의 말에 관심이 있기 보다는 자신의 생각을 말하기에 급급한 경우이다. 또한 이야기를 듣다보면 이야기의 흐름과 결론이 추정되는데, 이러한 추정이 상대의 이야기를 소극적으로 청취하게 하는 원인이 되기도 한다.

적극적인 경청은 자신이 상대방의 이야기에 주의를 집중하고 있다는 외적인 행동적 표현과 함께 듣는 것을 말한다. 적극적인 경청은 상대방이 한 말 중에서 이해가 잘 되지 않거나 불확실한 경우 질문을 하거나 자신의 이해 정도를 상대방에게 전달하기도 한다.

경청은 말하는 상대로 하여금 개방적이고 정직한 표현을 촉진시키기도 한다. 다른 사람과의 만남에서 나의 이야기를 잘 들어주고 나의 이야기에 적절한 반응을 보여주는 사람은 나에게 매우 좋은 감정을 갖게 하고, 계속해서 그 사람과 대화를 하고 싶어진다. 이를 역으로 생각하면, 내가 다른 사람의 이야기를 잘 들어주고, 재미있게 듣는다는 반응을 보여준다면, 그 사람은 나에 대해 호감을 갖게 되고 관계를 지속적으로 맺고 싶어 할 것이다. 다른 사람의 이야기를 들을 때, 그를 향해 몸을 기울이고, 눈을 마주치며, 가끔 고개를 끄덕이는 반응을 보이는 것이 좋다. 중간 중간에 질문을 하기도 하고, 그가 말한 내용을 요약해서 말해 보는 것도 효과가 좋다. 상대방의 이야기를 듣기보다 자신의 이야기를 하는 데에 관심을 쏟는 것은 가급적 자제해야 한다.

Hughes, Ginnett, Curphy(2009)는 적극적인 경청 스킬을 발전시키는 데에 도움이 되는 몇 가지 팁들을 제시한다. 첫째는 당신이 듣고 있다는 것을 비언어적으로 표현하는 것이다. 당신이 상대방의 말에 온전히 집중하고 있다는 것을 비언어적인 행동을 통해 보여주는 것이다. 두 번째는 송신자의 메시지를 적극적으로 해석하는 것이다. 듣는 사람이 완벽한 녹음기가 되는 것만으로는 불충분하며, 언어 뒤에 숨어 있는 의미를 찾고자 노력해야 한다. 이를 위해서는 열린 마음으로 상대의 말을 듣고, 들으면서 자신이 말하고자 하는 것을 준비하는 행동을 하지 않으며, 말하는 사람의 의도를 성급하게 결론내리지 않는 것이다. 세 번째는 송신자의 비언어적 행동을 주목하는 것이다. 비언어적 신호에 주의를 기울이지 않고서는 어느 누구도 효과적인 청자가 될 수 없다. 네 번째는 방어적인 자세를 피하는 것이다. 방어적인 행동은 누군가를 비난하거나, 선악의 구분을 하거나, 다른 사람의 동기를 질문하는 경향을 포함한다. 이러한 방어적인 행동은 말하는 사람의 의지를 약화시킴은 물론 자신의 의지마저도 감소시킨다. 방어적인 행동을 예방하는 방법들 중 하나는 역지사지를 하는 것이다. 말하는 사람의 입장에서 생각해 보는 것이다.

공감적 경청은 상대방의 '이야기'를 이해하면서, 이야기에 실려 있는 상대방의 생각과 감정 등을 공감하려고 노력하는 것이다. 그런데, 일상적인 대화에서 대부분의 사람들이 흔히 하는 실수는 '공감 반응'을 하지 않는다는 것이다. 공감은 상대방의 생각을 잘 이해하고 있으며, 상대방이 느끼는 감정을 함께 느끼고 있다는 것을 상대방에게 전달하는 것이다. 상대방의 말을 나의 관점에서 이해하려 하기보다, 상대방의 관점에서 이해해 보려고 노력하는 것이 필요하다. 이야기를 나누면서 느끼는 상대방의 감정과 나의 감정을 잘 전달하는 것도 중요하다. 가끔 유사한 자기 경험을 공개하면서 상대방의 경험을 충분히 이해하고 느낄 수 있다는 것을 보여주는 것도 좋다.

공감적 경청을 하는 사람은 상대방을 향해서 자세를 취하고 상대방의 눈을 바라보며 끄덕임과 같은 비언어적인 반응과 함께 맞장구를 쳐주는 등의 언어적 반응을 함께 보여주는 것이 좋다. 경청하는 사람은 자신의 대화를 할 때 자신의 세계에서 벗어나서 상대방의 세계로 들어가야 한다. 경청하는 사람은 대화 속에서 상대방의 감정을 분별하고 적절하게 반응을 한다. 상대방의 말을 수용하는 태도를 취하고, 적절한 질문을 통하여 잘 듣고 있다는 점을 확인시켜 주고, 요약을 통하여 내용을 잘 이해하고 있다는 것을 피드백 해준다. 특히 공감적 대화에서 유의할 것은 상대방의 이야기에 답을 주는 내용의 말을 하지 않는 것이다. 문제의 답은 공감적 대화가 충분히 이루어지고 난 다음에 제공하는 것이 효과적이다.

나의 경청 점수는?

이한검과 이수광(2000)은 좋은 경청자와 좋지 못한 경청자를 구분하는 질문 문항들을 제시하고 있다. 질문지는 총 15개 문항으로 구성되어 있으며, 5점 척도로 응답하도록 되어 있다. 아래 제시된 질문내용들을 살펴보면 좋은 경청자의 행태를 잘 이해할 수 있다.

1) 나는 타인의 말 듣기를 좋아한다.
2) 나는 내가 커다란 관심을 보이거나 호의적으로 말하는 사람에게 보다 주의를 집중한다.
3) 나는 타인이 말할 때 그의 어휘력과 비언어적인 의사소통능력을 평가한다.
4) 나는 정신이 산만하지 않도록 한다. 주위가 산만하면 조용한 자리로 옮기도록 권유한다.
5) 타인들이 나로 하여금 이야기를 하지 못하게 방해할 지라도 나는 그들에게 주의를 기울여 경청한다.
6) 타인이 말할 때에는 이야기가 끝날 때까지 기다려 준다.
7) 나는 나와 관심사를 같이하는 사람에게 흥을 돋운다.
8) 타인의 말을 청취시 개인적인 생각으로 오락가락 한다.
9) 나는 타인이 말할 때 그가 전하고자 하는 바를 잘 이해할 수 있도록 상대방의 비언어적 의사소통에 깊은 관심을 표명한다.
10) 나는 다소 난해한 대화를 나눌 때, 애써 아는 척 한다.
11) 나는 타인의 말을 들으면서 대답할 것에 대해 골똘히 생각한다.
12) 나는 타인이 잘못을 저지르고 있다고 생각되면 더 충분히 설명할 수 있도록 질문을 던진다.
13) 나는 내 스스로 이해하지 못하더라도 상대방은 이해하도록 노력한다.
14) 나는 타인의 말을 청취할 때 그의 입장에 서서 듣고 사물을 바라볼 수 있도록 노력한다.
15) 대화를 나눌 때 상대방의 메시지를 정확하게 이해했음을 확인시켜주기 위해 청취한 메시지를 되짚어 준다.

2. 존중의 개념과 중요성

사람들은 존중받기를 원한다. 역할이나 지위에서의 차이에 상관없이 모든 사람들은 다른 사람들로부터 인정받고 또 존중받고 싶어한다. 존중받지 못하면 우리들의 자아는 상처를 받고 자신감을 잃게 된다. 존중받고 있다고 느낄 때, 우리들의 자아는 성장하고 자신감과 용기가 생기고 역경을 극복할 수 있는 힘을 얻는다. 존중은 소통의 기초이다.

존중의 개념

존중은 사람이 갖추어야 할 중요한 도덕적 요건들 중 하나이다. 사전적 의미는 타인을 높이고 귀중하게 대하는 마음과 자세이다. 존중은 타인을 인격적으로 배려하는 것이며, 그들의 존재가치를 인정해 주는 것이다.

조직에서 리더가 구성원들을 존중한다는 것은 그들의 능력과 인격 그리고 사생활을 존중하는 것이다. 존중은 리더가 구성원들이 그들의 임무를 성공적으로 완수할 수 있을 것이라는 믿음을 보여주는 것이며, 그들의 인격적 가치와 행복한 삶을 영위할 수 있는 희망을 인정하고 보호하는 것이다.

존중은 세부적으로 존엄성 인정, 소통, 배려, 공감과 수용, 신뢰 등 5가지 요인의 복합체로 이해될 수 있다. 존엄성의 인정은 '기본권의 중요성을 인식하고 이를 보장하기 위해 노력하라'는 가치와 연관되어 있다. 소통은 '소통의 기회를 제공하고 경청하라'는 가치와 연관되어 있다. 소통을 위해 존중이 필요하고 존

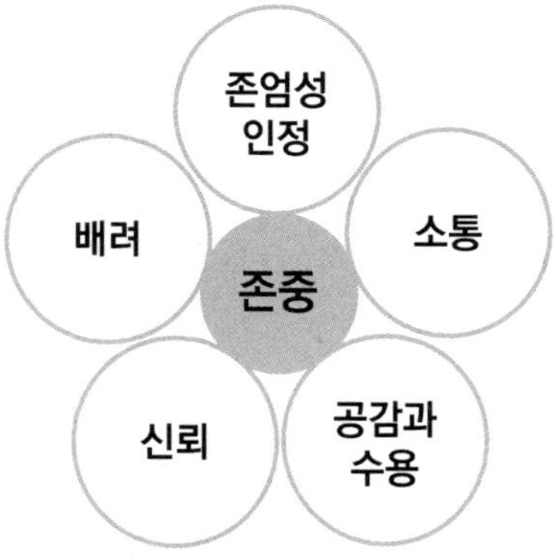

중을 위해 소통이 잘 되어야 한다. 배려는 '겸손한 태도로 부하와 동료들을 배려하라'는 가치와 연관되어 있다. 공감 및 수용은 '다양성을 이해하고 공감을 통한 화합을 추구하라'는 개념이다. 신뢰는 '부하를 신뢰하고 적절하게 권한을 위임하라'는 가치와 연관되어 있다.

존중의 중요성

미국 노동부가 발표한 자료에 의하면, 직원들이 직장을 떠나는 가장 큰 이유는 '존중의 결여'라고 한다. 존중하는 기업이 직원들의 잠재력을 향상시키는 것으로 조사되었다. 수평적인 존중심은 직원들로 하여금 긍정적이고 집단역동적인 효과를 발휘하게 만들며, 개인의 자기가치감을 고양시키고 직원들의 만족도를 증가시킨다.

신세대들이 가장 절실하게 요구하는 것은 자신들이 존중받는 것이다. 어느 한 중학생이 좋아하는 선생님이 있는데, 어떤 점에서 그 선생님을 좋아하냐고 물어 보았다. 그 중학생은 '선생님은 우리들을 존중해 주셔요!'라고 대답하였다. 청소년들은 자신들을 존중해주는 사람을 좋아하고 따른다.

군에서도 존중은 매우 중요한 가치로 강조되고 있다. 한국 육군은 2002년에 육군이 지향해야 하는 5대 가치로서 충성, 용기, 책임, 존중, 창의를 선정하기도 하였으며, 2019년에는 위국헌신, 책임완수, 상호존중을 육군의 핵심가치로 정립하였다.

미육군의 경우에도 충성, 의무, 헌신, 성실, 용기들과 함께 존중을 육군의 가치로 포함하여 타인에 대한 존중이 미 육군 리더십의 필수적인 요소임을 강력히 시사하고 있다. 이들은 간부들에게 대우받을 만큼 구성원을 대우하라고 한다. 장병은 존엄과 존중으로 타인을 대우해야 할 의무가 있다는 점을 강조한다. 다양한 인종과 문화가 공존하는 미국의 경우 특히, 다른 문화에 대한 이해와 존중이 더 절실히 요구된다.

육군리더십센터가 2007년에 야전부대를 대상으로 실시한 조사의 결과에 따르면, 리더십 효과에 영향을 미치는 가장 중요한 요인은 '부하들에 대한 배려'이고, 부대사기와 응집력에 영향을 미치는 최고 요인은 '존중'으로 나타났다. 존중은 부하들의 자존감을 높여주고 부대의 분위기를 밝게 함으로써, 전우애와 단결력을 강화시켜 주고, 역경을 극복할 수 있는 에너지를 강화시켜 주며, 능동적으로 임무를 수행하게 한다.

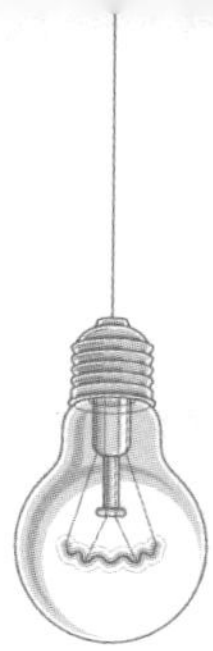

— 03 —

소통을 위한 방안들

소통은 우리 신체의 혈관과 같은 기능을 수행한다. 혈액은 조직의 모든 영역에 영양분과 산소를 공급해 준다. 결국 소통되지 않는 곳은 병들고 손상되어 조직 전체를 무너뜨린다. 조직을 이끄는 리더라면 그 어떤 것보다도 조직 내의 의사소통이 원활하게 이루어지도록 관심을 가져야 한다. 여기 소통에 도움이 되는 몇 가지 방안들을 소개하도록 한다.

1. 소통 채널의 다양화

조직내에서 의사소통은 공식적인 절차와 계통에 따라 이루어지는 공식적 의사소통과 더불어 개인적인 욕구에 따라 자생적으로 발생하는 비공식적 의사소통으로 나눌 수 있다. 일반적으로 리더가 관여하는 의사소통은 공식적 의사소통이지만 조직 구성원들이 행하는 의사소통의 상당 부분은 비공식적으로 이루어진다.

비공식적 의사소통은 목적에 따라 조직의 목표달성과 역기능을 초래하기도 하지만, 경우에 따라서는 순기능이 되기도 한다. 비공식적 의사소통은 공식적 의사소통에서 빠뜨리기 쉬운 유용한 정보를 신속하게 파악할 수 있는 이점을 갖고 있다.

리더는 조직내 구성원들간의 소통을 극대화하기 위하여 공식적 의사소통 뿐만 아니라 비공식적 의사소통 채널을 잘 활용할 수 있어야 한다. 비공식적 의사소통 채널은 리더에게 자동적으로 공개되는 것이 아닌 만큼 리더가 개인적인 관심과 노력을 통해 개척해 나가야 한다.

조직에서 리더가 공식적인 채널만은 운용할 경우 조직내 구성원들의 진정한 요구와 여론을 제대로 인지하지 못할 가능성이 크다. 왜냐하면, 지휘계통 선상에 있는 사람들은 리더에게 부정적인 정보는 최대한 축소하고 긍정적인 정보를 최대한 확대하여 보고하려는 속성이 강하며, 이러한 경향성이 리더의 정확한 현실 인식을 어렵게 만들기 때문이다.

아울러 소통이 원활하게 이루어지게 하기 위해 상하 간에 피드백이 활발히 일어나는 쌍방향 의사소통 체계가 구축되어야 한다. 리더가 아래 사람에게 전달하는 하향 피드백뿐만 아니라 아랫사람으로부터 리더에게 전달되는 상향 피드백도 활성화 되도록 해야 한다. 상향 피드백이 잘 이루어지기 위해서는 무엇보다도 조직의 방어적인 분위기를 감소시키고 지지적인 분위기를 확산시켜 나가야 한다.

리더가 부하들의 업무에 대한 평가를 지나치게 강조하거나, 부적절한 보고에 대해 과하게 질책하는 경우, 방어적인 분위기가 강해지고, 이로 인하여 상향 피드백의 가능성이 줄어든다. 방어적 분위기는 부하들의 발언 행동을 약화시키고 실수를 숨기게 만들며 부하들의 회피경향성을 강화시킨다. 반면에 지지적인 분위기는 반대 의견의 제안을 촉진시키고 개방적이며 문제를 객관적으로 보게 한다.

군과 같이 위계적 구조가 강한 조직에서는 공식적인 소통의 채널을 다양화하는 것이 좋다. 군에서는 기본적으로 직책과 지휘계통에 따라 소통의 채널이 결정되어진다. 이럴 경우 지휘계통에 있지 않는 사람들의 의견은 상부로 전달될 가능성이 적다. 왜냐하면, 지휘계통상에 있는 중간관리자 한 사람이 하위 제대에서 제기되는 의견들을 임의대로 차단하거나 왜곡할 가능성이 있기 때문이다. 이러한 문제를 극복하기 위해 도입한 해결책이 '계급별 대표제'를 운영하는 것이다. 한달에 한 번 정도 각 계급의 대표자가 해당 계급에 속한 사람들의 의견을 수렴하고 조직내 계급별 대표자들이 한 자리에 모여 최고 지휘관 또는 최고 경영자와 자유로운 의견교환의 장을 갖는 것이다.

2. 자기 통제와 표현하기

원만한 대인관계와 대화를 유지하기 위해서는 격한 감정을 통제하는 것도 매우 중요하다. 대화과정에서 자신의 욕구나 목표달성을 위한 행동이 방해받는다거나 또는 열등감, 분노, 적개심과 같은 부정적 정서들이 경험될 경우 원만한 소통은 거의 불가능하다. 또한 한번 표출된 분노, 화 등의 부정적 정서들은 그 후유증이 크다. 리더가 부하에게 화를 낸 경우, 부하는 리더를 이해하기 보다는 마음에 상처를 입게 되고, 그로 인하여 부하와 리더간의 관계는 좀처럼 회복되기 어렵게 된다. 한번 손상된 리더와 부하 간의 심리적 간격은 리더가 엄청난 노력을 할 경우에만 서서히 원상태로 회복될 수 있다. 따라서 대인관계와 소통을 위해서 리더가 자신의 감정을 조절하고 적절한 방식으로 표현하는 것은 매우 중요한 의미를 갖는다.

분노 조절

홍경자 교수는 화가 날 때 적절한 수준에서 분노 감정을 표시하고 자기가 원하는 바를 담당하게 말할 수 있기 위하여 감정을 통제하는 방법을 제시하고 있다. 홍경자 교수가 제시한 분노관리 방법은 다음과 같다. 첫 번째는 자기의 감정 상태를 알아차리도록 한다. 이를 위해 주의를 집중해서 자신의 신체 증후를 스캔한다. 두 번째는 흥분한 마음을 가라앉히도록 한다. 호흡을 가다듬고 자신의 마음을 진정시키는 데에 도움이 되는 간단한 독백의 문장을 암송한다. 세 번째는 흥분된 감정이 어느 정도 가라 앉혀진 상태에서 어떤 행동을 취할 것인지를 결정한다.

마인드사이트

데니얼 J. 시겔은 사람들로 하여금 자신의 감정을 잘 파악하고 이를 조절할 수 있는 효과적인 훈련방법으로 마인드사이트(Mindsight)를 제안하였다. 마인드사이트는 우리의 마음에서 일어나는 작용을 스스로 볼 수 있게 해주는 주의 집중상태를 의미한다. 마인드사이트는 각인된 행동과 습관적 반응으로 움직이는 우리 자신들을 이성적으로 통제하도록 도와준다. 마인드사이트는 우리로 하여금 자신의 마음과 다른 사람들의 마음을 훨씬 더 또렷하게 들여다 볼 수 있게 도와준다. 마인드사이트는 자신 속으로만 몰입하여 자신의 생각과 감정에 사로잡히지는 않도록 조절하여 자신의 내면세계를 더 분명히 파악할 수 있도록 인도해 주고, 다른 사람의 내면세계를 더 잘 받아들일 수 있게 해준다. 마인드사이트를 능숙능란하게 구사하는 사람일수록 다른 사람에게 더 많은 관심과 공감을 보인다. 그런데 마인드사이트는 저절로 작동하지 않는다. 마인드사이트는 특정한 체험을 통한 적극적인 노력을 통해 이루어진다.

명확한 표현

소통이 잘 이루어지려면, 먼저 말하는 사람이 전달하고자 하는 자신의 생각과 감정을 명확하게 표현해야 한다. 의사표현은 경청과 함께 의사소통의 중요한 수단이다. 의사표현은 단순히 말하는 사람의 의견만을 전달하는 것이 아니다. 의사표현에는 말하는 사람의 내면적 가치관, 인품, 개성 등이 함께 담겨있다. 의사소통이 잘된다는 것은 상대방의 생각과 감정을 잘 받아들이고, 자신의 생각과 감정을 상대방에게 정확하게 전달하는 것이다.

의사표현에는 언어적 표현과 비언어적(신체적) 표현이 있다. 성공적인 의사소통을 위해서는 두 가지 표현이 일치되어야 한다. 적응적이며 효율적인 의사소통을 하는 사람들은 언어적 표현과 비언어적 표현이 일치하는 형태로 소통한다.

앞서 메라비언의 법칙에 대해 설명하였다. 메라비언의 이론은 비언어적 표현이 중요하다는 의미도 있지만, 효과적인 소통을 위해서는 언어적 표현에 적합한 비언어적 표현이 수반되어야 한다는 것을 강조한다. '사랑해'라는 말을 하면서 표정이나 목소리는 무덤덤하게 취할 경우 사랑의 감정이 진정으로 전달되지 않을 수 있다는 의미이다. 비언어적 행동에서 대표적인 수단은 얼굴표정이다. 얼굴표정은 감정의 거울에 해당된다. 자신의 얼굴표정을 잘 조절하고, 또 상대방의 얼굴표정을 잘 읽어 내는 기술은 서로의 마음을 정확하게 인식하는 데에 있어서 중요한 수단이다. 비언어적 의사소통은 문화권에 따라 조금씩 방식이나 의미가 다르게 해석되기 때문에 타 문화권과의 소통에서는 유의해야 한다.

리더가 자신이 의도한 바를 명확하게 전달하기 위해서는 구성원들에게 지나친 정보를 제공하지 않도록 유의해야 한다. 구성원들에게 전달되는 정보가 너무 많을 경우, 어느 것이 더 중요하고 긴요한지를 판별하기 곤란할 수 있다. 따라서 중요하게 받아들여야 하는 정보들은 우선적으로 전달될 수 있도록 전달기능을 보완해야 한다.

부정적 감정 표현

인간관계에서는 간혹 부정적 감정을 경험하게 되는데, 이러한 부정적 감정을 적절하게 해소하는 것이 좋다. 하지만 부정적 감정을 있는 그대로 직접적으로 표현하는 것은 좋은 방법이 아니다. 상대방의 마음을 상하지 않게 하면서도 상대방이 인식하고 문제행동을 수정하도록 해야 한다. 이를 위해 상대방을 질책하거나 공격하는 표현보다는 자신의 어려움을 알려주는 방식, 즉 You－message가 아닌 I－message 방식을 사용한다. 나－메시지는 '나'를 주어로 하는 표현으로 '너'를 주어로 하는 너－메시지와 구분된다. 예로서 "네가 그러할 때면, 나에게는 이러한 속상한 느낌이 든다"라는 식으로 전달하는 방법이다. 즉, 상대방의 말들 중에 내가 듣기에 거북한 내용들이 포함되어 있어서 기분이 언짢음을 느낄 때, '너는 왜 그런 말을 하느냐!'라는 표현보다는 '너의 말을 듣고 있으니, 내 마음이 조금씩 불편해 진다'라는 표현이 대화를 더 효과적이고 발전적으로 이끌어가는 데에 도움이 된다. 특히 이 방식은 상대방의 어떤 행동에 대해 내가 수용할 수 없는 상황일 때, 또는 나의 욕구충족이 방해를 받아서 낭패감, 분노 등을 느낄 때 사용하는 것이 효과적이다.

3. 존중 실천하기

조직의 소통을 활성화시키는 데에 있어서 빼놓을 수 없는 것이 바로 존중의 실천이다. 흔히 소통이 잘 안되는 조직의 문화를 들여다보면 조직 구성원들의 내면에 존중에 대한 인식이 약한 경우가 많다. 특히 수직적인 위계구조를 갖고 있으며, 상명하복이 강조되는 군대의 경우 존중의식이 높을 가능성 보다는 낮을 가능성이 더 크다.

한국 육군의 경우 2019년에 육군의 3대 핵심가치로서 '상호존중'을 표방하였지만, 구성원들의 의식은 어느 정도 변화하였을까? 2019년에 리서치 앤 리서치는 한국군 장병 행동 및 가치관 연구를 실시하고 그 결과를 발표하였다. 이 연구에서 다루어진 여러 가지 질문들 중에는 '군인에게 요구되는 덕목'에 대한 질문이 포함되어 있었다. 조사 결과를 보면, 장병들의 '존중'가치에 대한 중요도 평가값이 그리 높지 않은 것으로 나타났다.

장병들의 전체적인 응답 결과를 보면, 가장 중요하게 여기는 가치 덕목은 '책임'이었으며, 그 다음으로 '충성', '팀워크', '용기', '애국 애민 정신', '성실', 그리고 '존중'으로 나타났다. 그나마 병사집단의 경우에는 '준중' 덕목이 순위 7번째로 나타났다. 장교집단의 경우에는 '존중' 가치에 대한 응답비율이 다른 가치덕목에 대한 응답비율과 현격하게 차이를 보이는 수준으로 순위 11번째에 위치하였다.

위의 결과들은 조직의 진정한 소통을 위해서 리더들이 존중을 강조하는 수준을 넘어서서 존중을 실천하기 위해 부단히 노력해야 한다는 것을 시사해 준다. 그렇다면 무엇을 존중해야 할까?

우선적으로 리더는 구성원들의 생각을 존중해야 한다. 리더는 구성원들이 대화를 통하여 제안한 생각이나 방안들에 대해 깊은 관심을 보이고, 그러한 생각들이 어떻게 받아들여졌고, 처리되었는지에 대해 피드백을 제공함으로써 진정성이 보이는 소통의 모습을 보여주어야 한다.

리더는 자신의 사생활을 중요하게 여기는 만큼, 구성원들의 사생활도 존중해 주어야 한다. 흔히 조직의 리더들이 일일업무를 결산하면서 다음날 그 해결책이 마련되기를 희망한다. 리더들이 아랫사람에게 검토 또는 해결방안 제출 지시를 내리고, 정작 본인은 집으로 퇴근하여 자신의 가족들과 편안한 시간을 보낸다. 그런데 이 경우 아랫 사람은 리더가 퇴근하면서 던져 준 문제의 해결책을 찾기 위해 퇴근하지도 못한 채 늦은 시각까지 애를 쓰다가 겨우 문건을 작성하고 나서야 퇴근하거나 사무실에서 잠을 자게 된다. 리더는 아랫사람이 어떻게 일을 처리하는 지 그 사람의 가정생활이 어떻게 이루어질 것인지에 대해 크게 관심을 갖지 않는다.

존중의 실천은 역지사지를 통해 이루어진다. 내가 존중받고 싶은 만큼 상대방도 존중받고 싶어 한다는 생각을 가져야 하며, 상대방의 입장에서 생각하고 느낌을 공유하려고 노력해야 한다. 나의 생각과 언행에 대해 다른 사람들이 어떻게 생각할 것인지에 대해서도 관심을 가져야 한다.

로버트 터크넷과 캐롤린 터크넷은 존중을 실천하기 위해 요구되는 몇 가지 조건들에 대해 설명한다. 그중 첫 번째는 감정이입이다. 감정이입은 다른 사람이 느끼는 감정을 이해하는 능력이다. 감정이입을 위해서는 자신과 상대방이 대등하다는 의식이 전제되어야 한다. 이는 다른 사람을 측은하게 여기는 측은지심이나 다른 사람을 불쌍하게 여기는 동정심과는 다르다. TV 어린이 쇼의 진행자가 어린아이들의 눈높이와 입장에서 어린아이들의 느낌에 공감하는 것처럼 다른 사람의 입장에서 생각하고 느낌을 공유하는 것이다. 또한 감정이입은 상대방의 말을 경청하여 완전하게 이해하는 것 그리고 다른 사람들이 자신을 어떻게 생각하는 지 아는 것을 의미한다. 감정이입이 잘 이루어지면, 타인과 관련된 정보 수집이 원활하게 이루어지고, 팀의 결속력을 강화시켜주며, 더 큰 영향력을 행사할 수 있게 된다.

두 번째 조건은 감정통제이다. 화를 참지 못하고 욱하는 행동은 상대의 존재를 무시하는 것과 동일하여, 상대의 자존감에 상처를 입힌다. 능력 있는 리더는 화를 내는 행동이나 상대를 질책하는 행동을 최대한 피하려고 노력한다.

세 번째 조건은 비난의 자제이다. 비난은 문제 상황에 독이 되는 반응이며, 불난 집에 기름을 붓는 것과 동일하다. 조직에서 타인을 비난하는 것은 자신의 책임을 전가하는 비겁한 행동과도 같다.

네 번째 조건은 겸손이다. 겸손은 자신을 깎아내리는 것이 아니라 남을 높여주는 것이다. 겸양과 대비되는 오만은 폐망의 선봉이요, 거만한 마음은 넘어짐의 앞잡이라고 한다. 겸손한 리더는 다른 사람의 의견을 열린 마음으로 받아들이며 다른 사람에 대한 칭찬을 아끼지 않으며 다른 사람들로 하여금 인정받고 존중받고 있다고 느끼게 한다.

5장 '소통을 장려하라' 관련 유튜브 소개

1. 소통의 기술: 대화를 잘하는 사람은 취조대신 질문(박강사 TV, 7분)

1) URL: https://www.youtube.com/watch?v=12uKG3mb4E4
2) 내용: 소통을 위한 질문 방법
   - 쌍방향적인 대화 & 일방향적인 대화
   - 내 페이스가 아니라 상대방의 페이스를 중심

2. 소통의 기본 - 존중과 배려에서 부터(포스코인재창조원, 3분)

1) URL: https://www.youtube.com/watch?v=Mh3AP1TExCc
2) 내용: 소통은 존중과 배려에서 가능
   (1) 나의 기준과 방식대로만 대하면 안 된다.
   (2) 싫존주의(하찮고 소소한 취향마저도 존중할 가치가 있다는 운동)

3. 소통, 우리가 몰랐던 3가지(온드림스쿨, 김경일, 18분)

1) URL: https://www.youtube.com/watch?v=t9eiHr3dzPU
2) 내용: 소통을 위해 알아야 할 것
   (1) 상대가 싫어하는 것과 좋아하는 것을 고루 균형있게 알기
   (2) 원하는 것과 좋아하는 것을 구분하기
   (3) 용건없이 전화하기

4. 소통의 달인이 되는 3가지 비법(웅이사기 하루공부, 19.5분)

1) URL: https://www.youtube.com/watch?v=mAk6GVoGMEs
2) 내용: [뱀의 뇌에게 말을 걸지마라]의 저자 마크 고울스톤의 글
   (1) 3개의 뇌를 공부하라.
   (2) 인간의 뇌를 중심으로 대화하라.
   (3) 자기 자신의 뇌부터 통제하라.

5. 대화시 경청의 중요성에 대해 알아보자(집요정 TV, 7분)

1) URL: https://www.youtube.com/watch?v=C0ZSlVb254E
2) 내용: 경청하는 방법
   (1) 아이컨텍, 맞장구치기, 고개 끄덕이기, 말 끊지 않기, 올바른 경청자세

CHAPTER 06

동기를 유발하라!

사람들은 자신이 살아가는 이유, 혹은 삶의 목적을 구체적으로 의식하거나, 언급하지는 않지만, 자신의 일상생활을 지배하고, 자신의 삶을 유지시키는 근원적인 힘의 지배를 받는다.

어떤 사람은 먹고 살기 위해서 열심히 일을 한다. 또 어떤 사람은 안전하고 행복한 삶을 누리기 위해 최선을 다한다. 또 다른 사람은 세계 평화와 인류의 번영을 위해 일생을 바치기도 한다. 이처럼 사람들은 각기 다르지만 저마다의 삶의 목적이 있다. 어떤 사람은 평생 동안 재산을 불리기 위해 갖은 노력을 다하면서도 정작 자신을 위해서는 돈을 쓰지 못한다. 어떤 사람은 평생을 남을 위해 봉사하는 삶에 헌신한다. 가난으로 인하여 학교를 제대로 다니지 못하였으나 자수성가한 사업가가 지역유지들이 참여하는 클럽에 가입하여 적극적으로 활동한다. 여러 번 선거에 출마하였지만, 매번 낙선하여 가정경제가 어려운 상황인데도 불구하고 정치적 활동을 포기하지 못하는 사람들도 있다. 어떤 학생은 사관학교를 지원했지만 처음에 낙방하고, 두 번째도 낙방했으나, 결국은 삼수를 하여 합격한다.

저마다 사람들을 움직이게 하는 힘, 사람들의 삶을 이끌어가는 힘, 사람들의 생각과 행동에 영향을 미치는 힘, 이러한 힘을 심리학자들은 본능으로 설명하기도 하고, 동기로 설명하기도 하며, 가치관으로 설명하기도 한다.

리더는 목표달성을 위해 구성원들에게 영향력을 행사하여 그들로 하여금 최선을 다하도록 유도해야 한다. 리더가 구성원들을 움직이게 하려면 사람들이 무엇에 의해서 그리고 어떤 작용기제에 의해서 움직이는지에 대해 잘 알고 이를 적극 활용할 수 있어야 한다.

— 01 —

인간을 움직이는 힘

사람들을 움직이게 하는 힘은 인간의 내면에 존재하는 에너지인 욕구나 동기 혹은 가치일 수 있다. 때로는 사람들이 외부의 자극에 반응하는 경우도 있다. 여러 가지 유형의 보상들이 주어질 경우, 사람들은 더 열심히 더 적극적으로 움직인다. 또한 사람들은 기계적으로 반응하지 않고 스스로 생각하고 판단하며 추론한 결과에 따라 움직인다.

1. 다양한 내면의 욕구(동기)

흔히 욕구(desire)는 부족한 상태인 요구(need)를 채우려는 힘을 말한다. 몸에 수분이 부족한 상태가 되면 이 부족한 상태를 채우고자 하는 욕구가 발생한다. 동기는 부족한 상태를 채우고자 하는 욕구에 방향과 목적을 제공해 준다. 즉 동기는 '어떤 목적을 향하여 특정한 행동을 취하도록 유도하는 힘'을 말한다.

인간에 내재된 다양한 욕구들을 종합적으로 잘 설명한 기념비적인 연구가 메슬로우에 의해 이루어졌다. 1943년에 발표된 메슬로우의 욕구위계이론은 심리학, 경영학, 사회학, 정치학 등 수많은 학문 영역에서 회자되고 인용되었다. 잘 알려진 바와 같이 메슬로우는 인간의 다양한 욕구들을 가장 낮은 수준인 생리적 욕구로부터 안전의 욕구, 소속 및 애정의 욕구, 존경의 욕구, 그리고 가장 높은 수준인 자아실현의 욕구로 구분하였다.

메슬로우는 사람들을 움직이게 하는 근원적인 힘들은 이들 다섯 가지 욕구들 중 하나에 해당된다고 보았다. 다섯 가지 욕구들 중 가장 낮은 수준이면서 어떻게 보면 가장 본능적인 수준에서 작동되는 힘의 근원은 생리적 욕구이다. 배불리 먹고 편안하게 자고 성적인 욕구를 충족시키고자 하는 힘이다. 일단 생리적인 욕구가 충족이 되면 이 욕구는 더 이상 동기요인으로 작용하지 않는다. 배가 부르고 편안해지면 이러한 상태가 오래동안 지속되기를 원한다. 그래서 사람들은 위협받지 않은 예언가능하며 질서가 유지되는 상태를 희망한다. 이러한 욕구가 안전의 욕구이다. 정신없이 돈을 벌기 위해 애쓰는 사람이 어느 정도 경제적인 여유와 안전감을 느끼면 왠지 어딘가에 소속되어 사회적 활동을 하고 싶은 욕구가 강해진다. 다른 사람들과 교감하고 사랑을 하며 단체적인 활동을 추구하게 된다. 이러한 상태가 바로 소속과 애정의 욕구가 강해진 단계이다. 사회적 활동을 하는 사람들은 이제 타인의 평판이나 관심을 받고 싶어하며 자신의 일에 대한 성취를 통해 자기존중감을 확인하고 타인으로부터 존중받고자 하는 욕구를 느끼게 된다. 그리고 더 나아가서 자신의 잠재력을 극대화하고 싶은 자아실현의 욕구를 느끼게 된다. 자아실현은 개인이 지니고 있는 소질과 역량을 스스로 찾아내어 그것을 충분히 발휘하고 개발하여 자기가 추구하는 이상을 실현하는 것이다.

Alderfer(1969)는 메슬로우가 제시한 다섯 가지 욕구를 생존, 관계, 성장의 세 가지 욕구로 정리하였다. 여기서 생존욕구는 메슬로우가 제시한 생리적 욕구와 안전의 욕구를 포함하는 개념이며, 관계욕구는 소속과 사랑의 욕구와 대응되는 개념이다. 그리고 성장욕구는 자존심 욕구와 자아실현 욕구를 의미한다.

한편 헤르츠버그(Herzberg)는 작업과 동기유발에 영향을 미치는 상이한 두 종류의 요인집합이 존재한다는 이 요인 이론을 제시하였다. 첫 번째 요인은 위생요인으로 이 요인이 부족하거나 불충분할 경우 불만족을 유발한다. 여기에는 직무 안정성, 봉급, 작업환경 등이 포함된다. 두 번째 요인은 동기요인으로 이 요인이 있으면 개인이 더 많은 노력과 업무수행을 하도록 만든다. 여기에는 성취, 인정, 승진, 책임 등이 포함된다.

헤르츠버그의 이 요인 이론에서 리더들에게 흥미로운 내용은 바로 이 두 개의 요인이 상호 독립적인 별개의 차원을 구성하고 있다는 점이다. 이 말은 곧 위생요인의 충족이 동기요인의 충족을 보장하지 않는다는 의미이다. 달리 말하면 리더가 위생요인들을 잘 배려하여 충족시켜줄 경우 부하들의 불만은 줄어들게 된다. 하지만 그렇다고 해서 구성원들의 만족도가 증대되는 것을 보장하지는 않는다. 만족도를 증가시키기 위해서는 동기요인을 충족시켜 주어야 한다. 즉 불만족의 반대가 만족이 아니라 단지 불만족이 없는 상태이며, 만족의 반대가 불만족이 아니라 단지 만족이 없는 상태라는 것이다.

통상적으로 리더들이 착각하는 경우가 바로 이러한 상황이다. 리더들이 부하들의 의식주와 관련된 고충을 해소시켜 주면(위생요인의 충족), 자동적으로 부하들의 조직 및 리더에 대한 만족도가 향상될 것이라고 생각한다. 그런데 실제는 그렇지 않다. 부하들의 조직에 대한 만족도를 향상시키기 위해서는 위생요인의 충족과 더불어 동기요인의 충족이 이루어져야 한다.

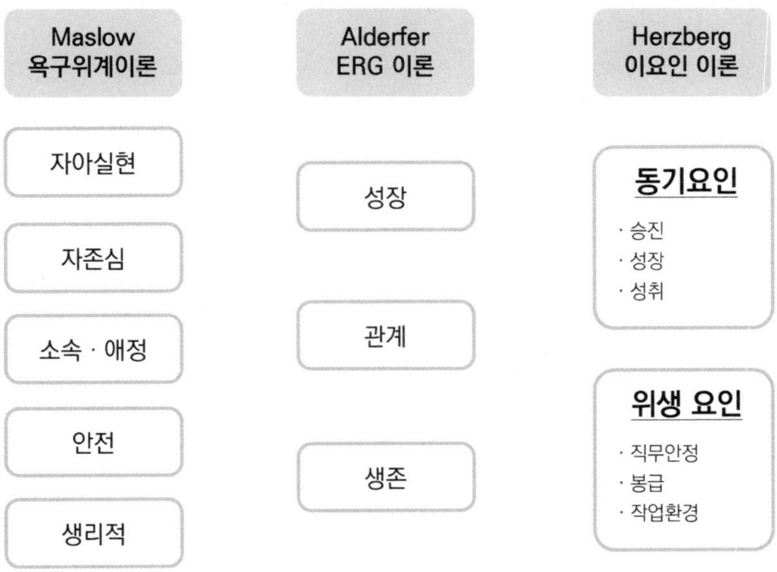

2. 외부의 강화(보상)

사람들을 움직이는 힘은 반드시 내부에서만 생성되는 것은 아니다. 사람들의 많은 행동들은 외부로부터의 자극에 의해 유발되기도 한다. 아이가 심부름에 선뜻 응하지 않을 경우, 부모들은 용돈이나 물건의 구입 등 아이가 평소에 원하는 것을 제공해 주겠다는 조건(보상)을 제시하여 아이를 움직인다.

기업이나 공조직에서는 구성원들로 하여금 더욱더 열심히 일을 하도록 유도하기 위해 '인센티브' 제도를 운영한다. 조직은 개인의 성과에 비례하여 금전적 보상이나 혜택을 제공한다. 대학교에서 열심히 공부한 결과에 따라 성적을 부여하는 것도 일종의 인센티브 제도이다.

외부로부터의 강화는 동기유발의 세 요소, 즉 개인 노력의 강도, 방향, 지속성 중에서 행동의 지속성을 더 잘 설명해 준다. 처음에는 내부적 욕구에 의해 시작된 행동이지만 인정이나 칭찬 또는 금전적 보상을 받게 되면, 그 행동은 더욱 더 강하게 지속될 가능성이 높아진다.

행동주의 심리학자들은 우연히 이루어진 행동들이 의미있는 보상(강화)을 받게 될 경우, 그 행동이 반복될 가능성이 높아진다고 설명한다. 즉 특정한 행동을 하였을 때 원하는 것이 보상으로 주어지면 그 행동의 발생빈도는 증가하고, 원하지 않는 결과가 주어지거나, 보상이 계속해서 주어지지 않으면, 그 행동의 발생빈도는 감소하거나 행동 자체가 사라지게 된다.

행동주의 심리학자들은 행위의 결과에 대한 보상이 연속적으로 주어지는 경우보다도 간헐적으로 주어지는 경우가 더 강한 보상의 효과를 나타낸다고 말한다. 아이가 부모가 바라는 일을 할 때마다 칭찬이나 용돈과 같은 보상이 주어질 경우보다도 가끔씩 보상이 주어지는 경우 보상의 효과가 더 크다. 카지노의 슬롯머신 앞에서 몇 시간을 계속해서 베팅하고 있는 사람들은 중간 중간에 간헐적으로 터지는 상금으로 보상을 받기 때문에 중독성이 매우 강하다.

리더들에게는 조직의 구성원들을 움직이게 하는 권력이 주어졌다. 리더는 조직구성원들에게 보상을 줄 수 있으며(보상권력), 벌이나 불이익을 줄 수도 있다(강제 권력). 리더는 구성원의 성과에 따라 승급, 봉급 인상, 휴가 등의 보상을 제공하고, 잘못이나 낮은 성과에 대해서는 감봉, 퇴사, 전출 등의 벌을 부가할 수 있다.

외부로부터 주어지는 보상은 동기유발 관점에서 몇 가지 특징이 있다.

첫 번째는 보상의 효과가 사람마다 다르다는 점이다. 어떤 사람은 자신을 인정해 주는 말 한마디에 감동을 받기도 하지만, 또 어떤 사람은 당연하게 생각하고 특별한 감동을 느끼지 않을 수 있다.

두 번째는 보상이 항상 긍정적인 효과를 보장해 주는 것은 아니라는 점이다. 보상은 때로는 동기를 약화시키는 원인으로 작용할 수 있다.

세 번째는 보상이 어떤 방식으로 사용되어지느냐에 따라서 구성원들의 반응이 동조, 응종, 참여와 같이 각기 다르게 나타날 수 있다는 점이다. 리더가 보상권력을 정교하면서도 개인적인 방법으로 사용할 경우 구성원들의 적극적인 참여가 유도되어질 수 있다. 그러나 만약 리더가 보상권력을 기계적이고 공정하게 사용할 경우 적극적인 참여보다는 응종이 이루어질 가능성이 크다. 또한 리더가 보상권력을 조작적이고 오만한 방법으로 사용할 경우, 오히려 저항(resistance)을 불러일으킬 가능성이 높다.

3. 생각과 판단의 힘

앞에서 우리는 인간을 움직이는 힘으로서 다양한 욕구 또는 동기들에 대하여 살펴보았다. 그런데 동기이론은 사람들을 움직이게 하는 힘이 사람들에게 내재된 욕구에 의해서 유발된다고 보지만, 실제 환경에서는 또 다른 힘에 의하여 움직인다는 것을 알게 된다. 그 대표적인 힘의 원천이 바로 사람들의 생각과 판단 즉 인지(cognition)이다. 사람들의 인지과정에 대한 관심은 1950년대부터 정보처리 이론의 발전과 더불어 시작되었다.

기대이론

사람들을 움직이게 하는 힘의 원천으로서 인간의 인지과정을 고려한 대표적인 이론은 브룸(Vroom)의 '기대이론'이다. 브룸은 사람들이 어떤 일에 자신의 노력을 투입할 것인지 투입하지 않을 것인지 여부를 결정하는 데에 세 가지 정보를 고려한다는 것이다.

첫 번째 고려 요소는 기댓값으로 자신의 노력의 결과 실현할 수 있는 성과 수준의 정도를 말한다. 자신이 노력한 만큼 그에 상응하는 성과가 기대된다고 판단되면 사람들은 전력투구하게 된다. 그러나 도달가능한 성과 수준이 미흡한 것으로 기대될 경우 사람들은 노력의 투입을 주저하게 된다.

두 번째 고려요소는 도구값이다. 성과가 있다고 할 경우 제공되는 보상의 정도를 의미한다. 특정한 성과 수준에 따라 얻어지는 보상의 값이 클수록 도구성 값은 증대되고 노력을 투입할 가능성이 높아진다.

세 번째 고려요소는 유인가이다. 유인가는 보상으로 주어지는 결과물에 대한 개인의 선호도이다. 동일한 결과물에 대하여 사람마다 상이하게 판단하기 때문에 유인가 또한 사람마다 상이하다.

브룸의 기대이론은 성공가능성에 대한 기대값, 성공에 따라 주어지는 보상, 그리고 보상에 대한 개인적 선호도를 의미하는 유인가를 고려하여 개인의 노력 투입 정도가 결정된다고 보는 이론이다. 즉 기대이론은 사람들을 움직이게 하는 힘은 그들의 인지적 판단과정에 의해 결정된다고 본다. 이를 수식으로 보면 아래와 같다.

Efforts = Expectance x Instrumentality x Valence

공정성 이론

애덤스(Adams)가 제안한 공정성 이론 또한 인지적 차원을 고려한 과정이론들 중 하나이다. 이 이론은 사람들이 타인과 비교해서 자신이 얼마나 공정하게 대우받고 있는가에 대한 개인적인 느낌에 초점을 둔다. 사람들은 자신이 처한 상황이 공정한지 여부를 판단하기 위해 자신이 투입한 자원(노력, 경험, 교육 등)과 결과물로 획득한 산출(임금, 승진, 인정 등)을 비교한다.

사람들은 자신의 투입에 대한 산출의 비율을 계산하고 이것을 동료나 유사한 직무를 수행하는 사람들의 비율과 비교한다. 공정성의 판단은 분배와 절차 그리고 상호작용 측면에서 검토된다. 나는 당연히 받을만한 임금을 받고 있다고 생각하거나(분배의 공정성), 임금이 결정되는 배경이나 과정에 대해 이해가 되었거나(절차의 공정성), 상사가 적정한 존중을 표현해 주었다고 생각할 경우(상호작용의 공정성), 공정하다는 결론에 이르게 된다.

비교를 통하여 공정하다고 판단될 경우, 현재 직무에 대한 만족도가 유지되거나 향상되지만, 공정하지 않다고 판단될 경우에는 다른 대안적인 행동들을 취하게 된다. 불공정을 느끼는 사람들이 취하는 대안적인 행동들은 다음과 같다.

첫째, 투입을 변경한다. 노력을 덜하거나 노력을 더 기울인다.

둘째, 산출을 변경한다. 더 많은 생산을 통하여 임금을 올린다.

셋째, 자신의 투입과 산출을 인지적으로 왜곡한다. 자신의 작업시간을 더 적게 판단하거나 자기가 맡고 있는 직무의 중요성을 증가시킨다.

넷째, 타인의 투입과 산출을 변경한다. 타인의 비교값을 인지적으로 왜곡하여 평가하거나 실제로 타인의 값을 변화시키려고 시도한다.

다섯째, 다른 준거인물을 선택한다. 비교 집단을 변경함으로써 불공정감의 원천을 변화시킨다.

여섯째, 조직을 떠난다.

자기결정이론

사람들은 남이 시켜서 행동했다고 생각되는 경우 보다 스스로 원해서 행동하였다고 생각될 때, 그 행동을 열성적으로 그리고 지속적으로 실행할 가능성이 높다.

노인요양원에서 자원봉사자로 일을 해 온 A씨는 거동이 불편한 노인들을 정성껏 간호하면서 봉사의 참뜻을 체험하였으며, 자신의 활동에 대해서도 매우 높은 자긍심을 갖게 되었다. 그런데 3달 전에 요양원의 정규직에 채용되어 봉급을 받게 된 이후부터는 요양원에서의 일이 보람을 느끼게 해주지 못하였다. 무언가 이전과는 다른 느낌 속에서 일을 해오고 있다는 생각이 들었다.

로체스터 대학교의 사회심리학자인 데시(Deci)는 이러한 사례에 나타난 느낌의 변화를 자기결정이론으로 설명한다. 자기결정이론은 사람들이 자신의 행동에 통제력을 갖고 있다고 느끼는 것을 선호하며 자율적으로 선택한 일에 더 큰 흥미와 열정을 갖게 된다는 것이다.

목표설정이론

목표를 향해 일하려는 의도가 작업동기 부여의 원천이라는 주장이 있다. 목표설정이론(goal-setting theory)은 피드백이 될 수 있는 구체적이고도 어려운 목표가 더 높은 성과를 가져온다는 이론이다. 여기서 목표는 한 개인이 의식적으로 획득 및 달성하고자 원하는 것이다. 목표는 개인에게 무엇을 해야 하며 얼마만큼의 노력을 해야 하는지를 말해 준다.

목표는 여러 가지 방식으로 행동에 영향을 미친다.

첫째, 목표는 목표달성에 도움이 될 것이라고 기대되는 행동에 개인의 주의와 활동을 지향하게 해 준다.

둘째 목표는 그 사람이 더 열심히 노력을 집중하도록 해 준다.

셋째, 목표는 목표달성에 필요한 행동에 더 많은 시간을 보내게 한다.

넷째, 목표는 그것을 획득하는 효과적인 전략을 탐색하도록 동기유발시킨다.

목표는 '최선을 다하라'는 식의 막연한 것보다 구체적일 때 더 효과적이다. 목표는 어느 정도 어려운 수준일 때 더 좋은 수행을 보장한다. 목표는 피드백을 통해 훨씬 더 효율적이며 효과적으로 달성될 수 있다. 목표는 개인의 욕구와 합치될수록 더 강한 힘을 발휘한다.

— 02 —

동기 유발

우리는 앞 절에서 사람들에게 동기를 부여하는 다양한 내면의 욕구들과 외부로부터의 강화에 대해서 살펴보았으며, 동기부여와 관련된 인지과정으로서 기대, 목표, 공정성, 자기결정성 등에 대해서도 학습하였다. 사람들을 움직이게 하는 힘의 원천들이 매우 다양하다는 사실은 조직 구성원들을 대상으로 동기를 부여하는 방법이 단순하거나 쉽지 않다는 것을 의미한다. 또한 추가적으로 유념해야 할 점은 사람들을 움직이는 힘의 원천들이 갖고 있는 고유한 가치들도 시대에 따라 변한다는 사실이다

사람들을 동기부여하는 요인들이 매우 다양할 뿐만 아니라 이들의 가치 또는 영향력이 개인이 처한 여건과 시대상황에 따라서 변화한다는 사실은 리더들에게 조직 구성원들의 동기를 유발하는 방략의 선정에서 세심한 주의와 신중한 판단을 요구한다. 여기에서는 조직 구성원들의 동기를 효과적으로 유발하는 데에 있어서 고려되어야 할 몇 가지 원칙들을 소개하고자 한다.

1. 동기유발에 대한 종합적인 이해

사람들로 하여금 행동하게 하는 힘, 즉 조직에서 열심히 노력하게 만드는 요인들은 여러 가지 관점에서 설명되어야 한다. 다음 그림은 사람들의 동기를 유발시키는 데에 영향을 주는 다양한 내외적 요인들을 종합적으로 제시하고 있다.

먼저, 각 개인들에 내재된 다양한 욕구들이 행위의 시작에 영향을 준다고 볼 수 있다. 온전히 잘 먹고 살기 위한 일념으로 최선을 다하는 사람이 있으며, 먹는 것보다는 다른 사람들로 부터의 인정을 받고자 열심히 뛰는 사람도 있다. 메슬로우의 욕구이론, 알데퍼의 ERG이론, 헤르츠버그의 이요인이론 등에서 다양한 욕구들을 소개하였다.

사람들로 하여금 더 열심히 그리고 지속적으로 노력하게 만드는 데에 영향을 미치는 요인들이 있다. 기대이론에서 말하는 성공기대와 보상, 그리고 보상의 가치에 따라서 노력의 투입여부가 결정되어진다. 좋은 성과가 기대되고 그로 인하여 내가 원하는 보상을 받을 수 있는 시스템이라면 최대한의 노력을 아끼지 않는다. 더욱이 객관적인 평가와 성과에 따른 보상이 분배상으로 합당하고 절차상으로 공정할 경우 더욱더 열의를 다한다. 조직의 목표와 더불어 개인적인 목표는 사람들의 행동 방향을 결정해 주고 도달과정을 점검하는 기준이 되며, 적절한 피드백을 통하여 더 분발하게 된다.

이렇게 보면, 리더가 조직 구성원들의 동기유발을 위해 활용할 수 있는 방안들은 매우 다양하며 복잡하다는 것을 알 수 있다.

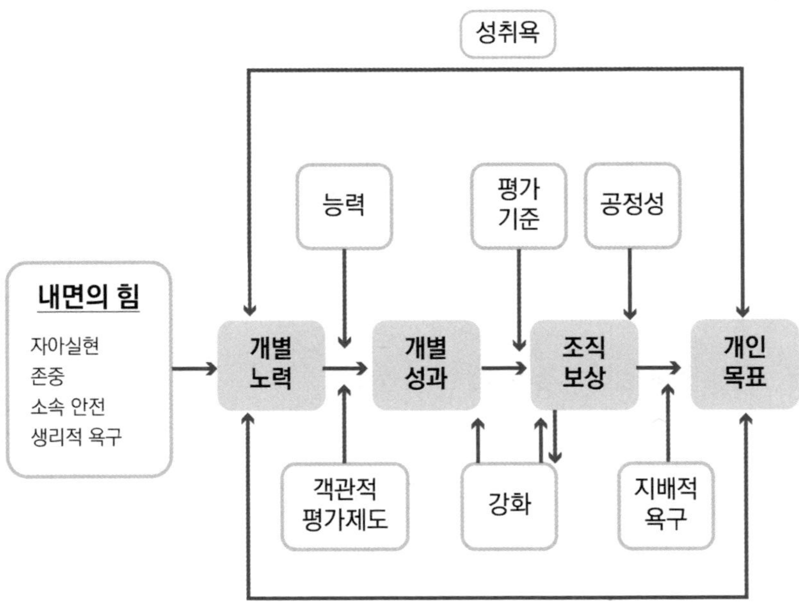

2. 동기유발 원칙들

리더가 조직 구성원들의 동기를 유발시키는 다양한 방법을 적용하고자 할 때, 그 방법들의 효과를 극대화시키기 위해 유념해야 할 원칙들이 있다.

제1원칙: 조직 구성원들의 욕구를 파악하라

조직은 다양한 영역에서 다양한 경험들을 가진 사람들로 구성되어 있다. 조직 구성원들은 연령면에서도 차이가 있어서 세대간의 차이가 존재한다. 또한 각자가 절실히 원하는 것들의 우선 순위도 상이하다. 리더는 다양한 채널과 기회를 통하여 자신이 이끄는 조직의 구성원들이 가장 원하는 것들이 무엇인가를 명확하게 파악해야 한다. 아울러 조직을 분석하여 조직 구성원들로 하여금 최선을 다하지 못하게 만드는 요인들에는 어떠한 것들이 있는지 파악해야 한다.

구성원들의 성취욕구는 어느 정도인가? 조직에서 이루어지고 있는 평가시스템에 대해 구성원들은 어떤 생각인가? 구성원들은 자신이 노력한 만큼 공정하게 보상을 받고 있다고 여기고 있는가? 조직 내부적으로 구성원들의 요구를 주기적으로 파악할 수 있는 시스템이 구축되어 있는가? 성과에 대한 보상의 내용이 적절한가? 구성원들이 조직의 목표와 비전을 얼마나 내면화하고 있는가?

제2원칙: 보상의 원리를 지배하라

조직을 운영하는 리더들이 구성원들을 움직이기 위해 가장 손쉽게 사용하는 방법이 '당근과 채찍'인 '보상과 처벌'이다. 특히 계급으로 구조화되어 있거나 위계질서가 중시되는 조직일수록 보상과 처벌에 의한 통제방식이 보편화되어 있다.

보상과 처벌에 의한 통제 방식에 익숙한 리더들은 사람들에게 보상을 많이 줄수록 더 강한 의욕을 갖고서 임무를 수행할 것이라고 믿는다. 하지만 보상이 항상 동일한 효과를 나타내는 것은 아니다. 보상과 처벌에 의지하여 사람들에게 동기를 부여할 경우 여러 가지 문제점들이 발생할 수 있다.

먼저, 한번 사용된 보상의 수준은 다시 사용될 경우 동일한 효과를 기대하기 어렵다. 이전과 동일한 효과를 유지하거나 더 나은 효과를 위해서는 점점 더 강한 보상의 수준이 요구된다. 그리고 사람들이 일 자체보다도 보상에 더 집중하게 되면, 사람들은 더 많은 보상을, 더 쉽게 얻을 수 있는 방법에 몰두하게 된다. 예를 들어 도서관에서 독서를 권장하기 위해 '다독상' 제도를 운영한다. 그런데 다독상 자체에 관심을 갖는 학생들은 책을 읽기 위하여 책을 빌리기 보다는 상을 받기 위해 책을 빌리게 된다. 여기에다가 보상의 공평성에 의심이 가게 될 경우, 사람들은 오히려 불만과 불평을 표현한다.

금전적인 보상은 내면의 동기를 약화시킬 수도 있다. 여기 학생들을 대상으로 보상의 효과를 실험한 흥미로운 사례를 소개한다. 실험에 참가한 학생들의 절반에게는 퍼즐을 완성할 경우 퍼즐형상 한 개마다 1달러씩 보상해 준다고 말하고, 다른 절반의 참가자들에게는 보상에 대해 언급하지 않고 과제를 수행하게 하였다. 과제가 수행되고 30분이 지난 시점에 실험자가 일부러 잠시 자리를 비운다. 이 과정에서 보상에 대해 언급받은 절반의 참가자들은 보상에 대해 언급을 받지 못한 절반의 학생들보다 퍼즐 작업을 지속하는 경우가 더 적었다. 일반 가정에서도 부모들은 자녀들로 하여금 부모들이 원하는 방향으로 행동하도록 만들기 위해 보상을 약속하는 경우가 많다.

여기 또 다른 사례를 소개한다. 완벽주의자인 6살 소녀가 바이올린 수업을 받았는데, 레슨이 진행되는 초기에 소녀는 실력부족에 따른 압박감을 느끼게 되었고 몇 달 뒤에는 배우고자 하는 의욕을 상실하게 되었다. 교사는 소녀의 학습동기를 유발시키기 위해서 흔히 사용하는 보상을 약속하였다. 교사는 소녀에게 정해진 연습시간을 채우면 별을 하나씩 줄 것이며, 몇 개를 모으면 상품을 주겠다고 말하였다. 그러자 소녀는 연습시간을 열심히 채우려고 노력하였다. 그런데 문제는 실력을 향상시키는 데에는 별다른 관심이 없이 시간만 채우려는 모습을 갖게 된 것이다.

이러한 사례들은 조직에서 흔히 사용되는 보상이 만병통치약이 아니라는 점을 시사해 준다. 그렇다고 해서 임금의 효능을 무시해서는 안 된다. 임금은 조직에서 최고의 인재를 잃는데 있어서 주요 요인이라는 응답이 45%였으며, 최고의 성과를 내는 사람의 7%가 임금을 최고의 이유라고 말하였다. 경쟁력 있는 임금 수준을 받고 있다고 믿는 직원들은 사기가 높고 생산적이다. 임금 지불이 근속연수에 비례하여 고정적으로 지불될 경우보다도 성과급제나 업적급제 등 변동급 프로그램을 적용할 경우에 구성원들의 만족도가 더 향상된다.

표준화된 복지 후생 프로그램보다도 선택적 복지 후생이 더 큰 만족도를 제공한다. 선택적 복지 후생은 개별 직원들에게 자신의 현재 욕구와 상황을 가장 잘 충족시키는 보상 패키지를 선택할 수 있게 하는 것이다.

직원 인정 프로그램도 내재적 보상을 제공하는 대표적인 프로그램이다. 조직의 리더가 자신의 노력을 인정해 줄 경우, 칭찬 릴레이에서 동료들이 자신을 선택해 줄 경우, 사람들은 자신의 조직에 더 강한 애정을 갖게 된다.

제3원칙: 자발적으로 목표를 선정하게 한다.

진정한 동기는 외부에서 부여되는 것이 아니라 내부에서 만들어 지는 것이다. 내면에서 부여된 동기는 경험의 내용을 풍요롭게 해 주며, 더 강한 책임감을 증진시켜주고 지속적인 힘을 갖게 한다.

내면의 동기를 유발시키는 데에 있어서 가장 중요한 요인은 자율적인 선택이다. 자율적인 선택은 업무방식, 시간 활용, 기술 적용 등 다양한 장면에서 이루어질 수 있다.

자율적인 선택은 여러 가지 긍정적인 효과를 제공한다.

첫 번째, 자율적인 선택은 사람들에게 주도권을 느끼게 한다. 주도권은 자신에게 재량권과 영향력이 있다고 느끼게 하며, 주인의식을 갖고서 자신의 노력을 최대한으로 기울이게 된다.

두 번째, 자율적인 선택은 책임감을 강화시켜 준다. 사람들은 스스로 선택하고 결정하였을 때, 보다 더 강한 책임감을 느끼며 전심전력하게 된다. 어떤 제도를 만드는 과정에 함께 참여한 사람들은 책임감을 갖고서 그 제도의 운영에 적극 동참하게 된다.

세 번째, 자율적인 선택은 구성원들로 하여금 주어진 방식에 따라 수동적으로 움직이는 존재가 아니라 보다 더 적극적이고 창의적으로 직무를 수행하고 문제를 해결하도록 만들어준다.

네 번째, 자율적인 선택은 활동의 지속성을 보장해 준다. 보상이나 외부의 위협에 의해 또는 외부의 요구에 의해 이루어진 행위들은 외부의 통제력이 약화되거나 시간이 경과되면서 중단될 가능성이 높다. 그러나 자율적으로 선택된 행위들은 외부의 통제가 없는 상황에서도 자발적으로 지속될 가능성이 높다.

제4원칙: 직무설계를 통해 동기를 유발하라.

사람들은 조직에서 이루어지는 자신의 직무가 다양하고 의미가 있으며 조직에 기여하는 바가 클 경우, 그리고 이러한 직무수행에서 자율성이 보장되고 결과에 대한 피드백이 잘 이루어질 경우, 높은 직무 만족도를 보이며 임무수행에 열의를 다하게 된다. 하루 종일 단순하게 특정 부위를 조립하는 작업자는 여러 가지 다양한 일을 하는 작업자 보다 직무 만족도가 떨어진다. 자신의 직무가 조직의 전체적인 일과 연관성이 높을수록 더 큰 의미를 찾게 되고 자신의 일에 대한 자긍심이 높아지게 된다.

자신이 하는 직무의 계획과 실행 그리고 평가 등에서 자율성이 보장될 경우 더 강한 책임감을 갖고서 일을 하게 된다. 자신이 수행한 임무의 성과를 확인하게 되면 더 강한 열정을 투입하게 된다.

만약 조직원이 어떤 과업의 단조로움이나 일상화로 인해 고통을 받는다면 직무순환이나 직무 충실화를 통해 일에 대한 동기를 강화시킬 수 있다. 직무순환은 하나의 과업에서 동일 조직 수준의 비슷한 기술 요건을 가진 다른 과업으로 주기적인 이동을 하는 것이다. 직무 충실화는 작업자가 작업의 계획, 실행, 평가를 통제하는 정도를 증대시킴으로서 직무를 확대하는 것이다.

자신의 직무와 연관이 되는 사람들, 고객이나 의뢰인, 또는 환자들과의 상호작용 기회도 조직 구성원들의 동기 유발에 큰 도움이 된다. 군 부대에서 예비역으로 구성된 전우회가 자신들의 옛 부대를 방문하는 경우, 해당 부대 장병의 사기와 부대정신 고양에 큰 도움이 된다. 근무시간 자율 선택제, 직무 공유 또는 원격 근무 등의 대안적 작업방식들도 구성원들의 동기유발에 큰 도움이 될 수 있다.

제5원칙: 경쟁보다는 협력하게 하라

일부 리더들은 조직의 성과를 향상시킬 목적으로 경쟁심을 활용하는 경우가 있다. 경쟁적 방법(Competition)은 일을 경쟁화하여 놀이에서와 같이 흥미를 유발하는 방법이다. 이 방법은 개인 경쟁이 허용되는 정신노동에 더 효과적이며, 경쟁 대상 업무가 측정 가능할 때 더 효과적이다. 그러나 경쟁심은 예상치 못한 부작용을 수반한다. 경쟁 관계에 있는 구성원들은 다른 사람의 성공이 자신의 열망을 위협하거나 방해하고 있다고 생각하기 때문에, 다른 사람을 도우려 하지 않는다. 오히려 이들은 다른 사람의 실패가 자신의 성공을 보장한다고 생각한다. 이들은 다른 사람이 자신을 돕지 않을 것이라고 생각하기에, 자신들도 자신의 욕구나 생각에 대한 의논이나 부탁 또는 도움이나 요청 등을 주저한다. 특히 경쟁적 방법은 집단 간의 능력 차이가 심한 경우, 그리고 집단이 아직 불안정한 시기에 있는 경우 바람직하지 않다.

성과향상이 목표라면 경쟁보다는 협력에 주안점을 두어야 한다. 혼자서는 성과향상에 한계가 있으며, 팀 전체의 노력이 주어질 경우 더 강한 시너지 효과를 얻을 수 있으며, 협력만이 최고의 성과를 보장해 줄 수 있다. 협력관계에 있는 조직원들은 다른 구성원의 성공이 곧 자신의 성공이라고 생각하기에, 과업 수행 과정에서 다른 사람들을 도우려 한다. 이들은 한 구성원의 성과가 조직 전체의 성공을 돕는다고 생각하고, 다른 구성원으로부터 원조와 도움을 기대한다. 이들은 서로를 의지하고 신뢰하며, 자신들의 아이디어와 자원을 제공한다.

조직에 협력의 힘을 불어 넣고자 할 때, 중요한 요인은 리더의 역할이다. 우선적으로 리더가 공동의 협력적 목표를 개발하려고 노력해야 한다. 호혜주의 규범을 수립하고, 상호작용을 지속적으로 유지하며, 장기적인 수익을 강조한다. 다음은 통합적인 해결방안을 모색하고자 노력한다. 잃는 것보다 얻는 것에 초점을 두고, 정보와 자원을 공유하며, 대안적 혜택을 통해 자원을 이끌어낸다. 마지막으로 신뢰관계를 구축하고 협력을 촉진하도록 한다. 신뢰를 회복하고, 신뢰의 반응과 불신의 반응을 식별하며, 약점을 밝히고 경청하며 신뢰를 촉진한다.

제6원칙: 참여를 통해 몰입하게 하라

구성원의 참여는 임무수행을 위한 구성원들의 투입을 확대시킴으로써 조직의 성공에 대한 구성원의 몰입을 증가시키는 과정이다. 리더가 구성원들 자신에게 영향을 미치는 의사결정에 구성원들을 참여시키고 직무수행에 대한 자율과 통제를 증가시킬 경우, 구성원들은 더 동기부여되고 조직에 더 몰입하게 된다.

몰입은 사람들로 하여금 자신의 능력을 온전하게 집중하여 행동하게 만든다. 몰입은 주위의 모든 잡념이나 방해물을 차단하고 원하는 어느 한 곳에 자신의 모든 정신을 집중하는 것을 의미한다. 몰입의 상태에서는 삶이 고조되는 순간에 물 흐르듯 행동이 자연스럽게 이루어지는 느낌을 받는다. 이것은 운동선수들이 '몰아 일체의 상태'라고 말하는 것이며, 신비주의자들이 '무아경'이라고 말하는 것과 같다. 이를 달리 설명하면, 몰입은 느끼는 것(감정)과 바라는 것(목표) 그리고 생각하는 것(사고)이 하나로 어우러진 상태를 의미한다. 도전할만한 가치가 있고 어느 정도 어려운 수준의 과업에 스스로 좋아서 자신의 역량을 집중하는 것이 몰입하는 것이다.

한 조사결과에 의하면 성인이 일상생활에서 몰입을 경험하는 것은 여가시간보다 근무시간에 더 자주 일어난다고 한다. 특히 전문직종의 경우 개인이 자신의 목표를 자유롭게 정하고, 과제의 난이도도 조정할 수 있으며, 개성을 깃들일 여지를 아주 많이 갖기 때문에 몰입을 경험할 가능성이 높다고 한다. 결국, 몰입을 용이하게 만드는 상황은 명확한 목표가 주어져 있고, 활동의 효과를 곧바로 확인할 수 있으며 과제의 난이도와 실력이 알맞게 균형을 이루고 있는 경우이다.

이러한 몰입을 유도하기 위해 일반적으로 사용되는 참여기법으로는 참가적 경영과 대표 참가제가 있다. 참가적 경영에서는 부하와 리더가 상당한 정도의 의사결정권을 공유한다. 대표 참가제는 전 세계에서 가장 폭 넓게 입법화된 형태의 종업원 참가제도이다. 이 제도에서 구성원들은 직장협의회나 이사회 대표의 일원으로 참석할 수 있다.

— 03 —

동기유발을 위한 피드백

피드백(feedback)은 직무가 요구하는 기준에 근거하여 피 평가자의 직무수행 결과에 대한 정보를 제공하는 과정이다. 피드백은 리더가 구성원들의 직무동기를 유발시키고 보다 더 발전적으로 변화할 수 있도록 도와주는 효과적인 수단이다. 아울러 리더가 구성원들로부터 피드백을 받을 경우, 리더는 보다 더 효과적인 리더십을 발휘할 수 있다.

일반적으로 피드백은 직무 수행 과정에서 중요한 과정으로 인식되고 있다. 조직에서는 직무를 수행할 때, 계획－실행－평가－피드백의 순환시스템에 의해 이루어질 것을 권장한다. 평가를 통한 피드백이 이루어지지 않을 경우, 특정한 업무 수행이 어느 정도 성공적인지, 어느 방향으로 진행되고 있는지 분별이 되지 않은 채 지속될 수 있다.

직무수행 과정에서 피드백은 다양한 유용성을 제공한다. 먼저 피드백은 구성원들의 행동이 목표를 지향하도록 조정하고 통제하는 기능을 수행한다. 또한 피드백은 리더와 구성원들간의 관계를 긍정적으로 유지시켜 준다. 피드백이 이루어지는 과정 속에서 타인에 대한 관심과 배려가 주어지고 상호작용이 활발히 이루어지면서 건설적인 관계가 형성될 수 있다. 피드백은 구성원들로 하여금 직무에 대한 책임감과 팀에 대한 소속감을 고취시켜 주기도 한다.

그러나, 피드백 활동이 매우 중요함에도 불구하고 실제적으로 조직 내에서 이루어지는 피드백 활동을 살펴보면 생각만큼 활발하게 이루어지지 않고 있다는 것을 알 수 있다. 아울러 대부분의 피드백 활동이 건설적이거나 지지적인 피드백 보다는 질책과 비판을 수반하여 다소 파괴적이며 혐오적인 방식으로 진행되는 경우가 많다. 현장에서 피드백이 효과적으로 운영되지 못한 데에는 여러 가지 이유가 있을 수 있지만, 그 무엇보다도 피드백 기술 자체가 자연적으로 획득되어지는 것이 아니라 노력을 통하여 학습되어지는 것이기 때문이다. 또한 동일한 피드백이라 할지라도 피드백을 받는 상대방의 성격특성, 직무능력, 직책수준에 따라 반응이 다르게 나타나는 특성도 여기에 한 몫을 한다.

따라서 리더들은 피드백의 긍정적인 효과를 최대한으로 살리기 위해서 피드백과 관련된 기술이나 원칙을 상황에 맞추어 적절하게 구사할 수 있도록 훈련되어야 한다. 본 절에서는 먼저 조직에서 이루어지는 다양한 피드백의 유형에 대해 살펴보고, 그 다음에 효과적인 피드백 기술에 대해 알아보고자 한다.

1. 피드백 유형

조직 생활 속에서는 리더뿐 아니라 구성원 모두가 다른 사람의 활동 결과에 대해 자신의 의견을 개진하는 경험을 하게 된다. 팀의 리더로서 팀의 성과에 대해 평가를 하고 그 결과를 팀원들에게 전달하기도 하며, 구성원들 개개인에게 활동 실태에 대한 피드백을 하는 경우도 있다. 그렇다면 나는 지금까지 어떤 형태의 피드백을 주로 해 왔는지 곰곰이 생각해 보자. 나는 타인에 대해 건설적이고 배려적이며 지지적인 피드백을 주로 해 왔는가? 아니면, 질책과 훈계 또는 비판적인 의견을 중심으로 피드백을 해 왔는가?

긍정적 피드백과 부정적 피드백

피드백은 피드백의 내용에 따라 긍정적(positive) 피드백과 부정적(negative) 피드백으로 구분된다. 긍정적 피드백은 업무 성과에 대한 칭찬이나 격려 또는 지지적인 평가 등을 의미한다. 부정적 피드백은 미흡한 결과에 대한 원인이나 잘못된 행위 등의 교정에 관한 피드백 등을 의미한다.

일반적으로 사람들은 부정적 피드백에 대해 부정적인 태도를 갖는다. 칭찬이나 격려와 같은 긍정적 피드백은 할수록 좋지만, 잘못을 지적하는 부정적 피드백은 가급적 하지 않는 것이 좋다고 생각할 수 있다. 그러나 이 생각은 옳지 않다. 왜냐하면 부정적 피득백은 상황에 따라 그 효과가 상이하게 나타날 수 있기 때문이다. 긍정적 피드백이 좋다고 생각하지만, 오히려 만족감을 느낀 나머지 더 이상의 노력을 하지 않을 수 있다. 부정적 피드백을 받으면 실망을 하고 더 이상의 노력을 하지 않을 수 있지만, 반대로 더 열심히 일하게 되는 경우도 있다. 부하가 상사에 대해 부정적인 피드백을 제공할 경우, 상사들은 창의성이 더 증가하고 업무에 더 주의하며, 더 좋은 전략을 수립하게 된다. 또한 긍정적인 피드백만 받아 본 사람이 부정적 피드백을 받으면 이를 잘 수용하지 않으려 한다.

이처럼 긍정적 피드백은 효과가 좋고 부정적 피드백은 효과가 적다라고 단순하게 생각하는 것은 문제가 된다. 피드백의 효과는 피드백의 내용보다도 전달되는 방식이나 여건 그리고 피평가자의 상황이나 특성에 따라 다르게 나타난다.

행위를 강화시키는 피드백과 약화시키는 피드백

리더가 부하 직원에게 피드백을 할 때, 어떤 목적을 갖고서 피드백을 하느냐에 따라 피드백의 유형이 구분되기도 한다. 리더가 부하의 특정한 활동이나 행동을 지속적으로 유지시키거나 더 발전시키려는 의도를 갖고 있느냐, 아니면 대상이 되는 활동을 중단 또는 약화시키려는 의도를 갖고 있느냐에 따라 상이한 피드백이 이루어지게 된다.

리처드 윌리엄스(2005)는 피드백의 중요성에 관한 그의 저서에서 피드백의 목적에 따라 피드백의 유형을 지지적 피드백, 교정적 피드백, 학대적 피드백, 무의미한 피드백 등 네 가지로 구분한다.

리더가 구성원의 특정 행위를 반복하게 할 목적을 갖고 있다면, 지지적 피드백(suportive feedback)을 사용한다. 지지적 피드백은 존중과 배려 그리고 격려에 기초한 피드백을 의미한다. 또한 교정적 피드백(corrective feedback)도 가능하다. 교정적 피드백은 어떤 행동을 수정할 목적으로 제공되는 피드백이다. 교정적 피드백은 실수나 잘못 등을 적절하게 고쳐 나갈수 있게 한다. 아울러 교정적 피드백은 기존에 형성된 관계를 개선 및 발전시켜 나가는 데에도 유용하다. 하지만, 교정적 피드백은 상당한 훈련과 연습을 통하여 이루어져야 한다. 교정적 피드백은 자칫 질책하는 대화로 전락할 가능성이 크다.

이와는 달리 부하직원의 특정 행위를 중심으로 질책하고 비난하며 상처와 절망을 주는 부정적인 피드백으로 혐오적 피드백(abusive feedback)과 무의미한 피드백(insignificant feedback)이 있다. 혐오적 피드백은 상대에게 상처와 절망을 주며, 형성된 관계에 부정적 영향을 주는 피드백이다. 무의미한 피드백(insignificant feedback)은 아무런 의미도 없는 피드백으로 관계를 형식적인 차원으로 전락시키고, 나태함과 권태로움을 초래하여 삶을 황폐하게 만들기도 한다.

건설적 피드백과 파괴적 피드백

피드백의 효과를 기준으로 보면 피드백은 건설적인(constructive) 피드백과 파괴적(destructive) 피드백으로 구분될 수 있다.

건설적인 피드백은 구체적이고 배려적이며 상대방의 역량을 향상시켜주는 피드백이다. 건설적인 피드백에서는 우수한 성과에 대해서는 상대방이 노력한 결과라고 평가하고 미흡한 성과에 대해서는 상황이 안 좋았기 때문이라고 평가한다. 반면에 파괴적인 피드백에서는 배려적이지 않은 억양으로 수행에 대해 매우 일반적인 내용만 언급된다. 미흡한 성과의 원인이 상대방에게 있는 것으로 평가되고, 개선을 위한 위협이 사용된다. 건설적인 피드백은 결과적으로 상대방의 자기효능감을 강화시켜주는 반면에, 파괴적 피드백은 상대방의 자기효능감을 약화시킨다.

일방적 피드백과 쌍방향 피드백

일반적으로 피드백은 리더가 부하직원에게 일방적으로 제공되는 경우가 많다. 리더가 피드백을 제공하고 하급자가 이를 접수하는 방식이다. 일방적 피드백은 하급자의 방어적 태도를 유발하기도 하고, 때로는 분노와 좌절감을 자극할 수도 있다. 일방적 피드백은 리더의 관점에서만 정보가 제공되기 때문에 리더에게 인식되지 않은 가능한 유용한 정보들이 활용되지 못하는 단점을 갖기도 한다. 하지만, 하급자들의 참여 욕구가 약할 경우에는 일방적 피드백의 방식을 사용할 수 밖에 없다.

쌍방향 피드백은 문제해결(Problem Solving) 관점에서 이루어지는 피드백이다. 하급자 스스로 성과를 평가하고 미래의 계획을 하급자 스스로 수립하는 등 하급자 주도의 활동이 장려된다. 리더는 조언자의 역할을 수행하고 개방적이며 적극적인 대화를 유도한다. 쌍방향 피드백 과정에서는 하급자가 목표에 대해 몰입할 가능성이 매우 높다.

360° 피드백

피드백의 재료가 어디에서 누구로부터 생성되느냐에 따라서 피드백이 구분된다. 일반적인 피드백은 상급자의 관점에서 판단한 정보가 하급자에게 제공되는 방식으로 이루어진다. 그러나 360° 피드백에서는 피드백 정보가 다양한 사람과 계층에서 다양한 방식으로 다양한 시기를 통해 수집된다. 정보의 출처는 부하, 동료, 상급자, 외부 고객 등 다양하며, 정보가 수집되는 방식도 서면형식의 질문지, 컴퓨터, 전화인터뷰 등 다양하다. 360° 피드백은 정보 출처와 정보 수집 방식의 다양성을 통해 다양한 관점의 정보가 제공될 수 있다는 장점을 갖지만, 많은 정보가 반드시 좋은 것만은 아니라는 평가도 있다. 특히 조직에서 360° 피드백의 결과를 직무평가에 사용하게 될 경우, 수집된 자료의 신뢰도에 문제가 발생할 수 있다.

2. 피평가자의 특성과 피드백 효과

일반적으로 사람들은 긍정적인 피드백을 받은 경우, 노력을 더 적게 하거나 미래의 목표를 상향으로 조정하게 된다. 만약 사람들이 부정적인 피드백을 받게 되면 목표를 낮게 설정하거나 포기하기도 하며, 때로는 피드백을 거부하고 자기를 보호하려고 한다. 하지만 피드백의 효과가 이렇게 단순하게 나타나는 것은 아니다. 피드백의 효과는 피드백을 받는 사람의 특성에 따라 상이하게 나타난다. 피드백의 효과는 피드백을 받는 사람의 자기 효능감 정도에 따라 다르고, 어떤 유형의 자기(Self) 개념을 갖고 있느냐에 따라서도 다르다. 또한 피평가자의 전문성도 피드백 효과의 방향에 영향을 준다. 이러한 현상은 리더가 구성원들에게 직무와 관련하여 피드백을 할 경우, 구성원의 직책과 능력 그리고 성격에 따라 피드백에 대한 반응이 상이하게 나타난다는 것을 항상 염두에 두고서 가장 효과적인 피드백 방략을 구상해야 한다는 점을 시사해 준다.

자기효능감과 피드백에 대한 반응

자기효능감이 높은 사람이 부정적 피드백을 받게 되면 노력을 증대한다. 그런데 부정적 피드백이 지속되면, 자기효능감이 높은 사람도 피드백을 기피하게 되고 아울러 자기효능감도 저하된다.

자기효능감이 낮은 사람은 처음부터 부정적 피드백을 거부한다. 사람들은 과업수행 초기에 갖고 있는 자신의 고유한 자기 개념을 보호하려는 속성을 갖는다.

자기(Self) 유형과 피드백에 대한 반응

Higgins(1987)는 사람들에게 형성된 자기의 유형을 두 가지로 구분하였다. 하나는 이상적 자기(ideal self)이고, 다른 하나는 의무적 자기(ought self)이다.

이상적 자기를 갖고 있는 리더는 승진과 학습에 관심을 두고 목표를 달성하려고 노력한다. 이러한 리더는 성장욕구가 강하고 이상을 추구하며, 무언가 획득하는 것에 관심이 높다. 따라서 다소 실수나 실패를 하더라도 모험적인 시도를 한다. 반면에 의무적 자기를 갖고 있는 리더는 예방을 더 중시하며 실패하지 않고 처벌받지 않는 것을 추구한다. 이러한 리더는 안전에 대한 욕구가 강하고 무언가 해야한다는 강한 의무감을 갖고 있으며 무언가를 손실하지 않으려고 노력한다. 또한 새로운 시도나 모험을 추구하기 보다는 현 상태를 잘 유지하려고 한다.

이상적 자기를 갖고 있는 리더가 정적인 피드백을 받으면 더 노력을 하고, 부정적인 피드백을 받을 경우 더 이상의 노력을 하지 않는다. 의무적 자기를 갖고 있는 리더가 정적인 피드백을 받으면 더 이상의 노력을 하지 않으려하고, 부정적인 피드백을 받으면 더 노력하는 모습을 보인다.

전문성과 피드백에 대한 반응

피드백에 대한 반응은 피평가자의 전문성에 따라 다르게 나타난다. 어떤 분야의 입문단계에 있는 초보자들은 긍정적 피드백에 대하여 우호적이고 긍정적인 반응을 보이고, 부정적 피드백에 대해서는 다소 부정적인 태도를 취한다. 그러나 고급과정에 있는 전문가들은 긍정적 피드백에 대해 긍정적인 태도를 보이고, 부정적 피드백을 받으면 역시 더 잘 하려고 노력하는 등 개선을 하려고 시도한다.

3. 성공적인 피드백 원칙

성공적인 피드백을 위한 원칙들에 대해 다양한 의견들이 제시되었다(DeNisi & Kluger, 2000; London, 2002). 본 절에서는 이들에게서 공통적으로 언급된 사항들을 피드백이 이루어지는 순차적인 과정에 따라 정리하였다.

피드백의 준비

피드백이 효과적으로 이루어지기 위해서는 준비과정이 매우 중요하다. 리더는 실제적인 피드백이 이루어지기 전에, 먼저 피평가자에게 기대했던 성과 수준을 명확하게 정리해 놓아야 한다. 이때 성과수준을 판단하는 기준 또한 명확해야 한다. 그리고 나서 피평가자의 특징(피드백 민감성, 이해력, 학습 능력, 전문성 수준 등)을 정확하게 파악해야 한다.

피드백의 목적과 내용

피드백의 목적은 행위 결과에 대한 잘못을 지적하는 것이 아니라, 목표달성과 성과향상에 있다.

피드백의 내용은 명확하고 구체적이어야 한다. 물론 일괄적인 피드백 또는 포괄적인 피드백이 반성과 학습을 촉진하는 경우도 있지만, 대부분의 경우 명확하고 구체적인 피드백의 성공 가능성이 훨씬 더 높다. 특히 피드백의 내용은 오로지 직무성과에 초점을 두어야 하며, 인간적인 특성을 문제 삼지 않도록 최대한 유의해야 한다. 그렇다고 해서 부정적인 피드백의 제공을 두려워 해서는 안 된다. 부정적인 피드백은 그 자체가 문제되지는 않으며, 다만 피드백되는 방식에 따라 효과가 달라질 뿐이다.

피드백의 전달

피드백을 할 경우 여러 사람에게 공개된 상황보다는 개별적인 상황에서 제공하는 것이 안전하다. 공개된 상황에서는 자칫 피평가자의 자아가 의도와는 달리 위협을 받을 수 있다. 피드백은 가능한 목표 행동 직후에 제공하는 것이 효과적이며, 가급적 자주 제공되는 것이 바람직하다. 물론 너무 자주 제공되는 것도 역효과의 가능성이 있다. 피드백은 가장 중요한 한, 두가지에 집중되도록 하고, 동일한 메시지가 일관적으로 자주 그리고 다양한 방식으로 전달되도록 한다. 모든 피드백에는 논의를 위한 충분한 시간이 보장되도록 해야 한다.

피드백 기법

피드백의 효과는 피드백을 제공하는 기법에 따라서 다르게 나타난다. 효과적인 피드백 기법을 구사한다면 이미 피드백의 효과를 어느 정도 보장받게 되는 것과 같다. 성공적인 피드백을 위해서는 피드백의 내용들이 잘 정리되어야 한다.

피드백의 내용과 관련해서 가장 많이 권장되는 기법은 SBI(Situation-Behavior-Impact) 기법이다. SBI 기법은 피드백 내용을 크게 상황, 행동, 영향의 세 부분으로 구분한다. 상황(Situation)은 피드백 대상이 되는 행동이 언제, 어디서 일어난 것인지를 명확하게 언급하는 것이다. 행동(Behavior)은 그 상황에서 발생했던 행동에 대해 구체적으로 이야기하는 것이다. 이때 행동에 대한 평가는 하지 않도록 유의한다. 영향(Impact)은 피드백 대상이 되는 행동이 타인에게 미친 영향을 설명하는 것이다. 예를 들면 다음과 같은 진술을 생각할 수 있다.

"금요일 오후에 프로젝트 설명회에서 설명이 정시에 시작되었고, 유인물들이 사전에 잘 제공되었어요. 설명된 내용들은 모든 것이 다 정확하였고, 참석자들의 질문에도 답변을 잘 했어요. 저는 프로젝트의 준비에서부터 실시에 이르기까지 잘 수행한 것에 대해서 매우 기쁘게 생각해요. 아마도 프로젝트는 잘 진행될 것으로 예상하고, 팀장의 수고에 감사해요"

6장 '동기를 유발하라' 관련 유튜브 소개

1. 압도적으로 성공하기 위한 하루 계획(스터디언, 8.5분)

1) URL: https://www.youtube.com/watch?v=SOG-y8CKKNI
2) 내용: 완벽한 하루 만들기
   (1) 데일리 플랜을 만들고 목표달성 여부를 점검해 보기
   (2) 자신의 시간활용 점검가능, 목표달성 성취감

2. 동기유발의 놀라운 과학(TED, Daniel Pink, 18.6분)

1) URL: https://www.youtube.com/watch?v=eP9cPsxUqo4
2) 내용: 보상에 의한 동기유발 전략이 역효과를 보이는 상황
   (1) 단순한 일에서는 인센티브 제도의 성과가 좋았으나 인지적 과업에서는 역효과
   (2) 외적동기보다 내적 동기(주도성, 전문성, 목적성)을 강조

3. 당신을 프로로 만들어줄 새로운 동기 부여(스터디언, 4.3분)

1) URL: https://www.youtube.com/watch?v=V29qirjSNH4
2) 내용: Daniel Pink의 강연 요약본
   (1) 보상에 의한 동기유발 전략 보다 내적동기 유발 전략에 대해

4. 동기 1부, 실패를 이기는 힘(EBS 특집다큐멘터리, 45분)

1) URL: https://www.youtube.com/watch?v=JEaNTlpPeyw
2) 내용: 자기통제력이 실생활에 미치는 효과
   (1) 충동을 자제하는 능력 실험
   (2) 평가 목표형과 학습 목표형을 구분
   (3) 능력을 칭찬할 경우와 노력과 방법을 칭찬하는 경우 비교
   (4) 부모들의 자녀 성적에 대한 반응

PART 03

3차원: Change

세상을 지배하려는 자,
변화를 주도하라!

"리더는 미래를 설계하고
조직의 역량을 개발하여
변화를 주도해야 한다."

CHAPTER 07

미래를 설계하라!

01 시대 흐름에 주목

02 미래 예측

03 비전의 설계와 공유

리더십 개념에 의하면 리더는 주어진 임무를 효과적으로 달성하기 위하여 구성원들의 동기를 유발시켜야 한다. 그래서 훌륭한 리더 또는 우수한 리더는 부여된 임무를 성공적으로 완수하는 사람이라고 말할 수 있다.

그렇다면 리더 중의 리더, 즉 최고의 리더는 어떤 사람일까? 최고의 리더는 부여된 임무의 완수를 넘어서서 스스로 임무를 창출해 나갈 수 있는 사람이라고 생각한다. 이를 달리 표현하면 최고의 리더란 모름지기 미래를 설계할 수 있는 사람이다. 리더가 스스로 올바른 품성을 갖추고 임무수행에 요구되는 역량을 충분히 갖추기 위해 노력하는 것도 중요하지만, 조직을 이끄는 리더로서 조직의 발전을 지속적으로 이끌어 나갈 수 있는 지혜로 무장되어야 한다.

이를 위해 리더는 시대흐름을 면밀히 살펴보고 미래를 이미지화할 수 있는 능력을 구비해야 한다. 리더는 현재보다 더 나은 미래를 꿈꾸어야 하며 그 꿈을 구성원들과 공유하여 한다. 그리하여 조직 전체가 다 함께 꿈꾸는 미래를 향해 나아가야 한다.

— 01 —

시대 흐름에 주목

세상은 급변하고 있다. 국가간의 분쟁은 끊이지 않고 계속되고 있으며, 무차별적인 뉴테러리즘의 확산은 국제적인 위기감을 상승시키고 있다. 뜻하지 않은 자연재해가 지구촌 곳곳에서 발생하여 수많은 사람들이 엄청난 고통에 시달리는 모습을 자주 접하게 된다. 무서운 속도로 확산되는 바이러스의 공격으로 일상적인 생활마저 제약을 받는다. 정보화 기술이 급격하게 발전하고, 모든 상호작용이 디지털화되어 가는 추세 속에서 사회적, 경제적 활동을 원활하게 유지해 나가기 위해서는 부단히 애를 써야만 한다.

조직을 이끌어가야 하는 리더들은 이처럼 급변하는 상황 속에서 하이브리드 위협에 대응하여 부여된 임무를 성공적으로 수행하기 위해 밤낮없이 최선의 노력을 쏟아 붓고 있다. 워라벨이라는 말을 들어는 보았지만, 그러한 인생을 생각한다는 것 자체가 사치스러울 정도로 대부분의 리더들은 바쁘게 열심히 일하고 있다. 리더들 스스로도 연일 계속되는 회의와 끝없이 추가되는 새로운 업무들, 구성원들간의 갈등과 분쟁의 조정 및 해결, 실적에 대한 압박과 그에 따른 수많은 노력들 등등에 쉴 틈이 없이 최선을 다하여 일하고 있다고 생각한다. 그러다 보니 먼 미래를 생각해 보는 것은 거의 어려운 일이며, 10년내지 20년을 내다보기에도 마음의 여유가 없다.

그러나 리더십을 연구하는 전문가들은 실패하는 리더들의 공통점으로 '미래에 대한 예측능력의 부족'을 언급한다. 전문가들은 지속되어 온 호실적에 빠져

자만한 기업, 기존의 형식과 관점을 고수하면서 변화의 추세에 부응하지 못하는 기업, 잘못된 판단에 의해 엉뚱한 방향으로 전략적 투자를 감행한 기업 등의 사례를 소개하면서 미래 예측의 중요성에 대해 설파한다.

실제적으로 미래를 정확하게 내다보고 준비한 기업들이 오늘날 세계적인 기업으로 성장해 나가고 있다는 사실은 '미래 예측 능력'이 리더들이 갖추어야 할 중요한 역량들 중 하나라는 점을 입증해 준다. 그렇다면 어려운 현실적 여건 속에서도 리더들이 미래를 예측하고 대비할 수 있는 방법은 무엇일까?

1. 잠시 멈추고 현재를 보라

『Coffee in Lunas』에 등장하는 주인공 빌 테일러도 노신사를 만나기 이전까지는 업무실적을 올리기 위해 가정도 돌보지 못한 채 최선을 다해 왔다고 생각하였다. 그런데 더 많은 요구가 주어지자 거의 번아웃 되기 직전이었다. 그런 그에게 노신사가 가장 먼저 제안한 것은 일을 잠시 멈추고 주변을 둘러보라는 권고였다. 처음에는 말도 안 되는 소리라고 생각하였지만 회사에서 추천한 사람의 권고이기에 어쩔 수 없이 노신사의 말에 따라 일을 멈추고 주변을 보았다. 그러자 신기하게도 지금까지 보이지 않았던 것들이 보이기 시작하였다. 부하직원의 책상위에 놓인 가족사진이 보이고, 그의 가정에 어떤 어려움이 있는지 알 수 있게 되었다. 그러면서 최근에 그가 보고과정에서 보였던 행동들을 이해할 수 있게 되었다.

의도적이든 타인의 요구에 의하든 간에 하던 일을 멈추고 주변을 돌아보고 귀를 기울여 보자. SNS의 홍수 속에 빠져있지 말고 이들로부터 잠시 벗어나 보자. 주변에 무슨일이 일어나고 있는지 관심을 갖고서 들여다보자. 늘 습관적으로 행하였던 것들이 있다면, 이제 새로운 관점, 새로운 방식, 새로운 의미를 생각해 보자. 바쁘다는 생각에 전화도 하지 못했던 사람들과 연락을 시도해 보자. 세상이 어떻게 변화되어가고 있는지 곰곰이 살펴보자. 사람들이 생각하는 미래는 어떤 것인가 들어보자. 그리고 스스로도 자신과 자신이 몸담고 있는 조직의 미래를 생각해 보자. 지금 하고 있는 일이 종료되고 나면 어떤 일들이 주어질 것인지 상상해 보자.

사람들은 오늘날을 제4차 산업혁명의 시대로 설명한다. 제4차 산업혁명은 물리적, 생물학적, 디지털적 세계를 빅데이터에 입각해서 통합시키고 경제 및 산업 등 모든 분야에 영향을 미치는 다양한 신기술로 설명된다. 그렇다면, 제4차 산업혁명 시대를 살아가는 나는 개인적으로 이전과 어떻게 달라졌는가? 만약 이대로 계속 간다면 10년 후에 나는 무엇을 할 수 있을까? 나에게 필요한 것은 무엇일까? 리더 자신이 몸담고 있는 조직은 20년 이후에 어떤 모습으로 변화되어 있을지에 대해 생각해 보자. 진행되고 있는 주된 업무가 그대로 계속될 가능성이 있는지도 생각해 보자.

리더와 구성원들 간에는 세대 차이가 존재할 가능성이 크다. 그럼에도 불구하고 상당수의 리더들은 자신이 중시하는 가치체계를 구성원들도 동일하게 갖고 있을 것이라고 생각한다. 과연 그러할까? 잠시 일손을 놓고 그들과 대화의 시간을 가져보면서 이들이 중요하게 생각하는 가치들이 무엇인지에 대해 관심을 갖고서 들여다 보자.

2. 시대 가치

시대 흐름을 가장 잘 나타내주는 대표적인 것으로서 시대 가치를 생각할 수 있다. 시대 가치는 한 시대에 구성원들이 중시하는 가치들을 의미한다. 이 시대의 리더들이 이끌어 나갈 구성원들은 Z세대이다. Z세대는 2000년 이후에 태어난 밀레니얼 세대들이다. 이들은 태어나면서부터 인터넷과 스마트폰을 비롯한 각종 IT 기구를 경험한 디지털 네이티브들이다. Z세대들이 중시하는 가치들을 보면 대표적으로 개인주의, 다양성, 워라벨, 공정성 등이 우선순위를 차지한다. Z세대를 이끌어 나가야 하는 리더들은 최소한 이들이 추구하고 중요하게 여기는 시대가치들을 잘 이해하여야 한다.

개인주의

개인주의라고 하면 사람들은 '이기적'이거나 '자기중심적'인 속성을 연상하여 다소 부정적인 태도를 취한다. 그러나 사실 개인주의 그 자체는 개인의 '도덕적 가치'를 중시하는 입장을 의미하며, 개인의 목표와 욕구를 추구하며 독립적이고 자립적인 가치를 중시한다. 개인주의 문화에서는 각 개인이 존재한다는 그 자체로 존중받으며, 개개인의 특성이 나름대로의 가치를 인정받는다. 개인주의 문화에서는 개인의 삶이 조직에 우선한다. 자기가 속한 집단을 위해 충성하는 집합주의와는 달리 개인주의에서는 나 자신과 나의 직계가족을 더 중시한다. 개인주의가 발달할수록 개인의 행복도가 증가한다. 국가별 행복도를 개인주의 지수에 따라 비교해 보면, 개인주의가 강할수록 국가의 행복도가 증가하는 것을 볼 수 있다. 선진국일수록 집합주의보다는 개인주의가 더 발전되어 있다.

개인주의는 우리들의 삶에서 다양한 순기능을 제공하면서도 다른 한편으로는 여러 가지 문제점을 유발한다. 먼저, 개인주의 문화에서 성장한 세대와 집합주의 문화에서 성장한 기성세대간의 갈등이다. 가족과 조직을 더 우선시 하는 집합주의와는 달리 개인주의에서는 개인을 더 중시한다. 가족의 행복을 위해 자신을 희생해 왔다고 생각하는 기성세대와는 달리, 신세대는 자신의 행복을 더 중시한다. 또한, 개인주의는 자칫 타인에 대한 무관심과 이기주의에 빠질 가능성이 높다. 자신의 것을 중시하다보면, 남의 일에 관심을 갖는 것 자체가 간섭으로 인식되고, 결과적으로 가급적이면 타인에 대해 무관심한 태도를 취하게 된다.

그렇다면, 개인주의 문화에 익숙한 구성원들과 함께 임무를 수행해야 하는 리더들은 어떻게 행동해야 하는가? 스티븐 코비는 지식노동자 시대의 리더십에서 개인의 가치가 중시되어야 한다는 것을 강조한다. 그는 재능을 살리고(지성), 열정을 불태우며(마음), 양심의 부름에 따라(정신), 세상에 꼭 필요한 일을 할 때(육체), 자기만의 목소리인 고유한 개인적 가치와 인생의 소명 그리고 영혼의 코드를 찾을 수 있다고 한다. 지식노동자시대의 리더십은 직위에 관계없이 자기만의 목소리를 발견하고, 다른 사람들 역시 각자의 목소리를 찾도록 도와주는 사람들에 의해 정의된다고 한다. 개인의 가치를 중시하는 리더십은 다른 사람들의 가치와 잠재력을 명확하게 일깨워줌으로써 그들 스스로 그것을 찾아 나서게 만든다.

다양성

개인주의의 확산은 곧 다양성에 대한 태도에도 영향을 준다. 개개인들의 특성이 존중되는 만큼 다양성은 확대된다. 나와 다름을 인정하지 않고서는 나의 개성을 존중받을 수 없다. 올바른 개인주의는 다양성을 인정하고 다양성을 존중하게 된다.

토마스 영(R. R. Thomas, Jr.)은 '다양성'과 '다양성 관리의 개념'을 매우 신선하게 해석하였다. 그에 따르면, 지금까지 사람들은 다양성 문제를 '인종비율과 성적 균형'을 맞추려는 노력과 같이 재현(Representation)하는 입장을 취해 왔다고 한다. 그는 다양성의 개념을 '복잡한 인적구성에 의해 발생하는 차이와 동질성 그리고 긴장'으로 보고, 다양성 관리를 '조직 내의 다양성 속에서 올바른 결정을 내리는 것'이라고 설명한다. 아울러 그는 미래의 리더들이 다양성과 재현을 동시에 관리할 수 있는 '다양성 관리 기법'을 익히고 성숙단계에 이를 때까지 노력할 것을 당부한다.

다양성과 관련하여 흥미로운 증후군이 있다. BLM 증후군은 'Be Like Me, Behave Like Me!'를 의미하며, 남도 나같이 하고 나처럼 행동해야 한다고 굳게 믿는 태도를 의미한다(우종민, 2013). 이 증후군을 갖고 있는 사람은 자기와 다르게 행동하면 아주 못마땅해 하고 부정적으로 본다. 자기와 다른 스타일을 무시하거나 아주 나쁘게 본다. 그래서 의사소통에 장벽이 생기고 리더십에도 금이 간다. 이들의 대표적인 증상은 다음과 같다. 자신의 경험을 맹신하고, 다른 사람이 자기방식과 다르게 행동하는 것을 이해하지 못하며, 자기 방식을 주변에 계속 강요하거나, 자기가 실패했던 일은 남이 해도 실패할 것이라고 믿는다. 리더들이 BLM증후군에 빠지지 않으려면, 나와 조직원의 마음속 아이가 서로 다르다는 사실, 즉 '심리적 다양성'을 우선 받아들여야 한다.

다양한 환경, 재능, 문화를 최대한 존중하고 살려서 새로운 관점도 찾아내고, 획기적인 아이디어도 얻을 수 있어야 한다. 기업의 인력 풀을 다양하게 구축하려는 노력도 필요하다. 여직원들의 다양성을 도모하기 위해서는 남녀의 소통방식에 차이가 있다는 사실을 인정해야 한다. 차이를 인정하면, 그 차이로 인한 요구가 조직 운영에 반영될 수 있고, 그럼으로써 더 강한 시너지 효과를 얻을 수 있다.

일과 삶의 균형

일과 삶의 균형(WLB: work-life balance)은 기업이나 조직에서 인재의 확보와 유지, 지속적인 생산성 향상에 중요한 영향을 미친다. 그런데 1980년대 초까지만 해도 일과 삶의 관계를 '갈등 관계'로 바라보는 관점이 지배적이었다. 즉 갈등관계의 관점은 일과 삶이 상호 양립되기 어려우며, 어느 하나가 다른 하나를 위해 희생되어야 한다는 관점이다. 이러한 관점이 지배하는 상황에서는 삶에 집중하는 것이 노동시간을 빼앗아 가는 것으로 여겨졌기에 일에 집중할 것을 권고하였다. 그 결과로 나타나는 문제는 과로와 스트레스, 그리고 그로 인한 건강한 가정생활의 파괴였다.

오늘날 일과 삶의 관계에 대한 갈등적 시각은 점차 약화되어 가고 있으며, 그 대신에 일과 삶의 관계에 대한 균형적 시각이 점차 강화되어 가고 있는 추세이다. 1990년대 후반부터 진행된 지식기반 사회로의 진보는 개인의 가치평가 공식을 바꾸게 만들었고, 조직의 지속가능 경영에 있어서 개인의 삶의 의미를 존중하고 지원하는 인간존중경영의 중요성을 강조하게 만들었다. 일과 삶이 균형을 유지할수록 개인의 삶의 질이 높아지고, 그 결과 조직의 목표달성에 대한 개인의 기여도가 커지게 된다.

일과 삶의 조화를 위해 전략적으로 관리되어야 할 세 가지는 태도, 신체, 헌신이다. 첫째로 태도는 일종의 사고의 전환을 의미한다. 소극적, 수동적 사고에서 능동적, 적극적인 사고로의 전환이다. 둘째는 신체의 최적화이다. 일과 삶의 조화를 이루기 위해서는 신체를 건강하고 에너지 넘치게 최적화해야 한다. 셋째는 헌신관리의 최적화이다. 시간을 관리하는 것이 아니라 헌신을 관리해야 한다.

아울러 일과 삶의 의미에 대한 새로운 통찰이 필요하다. 일에 대한 자신의 의미부여가 중요하다. 우편배달부가 '단순히 우편물을 배달한다'고 생각하지 않고 '사람들을 서로 연결시켜 주는 일을 한다'고 의미를 부여한다면 자신의 일을 달리 해석하는 것이다. 나는 무엇을 하고 있는가? 왜 그것을 하고 있는가? 삶은 어떤 의미가 있는가? 지금 하는 일은 어떤 의미가 있는가? 등에 대한 지속적인 문제제기와 의미탐구가 필요하다. 긍정적 경험에 초점을 돌림으로서 시련 속에서도 의미를 찾을 수 있다. 이처럼 삶과 일의 의미에 대한 새로운 통찰은 일과 삶의 충만감을 높이고 자신의 잠재역량을 최대한 발휘할 수 있게 해준다(오헌석, 2009).

공정성

2000년대에 들어서서 두드러지게 강조되는 사회적 가치들 중 하나는 바로 공정성이다. 공정성은 집합주의 문화에서 개인주의 문화로 전환되면서 나타나는 대표적인 가치이다. 공정성은 기회의 공정과 평가의 공정 그리고 분배의 공정을 포함한다. 남성과 여성에게 주어지는 교육과 참여의 기회가 동등하게 제공되고, 실제적인 성과에 따라 평가가 이루어지고, 공정한 평가에 따라 보상이 공정하게 이루어져야 한다.

리더는 구성원들이 분배, 절차, 상호작용에서 조직의 공정성을 느끼게 해 주어야 한다. 내가 성과급을 받은 것은 공정하였는가? 업무를 처리하는 과정에서 나의 의견이 반영되고, 의사결정에 참여할 수 있고, 결정 내용에 대한 설명을 적절하게 피드백 받고 있는가? 나에게도 기회가 제공되고 있으며, 리더로부터 존중받고 있는가? 만약 이러한 질문들에 대해서 구성원들이 만족스러운 답을 얻지 못하고 있다면, 공정성에서 문제가 있음을 의미한다.

일반적으로 리더들이 구성원들에게 단체정신 또는 조직 중심적 사고를 강화시키기 위해 쉽게 사용하는 방식이 팀단위 과제를 부여하는 것이었다. 그런데 팀단위 과제를 수행하다보면 자연적으로 무임승차하거나 다소 태만한 참가자들이 있게 된다. 만약 리더가 팀단위 과제를 수행하는 과정에서 각 개인들의 참여정도를 고려하지 않고 일괄적으로 평가를 하게 될 경우, 요즈음의 신세대들은 매우 불편한 반응을 보인다. 자신이 노력한 만큼 보상을 받는 것이 공정하다고 생각하는 신세대들이 팀단위 과제를 달갑게 여기지 않는 이유도 공정한 평가가 이루어지지 않기 때문이다. 만약 리더가 팀단위 과제를 통하여 단체정신과 협업의 효능을 체험시키고자 한다면, 개별적인 노력에 대한 정교한 평가방안을 함께 고려하여야 한다. 즉 팀단위 활동에 대한 평가와 더불어 팀 성과에 대한 개인별 기여도를 함께 평가해야 한다.

— 02 —

미래 예측

세계 최고의 리더십 전문가 쿠제스와 포스너는 최고의 리더란 '이상(ideal)을 상상하고 미래를 직관하여 미래의 비전을 개발하는 사람'이라고 말한다. 물론 미래를 정확하게 예측할 수는 없지만, 리더는 먼저 미래를 상상하고 가능성을 예측하여 미래에 대한 비전을 제시하여야 한다. 미래를 상상하지 못한 채 자신을 따르는 사람들에게 리더는 미래를 향한 상상력이 영향을 미칠 수 있도록 이끌어주어야 한다. 리더는 어떻게 미래를 예측할 수 있을까?

잠시 멈추고 관심을 갖고서 주변을 돌아보면, 미래의 모습을 그리는 데에 도움이 되는 많은 정보들을 볼 수 있다. 조직의 미래는 조직구성원들의 생각 속에서 싹틀 수 있으며, 전문가의 도움에 의해 열매를 얻을 수 있다. 가장 중요한 것은 미래에 대한 리더의 마음가짐이다.

1. 미래에 대한 담론들

인터넷이나 서점가를 둘러보면 미래에 대해 논하는 책이나 글들을 어렵지 않게 접할 수 있다. 대부분의 사람들은 미래의 모습을 보여주는 글들을 처음 접하는 경우 상당한 호기심을 갖고서 자료의 이모저모를 살펴본다. 그러나 이러한 경험이 한, 두 번 이루어지고 난 다음에는 새로운 책이 출간된 것을 보고서도 별로 대수롭지 않게 여기거나, 그저 그럴거라고 생각하고 그냥 지나친다. 그러나 미래는 한, 두 번의 생각으로 파악될 수 없으며, 5년 전에 확신을 갖고서 예측했던 것들이 현재에 전혀 다른 모습으로 나타날 수 있다. 따라서 미래에 대한 성찰은 지속적인 관심과 열의를 갖고서 냉철한 판단과 함께 이루어져야 한다.

우리에게 『초우량 기업의 조건』의 저자로 잘 알려진 톰 피터스(Tom Peters)는 2003년에 『Re-imagine, 미래를 경영하라』를 출간하였다. 이 책에서 피터스는 2001년 9월 11일을 기점으로 전쟁에 관한 모든 것이 바뀌었다고 기술하고 있다. 그의 주장에 의하면, 군대의 경우 전략과 전술, 병사와 무기, 지휘통제 시스템 등 모든 것에서 새로운 변화가 나타나고 있으며, 비즈니스 영역에서도 동일한 모습으로 전개되고 있다고 한다. 비즈니스의 배경, 기술, 가치, 브랜드, 시장, 일, 사람들, 그리고 방향에 있어서 모든 것들이 새로워지고 있다고 한다. 한 회사가 바닥에서 정상으로 올라갔다가 다시 바닥으로 떨어지기 까지 예전에는 보통 3세대의 시간이 소요되었지만, 요즈음은 불과 5년 밖에 안 걸린다고 한다(정성묵, 2005).

『혁명적 부』를 저술한 앨빈 토플러와 하이디 토플러는 그들의 저서를 통하여 세계적으로 발생하는 극적인 사건들보다는 부의 혁명적 변화에 대해 기술하고 있다. 이들은 세계적으로 부의 변화가 단지 양적인 규모에서 비약적으로 확대될 뿐만 아니라 부의 창출, 분배, 순환, 소비, 지출, 투자방식에서 근본적인 변화가 수반되는 방식으로 이루어지고 있음을 보여주었다. 이들은 부의 변화가 시간과 공간 차원에서 혁명적으로 이루어지며 두뇌중심의 지식경제로 변환되어 가는 세계적인 추세에 대해 논한다. 또한 이들은 판매나 교환 목적이 아닌 자신의 사용이나 만족을 위해 제품, 서비스 또는 경험을 생산하는 의미로서 프로슈머(Prosumer)에 대해 논한다. 자본주의의 미래와 동북아시아 중심의 경제적 지각 변동에 대해서도 담론을 전개한다(김중웅, 2006).

『2030 대담한 미래』를 출간한 최윤식은 저자 서문에서 기존의 상식(?)과 다르거나 피하고 싶은 미래의 모습 몇 가지를 소개하였다.

첫째, 대한민국은 제2의 외환위기를 거쳐 '한국판 잃어버린 10년'으로 간다.
둘째, 한국 대표 기업 삼성의 몰락이 5년 안에 시작될 수 있다.
셋째, 중국은 40년 안에 미국을 따라 잡기 어렵다.

넷째, 일본은 IMF 구제 금융을 피할 수 없다.

최윤식은 한국의 위기가 더 커지고 분명해지고 있음에도 불구하고, 한국은 괜찮다거나 오히려 위기를 잘 극복했다는 등의 자만까지 나타나고 있다는 점을 경고한다. 그는 2020년 무렵에 한국의 부동산 시장에 대해서, 통일에 대해서, 그리고 미·중 패권 전쟁을 포함하여 선진국의 경제전망에 대해 논한다.

미래를 예측하고 대비하려는 리더라면 이제라도 최소한 서너권의 저명한 미래서를 탐독해 보는 것은 어떠한가? 그들의 상상력 속에 내가 이끄는 조직의 미래가 담겨있지는 않을까?

2. 미래 예측의 조건들

오늘날 정부조직이나 대기업 또는 어느 정도 규모를 갖춘 민간 조직은 대부분 나름대로의 비전서를 제작하고 이를 내·외부적으로 알리고자 노력한다. 이들 비전서들은 비전 2040, 비전 2050 등 미래의 일정한 시점을 기준으로 작성된다. 그런데 이들 비전서들의 상당수는 다소 기대에 못미치는 방법과 형식으로 작성되기도 한다. 이들은 미래의 비전을 내부에서 외부로 혹은 기업에서 시장으로의 관점에서 작성하거나, 부족한 부분을 보충 또는 실수를 제거하는 내용으로 구성되는 경우가 흔하다.

그러나 바람직한 비전서는 외부로부터의 관점을 비전서에 담고 있어야 한다. 전혀 새로운 제품을 상상하거나, 남성적인 디자인 중심에서 여성적인 디자인을 구성하는 등 완전히 새로운 관점에서의 접근이 장려되어야 한다. 다음은 이러한 관점에서의 미래 예측에 도움이 되는 몇 가지 조건들에 대해 설명하고자 한다.

메가트랜드

세계적인 미래학자 마티아스 호르크스는 기업의 미래가 '메가트랜드' 파악에 달려 있다고 말한다. 메가트랜드는 30~50년에 걸친 사회 변화의 맥락을 의미하며, 오랜 기간 지속되면서 사회를 바꾸는 힘이 있다고 한다. 그는 메가트랜드에 맞추어 사업전략을 준비하고 실천한 대표적인 기업으로 이케아와 구글을 예를 들었다.

이케아는 사람들이 고풍스러운 고가의 가구들을 오랫동안 소장하는 것보다 교체에 부담이 적고 모던하면서도 저렴한 것을 선호한다는 점에 착안하여 이에 적합한 중저가의 제품을 생산하였다. 구글은 사람들 간의 연결성에 주목하여 사업전략을 수립하였다. 차량의 구매가 아닌 공유로의 전환에 맞추어 우버의 '차량 공유시스템'이 등장하였다.

호르크스는 오늘날 대표적인 메가트랜드로서 여성화, 고령화, 건강, 교육, 새로운 노동, 개인화 등 6가지 주제를 제시하였다. 여성의 사회적 활동증가와 소득 증가 추세로 여성화 트랜드가 한동안 지속되고 있다. 출산률 저하와 고령화 추세는 현실이 되었으며, 인간수명 100세 시대는 희망이 아니라 당연한 것이 되었다. 이제 노인들은 집에서 조용히 보내는 사람들이 아니라 건강하게 일하는 노인이 되고 더 나아가 소비의 주류가 된다.

인간의 심리

미래를 예측하는 데에 있어서 인간의 심리적 특성이 반드시 고려되어야 한다. 인간의 심리는 물리적인 관성의 법칙이나 통계적인 경향성 분석으로 설명할 수 없는 독특한 특징을 갖고 있다. 인간의 감각처리 기관은 외부로부터의 과도한 자극을 싫어하면서도 아무런 자극이 없는 상태를 견디지 못한다. 강제노역이나 전기 충격과 같은 힘든 상황뿐만 아니라 빛도 소리도 없는 완전히 차페된 공간에 갇혀 있는 것도 엄청난 고문에 해당된다. 사람들이 자원해서 취미활동으로 고공 점프를 하고 돈을 내면서 디즈니랜드의 놀이기구를 즐기는 것은 적정한 수준의 자극을 원하기 때문이다.

인간의 심리는 낮은 수준에서 높은 수준으로 또는 높은 수준에서 지속적으로 낮은 수준으로 변화하는 관성으로 이해될 수 없는 독특함을 갖고 있다. 호르크스는 인간의 심리적 특성을 고려하지 못한 채 미래를 예측한 결과, 실패하게 된 사례들을 소개한다. 대표적인 사례는 화상전화이다. 미래를 예측하는 사람들은 기술이 발전하는 대로 화상전화가 출시될 것으로 생각했다. 기술의 발전은 안정된 화상통화를 가능하게 했지만, 사람들은 화장, 얼굴 표정, 의상 등 모든 것을 신경써야 하는 화상통화를 선호하지 않았다. 오히려 사람들은 통화는 하되 상당부분이 노출되지 않는 음성통화를 여전히 더 즐겨 사용하고자 한다. 이러한 인간의 심리적 특성을 고려하지 않고 화상전화에 투자한 일본기업과 AT&T 도이치 텔레콤은 예측과 다른 결과로 인해 상당한 손해를 감수해야만 하였다.

전자서적도 유사한 결과를 맞이하였다. 캔들이나 이북(e-book)이 시장에 나온지 오래 되었지만 사람들은 여전히 책을 찾는다. 종이로 된 책에서 느끼고 만지면서 얻게 되는 경험을 사람들은 원한다.

과거와 현재에 답이 있다.

미래에 대한 예측은 자신과 조직의 과거 경험에 대한 세심한 분석을 통해 시발된다. 이는 미래에 대한 계획이 과거의 경험에 기초한다는 것을 의미한다. 따라서 확실한 미래를 계획하고 미래의 이미지에 대해 시간범위를 확장시키려면 우선 과거부터 살펴보아야 한다. 즉 미래를 보기에 앞서 과거를 돌이켜보고, 과거에 대해 신중히 연구를 해야 한다는 것이다. 과거는 미래 계획을 위한 서막이며, 무엇을 그려야 할지에 대한 지식과 경험을 제공해 준다.

한편 현재는 과거를 응용할 수 있는 기회를 제공해 준다. 이를 위해 모든 것을 중단하고 잠시 주변을 둘러보고 귀를 기울여 보아야 한다. 익숙한 것들을 새로운 시각으로 바라보고, 현상을 여러 각도에서 살펴본다. 약한 신호에 귀를 기울여 보고, 충족되지 않은 필요를 찾아본다. 그리고 고개를 들어 수평선 너머로 시선을 보내 본다. 현재의 프로젝트가 종료된 후 무엇을 할 것인지 생각해 본다. 이처럼 리더는 직관을 통하여 과거와 현재를 파헤쳐 기회를 찾아야 한다.

피터 드러커의 탐색작업 5가지

저술가이며 교수이자 컨설턴트인 피터 드러커는 이미 일어난 미래를 발견할 수 있는 체계적인 탐색 작업 5가지를 소개한다.

하나, 인구통계학적 변화를 탐색한다. 인구변화는 노동력, 시장, 사회적 요구, 경제적 기회의 변화와 연관된 기본 요인이다. 인구변화는 그 영향을 가장 확실하게 예측할 수 있다.

둘, 지식분야를 탐색한다. 지식분야의 탐색에서 주의할 점은 현재의 활동과 연관된 부분에 한정해서 탐색하지 말라는 것이다. 지식의 변화를 발견하였을 경우, '이 지식의 변화에서 우리가 기대해야 하는 그리고 기대할 수 있는 기회가 존재하는가?'를 질문해본다.

셋, 다른 산업, 다른 국가 그리고 다른 시장을 탐색한다. 다른 영역에서 일어난 변화들 중에서 우리에게 영향을 미칠 가능성이 있는 변화는 어떤 것인가? 라고 질문해 본다.

넷, 산업구조를 탐색한다. 기업의 경우, '우리와 관련된 산업분야에서 어떤 구조적인 변화가 일어나고 있는가?'라고 질문해 본다. 군대의 경우, '다른 국가의 군대에서는 어떤 변화의 움직임이 일어나고 있는가?'라고 질문해 본다.

다섯, 회사 내부에서도 존재 가능한 변화의 실마리를 탐색한다. 아직은 그 영향이 뚜렷하게 나타나지는 않고 있지만, 이미 돌이킬 수 없게 된 어떤 근본적인 변화가 있을 수 있다. 이러한 변화의 징후는 대부분 회사 내의 마찰로 나타난다.

— 03 —

비전의 설계와 공유

리더가 의미있는 무엇인가를 하기 원하고, 이전에 수행하지 못했던 특별한 무엇인가를 성취하고자 한다면 비전을 설계해야 한다. 리더는 미래를 상상하지 못하고 현실에 파묻혀 있는 사람들에게 미래에 대한 명확한 비전을 제시하여 그들로 하여금 새로운 미래를 향해 상상할 수 있도록 이끌어 주어야 한다.

비전(Vision)은 통찰을 바탕으로 미래에 무엇을 할 수 있는가에 대한 하나의 그림이며 이미지이다. 비전은 '이상'이라는 우월성의 기준을 내포하며 낙관과 희망의 표현이다. 비전은 조직의 변화를 이끄는 데에 유용한 필수 요소이기도 하다. 그리스 역사가 투키디데스는 "자신 앞의 미래에 대해 명확한 비전을 가진 자야 말로 용자(勇者)이다. 비전에는 영광과 위험이 함께 따르지만, 용자는 그 모두에 당당히 맞선다"라고 말하였다.

20개국의 고위층 리더들 1,500명을 대상으로 조사한 '최고 경영자의 바람직한 상'에서도 '미래의 비전에 대한 판단력'이 포함되었다. 리더는 조직구성원들이 조직 전체의 진로를 명확하게 파악할 수 있도록 전체적 '큰 그림'을 보여주고, 그에 대한 비전을 전파해야 한다.

1. 비전의 설계

비전은 어떻게 설계해야 하는가? 만약 어떤 조직에서 비전을 만들기 위해

'미래 사회의 모습은 어떤 것이어야 하는가?'라고 질문한다면 올바른 비전을 찾을 수 없을 것이다. 어떻게 보면 이러한 질문은 사회개혁가나 철학자가 해야 할 질문일 것이다. 사업가적인 비전을 얻으려면 '경제, 시장, 지식분야에서 일어나는 주요 변화가 우리 회사와 희망하는 사업을 가능하게 해주고, 아울러 최대의 경제적 성과를 얻을 수 있게 해주는가?'라고 질문되어야 한다.

성공적인 비전 설계의 특징들

성공을 보장하는 비전들이 공통적으로 갖추고 있는 특징들을 살펴보면 다음과 같다.

먼저 비전은 과거와 현재에 대한 통찰을 통해 만들어져야 한다. 과거에 이루어졌던 의미있는 사건이나 활동들은 성공적인 미래를 위한 기초이며, 아이디어가 생산되는 창고이다. 과거와 미래는 현재를 기준선으로 대칭적이다. 그래서 현재를 기점으로 더 멀리 그리고 더 깊이 과거를 살펴볼수록 더 멀리 미래를 내다볼 수 있다. 여기서 현재는 과거를 응용할 수 있는 기회를 제공한다. 과거의 경험이 현재에 어떻게 연결되었는가를 이해할수록 더 훌륭한 미래의 비전이 만들어질 수 있다.

둘째, 비전은 평범하지 않은 독특함이 있어야 한다. 비전은 통상적이라는 인식이나 다른 것과 유사하다는 평가에서 벗어나야 한다. 비전이 다른 것과 구별됨으로써 자부심을 갖게 하고 자존감을 제공해 줄 수 있다. 예를 들어 꽃을 파는 가게에서 더 싱싱한 꽃을 판매한다는 슬로건은 왠지 평범해 보이고 당연한 것처럼 여겨진다. 그런데 꽃 가게에서 "우리는 꽃을 파는 것이 아니라 아름다움을 창조하고 사랑을 드리는 가게입니다"라고 말한다면 남다른 감동이 우러나오지 않겠는가? 세계 일류에 대한 비전은 해당 조직 구성원들로 하여금 세계적인 회사에 다닌다는 자긍심을 고취시켜 준다.

셋째, 비전은 더 나은 미래를 보장해야 한다. 비전은 구성원들에게 현재보다 더 나은 삶의 질을 약속하고, 보다 발전된 조직의 모습을 보여주어야 한다. 비전은 굳이 수학적 확률로 설명될 필요는 없다. 비전은 상상력을 통하여 원하는 미래에 대한 가능성을 제시해 주어야 한다. 비전은 당장은 아니지만 장기적인 시점에서 변화된 모습을 이미지로 그릴 수 있게 해 주어야 한다. 조직의 모든 구성원들이 일년에 두 번씩 가족들과 함께 10일 간의 해외여행을 다닐 수 있는 조직이라면 참으로 매력적이지 않은가?

비전 설계 방법

세계적인 리더십의 거장 쿠제스와 포스너는 다음과 같은 방식의 비전 설계를 예로 들었다.

첫째, 비전 설계를 위해서 과거에 대해 생각한다. 최고의 순간과 최악의 순간을 기억하고, 그 경험을 증명하는 몇 개의 단어를 명시한다.

둘째, 당신이 원하는 것을 결정한다. 나의 직업은 무엇을 하기 위함인가? 나는 무엇을 목표로 하는가? 내가 성취하고자 하는 것은 무엇인가? 왜 이것을 원하는가? 이러한 질문에 대한 답을 통하여 자신이 분발하려는 이상적인 목적과 가장 뚜렷한 가치관을 연결시킨다.

셋째, 어떻게 성과를 이룩했는가에 대해 기록한다. 큰 성과를 거둔 50명 중 한 사람으로 표창을 받게 되었을 때 자신의 성과에 대해 어떻게 기사를 쓸 것인가? 내가 가장 자랑스러워 하는 것은 무엇인가? 내가 사회나 조직의 성장에 기여한 것들 중 가장 큰 것은 무엇인가?

넷째, 비전 선언문을 쓴다. 수집한 모든 정보를 활용하여 자신과 조직을 위한 미래의 독특한 이미지와 이상을 기술해 본다. 5~7분 정도의 이야기 분량을 준비하고 비전 슬로건을 5~9단어로 만들어 본다.

다섯째, 당신의 직관대로 행동한다. 즉각 행동으로 옮기고 그에 대해 다른 사람들에게 이야기 한다.

여섯째, 당신의 가정을 실험한다. 비전에 기초가 되는 가정의 목록을 만들고, 각 가정을 구체화 시킨다. 주변인을 상대로 가정에 대해 설명하고 동의 정도를 확인한다. 한 두 번 실험으로 가정을 시험해 본다.

일곱번째, 미래주의자가 되라. 무엇이 당신의 안건의 채택여부를 결정하는지 자문해 보고, 그것이 미래의 관점인지 타인의 관점인지 판단해 본다. '조직은 10년 후의 모습에 대해 명백하고 공유된 이해를 갖고 있는가?'에 대해서도 생각해 본다.

여덟 번째, 구상화와 확신을 연습한다. 이를 위해 리더가 보는 것을 다른 사람들도 볼 수 있도록 전달하고, 이미지를 시뮬레이션해 본다.

리더십의 대가인 유클은 리더가 비전을 수립할 때 도움이 되는 지침들을 다음과 같이 제시한다.

첫째 주요 이해 관계자들을 참여시킨다.

둘째, 넓은 호소력을 갖는 전략목표를 파악한다.

셋째, 과거의 이데올로기에서 관련 요소들을 파악한다.

넷째, 비전과 핵심역량을 연결한다.

다섯째, 비전의 신뢰성을 평가한다.

여섯째, 비전을 지속적으로 평가하고 정교화시킨다.

2. 비전의 공유

리더가 비전을 설계하는 것만으로는 충분하지 않다. 구성원들이 그 비전을 이해하고 수용하고 거기에 몰입해야 한다. 구성원들에게 전달되지 않은 비전은 효과를 발휘하지 못한다. 성공사례에 등장하는 많은 리더들이 자신의 비전을 구성원들과 공유하였다고 말한다. 그렇다면 리더가 어떻게 해야 비전의 공유가 잘 이루어질 수 있을까?

공통의 꿈과 희망이 담긴 비전

비전이 리더 혼자만의 꿈이라면 구성원들은 리더의 요구에 동참하려 하지 않을 것이다. 비전은 구성원들의 꿈과 희망 그리고 그들의 미래를 포함하고 있어야 한다. 어느 한 조직에 새롭게 부임한 리더가 자신의 판단과 경험을 숙고한 다음, 거창한 비전을 제시하였을 때 과연 그 조직의 구성원들이 리더가 요구하는 변화의 노력에 얼마나 동참하겠는가? 그 결과는 명약관화하다. 물에 기름이 떠 다니듯 일정기간 소용돌이 치다가 다시 원상태로 돌아갈 가능성이 높다.

구성원들은 자신들의 꿈과 희망이 담긴 비전을 열망하며, 그에 적극적으로 동참할 자세를 갖추고 있다. 따라서 리더가 비전을 세울 때에는 반드시 구성원들에 공통된 열망을 깊이 이해하여야 하며, 구성원들이 원하는 가치들을 관심 있게 살펴보아야 한다. 사무실을 벗어나 구성원들의 생활 공간 속에 들어가서 그들과의 대화를 통해, 그리고 진심어린 경청을 통해 구성원들이 진정으로 바라는 것이 무엇인가를 파악해야 한다.

생활속으로 비전을 유도

비전의 공유를 위해 리더들은 강력한 언어와 긍정적인 의사소통을 통하여 구성원들이 비전을 느끼고 가시화할 수 있도록 해 줌으로써, 그 비전을 생활 속의 일부로 여기도록 만들어야 한다. 예를 들면 리더가 사례를 제시하거나 역사적 사실 또는 명사의 연설 등을 사용하여 설명을 할 때 비전이 더욱더 살아 숨쉬게 된다. 멋진 슬로건을 사용하는 방법도 있다. 비유나 은유를 활용한 표현도 효과적이다.

리더의 비전에 대한 긍정적인 태도도 필요하다. 리더 스스로가 확신을 보이지 않는다거나 신념에 찬 호소가 느껴지지 않는다면 구성원들의 호응도 기대하기 어렵다. 리더가 낙관적인 입장에서 활동적이고 확신에 찬 언어로서 설파할 때, 구성원들의 비전 공유가 원활하게 이루어진다. 리더가 구성원들을 동참시키고자 할 때에 반드시 자문해 보아야 할 질문은 "나는 무엇을 믿고 있는가?"이다. 이것은 곧 다른 사람을 움직일 수 있는 힘은 바로 자기 자신의 마음 속에 있다는 사실을 의미한다.

7장 '미래를 설계하라' 관련 유튜브 소개

1. 세계 최고 예언가가 바라본 2045년의 대한민국(뉴스팩트럼, 7.5분)

1) URL: https://www.youtube.com/watch?v=h0uYygh1zt0
2) 내용: 세계 최고 예언가들이 바라본 2045년의 대한민국
   (1) [어둠의 눈] 저자 딘 쿤츠는 대한민국이 초강대국으로 부상될 것을 예언
   (2) 토마스 프레이, 피터 자이한도 한국의 통일과 부상을 예언
   (3) 자크 아탈리, 제이슨 셍커, 탄허 스님, 신디 제이콥 등

2. 인생의 미래 설계에 대하여(책부자: 같이성장, 4.2분)

1) URL: https://www.youtube.com/watch?v=IbfGdo0sqPs
2) 내용: 조던 피터슨의 동기부여 영상을 한국어로 설명
   (1) 왜?라는 질문, 시간의 범위에 대한 행동의 영향을 고려
   (2) 3~5년의 범위를 중심으로 미래성장 프로그램 적용

3. 당신이 무조건 달라질 수 있는 법(목표, 단계, 꿈, 변화) (스터디언, 3.2분)

1) URL: https://www.youtube.com/watch?v=3j-Y9k8TDvk
2) 내용: [무조건 달라진다]의 저자 션 영의 강연
   (1) 변화하기 위해 자신의 성격, 본래 모습을 바꿀 필요는 없다.
   (2) 꿈이 아닌 목표를 설정하고, 단계라는 점검시스템을 활용

4. 박영숙 교수의 미래예측, 토니 세바 교수(BTN 불교 TV, 24분)

1) URL: https://www.youtube.com/watch?v=IulTOLsnj7U
2) 내용: 박영숙 교수의 미래 예측 시리즈 1편
   (1) 미래학자 제롬 글랜과의 대담
   (2) 박영숙 교수의 미래 예측 시리즈는 수십편에 이르며, 세계의 유명한 미래학자들과의 대담 내용을 담고 있다.

5. 리더가 반드시 갖추어야 할 3가지 덕목(리더의 조건) (스터디언, 4.5분)

1) URL: https://www.youtube.com/watch?v=0L_lZ-6qOFc
2) 내용: 유능한 리더들은 달력을 자주 본다(미래 영향을 예상).
   – 경계 너머의 연결(새로운 패턴과 아이디어), 자신이 정한 규칙을 깨버릴 용기

CHAPTER 08

역량을 개발하라!

01 리더십 개발

02 리더십 개발 여건 조성

03 리더십 개발 가이드라인

조직은 변화하는 환경에 적응하고 발전하기 위하여 끊임없이 변화와 혁신에 최선을 다해야 한다. 변화와 혁신과업을 수행하는 과정에서 미래를 설계하고 비전을 세웠다 하더라도, 그러한 비전을 구현하기 위해 요구되는 조직의 역량이 부족하다면 혁신을 성공적으로 수행할 수 없다.

현상에 대한 정확한 진단과 미래의 비전은 현재 조직의 역량 수준을 밝혀주는 중요한 준거가 된다. 리더는 현재의 임무를 성공적으로 수행하는 것도 중요하지만, 앞으로 부여될 미래의 임무에 대비하여 조직의 역량을 지속적으로 개발시켜 나가야 한다.

조직의 역량은 개인 차원뿐만 아니라 조직 차원에서의 역량도 포함된다. 혁신에 반하는 조직문화 속에서 혁신은 성공할 수 없다. 조직의 역량개발에서 가장 중요한 것은 리더의 '개발하기' 역량이다. 리더 스스로가 조직을 개발시켜야 한다는 절박함과 조직 개발의 중요성을 온전하게 인식하고 조직 개발에 대한 강한 책임의식을 견지해야 한다.

— 01 —

리더십 개발

리더십 전문가들은 조직의 리더 스스로가 직무수행에 요구되는 역량이 부족하다는 조사 결과들을 제시하고 있다. 더욱더 우려스러운 점은 리더 스스로의 역량이 부족할 뿐만 아니라 조직 구성원들의 리더십도 각자의 수준에서 미흡한 상태가 많다는 것이다.

1. 리더의 역량 부족 현실

현업의 관리자와 리더들은 리더 육성 활동에 직접적인 영향을 미치는 사람들이다. 이들이 리더 육성에 관심을 갖고 리더 육성에 요구되는 역량들을 발휘해야 한다. 그러나 실제로는 이들 스스로가 리더를 육성하는 일에 관심이 부족할 뿐만 아니라 리더 육성에 요구되는 역량도 부족한 것으로 나타났다. 더 큰 문제는 부하직원들의 역량개발에 대한 리더의 인식이 부하직원들의 인식과 다르다는 점이다. 약 80%에 해당되는 대다수의 임원들은 스스로에 대해 부하직원들의 성장과 역량개발의 중요성을 신봉하는 사람이라고 인식하고 있는 반면에, 부하들은 자신들의 임원이 실제로 그러하다는 응답에 66%만 동의하였다.

이외에도 리더 육성과 관련한 임원들의 활동에 대한 인식이 임원들 스스로가 응답한 결과와 부하직원들이 인식하는 결과 간에 괴리가 상당히 발생하고 있다. 실제로 LG 경제연구원이 2002년에 국내 100개 기업을 대상으로 조사한 결과를 보면, '회사에서 교육훈련 기회가 충분히 주어지고 있다'라는 항목에 22%만이 '예스'라고 응답하였으며, '교육훈련이 실제 업무수행에 직접적 도움을 준다'는 항목에 28%만이 예라고 응답하였다. 대한 상공회의소가 2003년에 조사한 자료를 보면, 기업의 핵심인재 수급이 불균형을 이루는 원인은 무엇인가에 대한 응답으로 '핵심인력을 위한 선진형 교육 프로그램 부재'가 43.4%, 그 다음으로는 '기업의 인재관리 소홀'이 26.2%로 나타났다. 즉 경영자들과 리더들은 구성원들의 교육과 훈련 그리고 리더 육성과 관련하여 충분한 관심과 노력을 기울이고 있다고 생각하고 있지만, 정작 해당 조직의 구성원들은 그와는 다르게 느끼고 생각한다는 것이다.

웰린스와 하워드(Wellins & Howard)는 '리더가 실패하는 이유'에 대해 조사한 결과 가장 많은 응답은 '리더십과 대인관계 스킬부족'과 '전략 및 비전수립 스킬부족'이었다. 그 다음으로는 '사람관리 스킬 부족', '인격과 성격 문제', '기술과 전문성 부족', '경험 부족' 등의 순서로 나타났다.

조직을 유지하고 발전시키는 데에 중요한 역할을 수행할 수 있는 리더들이 조직내에서 자연적으로 출현할 가능성은 높지 않다. 물론 잠재역량이 정말 우수하여 스스로 능력을 발휘할 수 있는 리더도 있겠지만, 일반적으로 유능한 리더는 다양한 경험과 체계적인 교육을 통하여 만들어진다고 보아야 한다. 실제 현장에서 리더들이 겪고 있는 가장 어려운 문제와 영역들에 대한 조사 결과를 보아도, 리더들에 대한 교육의 필요성을 실감할 수 있다. 페스와 웰린스(Paese & Wellins)가 인생에서 가장 어려운 과제의 순위를 조사한 결과에 따르면, 리더들은 리더십 파이프라인을 거쳐 올라가면서 생기는 '리더십 포지션 이동의 문제'를 가장 어렵게 느끼는 것으로 나타났다. 리더십 포지션 이동의 문제는 이혼이나 가족과의 사별보다도 더 큰 어려움을 주는 것으로 나타났다. 리더십 포지션 이동에 따른 문제를 세부적으로 살펴본 결과, '전략의 변화'가 30%, '구성원 변화' 18.5%, '조직운영방식의 변화' 16% 순서로 나타났다.

2006년 'Right Management Consultants'에 의해 이루어진 연구에서는 미래 경영자들에게 '가장 우선적으로 요구되는 리더십 능력은 무엇인가?'라는 질문을 제시하고 응답자들이 제시한 항목들을 분석하였다. 그 결과, 동기유발과 타인을 참여시킴 62%, 효과적, 전략적, 대인관계 의사소통 58%, 전략적 사고 52%, 변화 유도 51%, 수행조직의 창조 47% 등으로 나타났다.

2. 조직의 리더십 개발 교육

리더십을 구성하는 세 요소는 리더, 구성원 그리고 환경이다. 효과적인 리더십은 바로 이 세 요소들이 상호작용한 결과로 나타난다. 리더의 영향 변인이 그대로 리더십 효과로 나타나는 것이 아니라 구성원과 환경요인에 따라 상이하게 나타날 수 있다는 것이다. 따라서 구성원의 변수가 바뀌거나, 상황 변수가 바뀌게 되면 그에 따라 리더의 영향 변인도 달라져야 한다는 의미이다. 이러한 의미에서 효과적인 리더십은 고정되어 불변하는 대상이 아니라 시의 적절하게 달라져야 한다. 그렇다면 현 시대를 살아가고 있는 구성원들과 리더십 상황은 어떤 모습이며, 또 앞으로 어떤 방향으로 변해갈 것인가에 대한 깊은 성찰이 매우 중요하다. 왜냐하면, 구성원들의 의식과 욕구의 변화에 따라, 그리고 리더십 상황의 변화에 따라 리더들의 리더십도 달라져야 하기 때문이다.

오늘날 우리 사회는 수직적 조직문화에서 수평적 조직문화로 급변하고 있다. 계급과 서열이 중시되던 과거의 문화는 약화되고, 그 보다는 수평적이고 평등이 요구되는 문화로 바뀌어가고 있다. 오늘날 세대들은 개인의 특성을 중시하고, 개인의 인격적 가치를 존중받고 싶어 하는 강한 욕구를 갖고 있다. 집합주의적이고 조직을 우선시하던 문화에서 개인의 삶을 더 중시하는 문화로 바뀌었다. 젊은 세대들은 세세한 지시와 통제보다는 위임받기를 선호한다. 이 시대의 젊은이들은 경쟁보다는 협동을, 지시보다는 경청을, 직접 지휘보다는 코칭을 원한다. 우리들의 활동무대는 국내에 한정되지 않고 글로벌화 되었다. 세상의 기술은 하루가 다르게 급격히 변화되어 가고 있어서 잠시 게으름을 피우면 따라가기가 점점 더 어려워져 간다. 미래의 세계는 자연재해, 에이즈와 바이러스 등 공공 보건 위기, 세계화, 테러와 핵전쟁의 위협, 중동의 불확실성, 중국의 부상, 기술의 변화 등이 주된 문제가 된다. 새로운 리더십, 시대상황에 적합한 리더십은 이제 선택사항이 아니라 필수가 되었다.

선도적인 기업들은 요구되는 리더의 부족현상을 해소하기 위하여 차세대 리더 육성과 리더십 개발에 가장 많은 재원과 인력을 투입하고 있다. 기업의 인적자원 개발에 투자하는 총 재원의 30% 이상이 리더 육성과 리더십 개발에 쓰인다고 한다. 부족한 리더를 보충하기 위해 외부로부터 인재를 영입하는 것은 임시방편에 불과하며, 외부 영입 인재의 성공 확률도 30%가 채 되지 않는다고 한다. 결과적으로 조직 내에서 인재를 발굴하고 육성하는 것이 가장 바람직한 방안이다. 그것만이 그 조직의 영속성을 보장받을 수 있는 효과적인 길이다.

미국 기업들이 2015년 한 해에 직원들의 교육과 훈련에 지출한 비용은 대략 1,600억 달러로 집계되었으며, 전 세계적으로는 약 3,500억 달러였다. 이들 기업들은 각각의 기업에 적합한 인재상을 설정하고 고유의 선발시스템을 구축하여 운영하고 있었다. 또한 직원들의 리더십 함양을 위해 기업이 자체적으로 리더십 교육기관을 운영하였다. 미국 창의적 리더십센터는 기업의 임원들을 대상으로 리더십을 교육하는 세계 최고의 교육기관인데, 매년 약 2만 여명이 교육을 수료한다. GE의 잭웰치 리더십 개발센터는 이미 1956년에 개설되었으며, 이곳에 매년 약 1조 1,300억 원이 투자되고 있다. 미국 내 20대 교육기관의 리스트를 보아도 얼마나 많은 기업들이 리더십 교육에 높은 관심을 갖고 있는지 알 수 있다.

세계적인 기업들은 구성원들의 리더십 개발을 위해 평균적으로 미화 50만 달러 이상을 지출하며, 리더십 개발과 조직변화를 시도한 프로그램에 대한 투자 대비 두 배 이상의 투자수익을 거두고 있다. 또한 코비의 리더십 프로그램이나 피닉스 리더십 프로그램에 꽤 많은 수강료를 지불하면서도 적극적으로 참여하는 인원이 증가하고 있다는 사실은 그만큼 리더십 개발의 효과가 실제적으로 크다는 것을 입증하는 증거가 되고 있다.

국내에서도 리더십과 관련된 교육기관들이 상당히 발전되어 왔다. 세계경영연구원은 2003년에 설립되었는데, 2010년까지 CEO와 임원급 9,000여 명이 졸업하였으며, 재학생은 매년 약 2,000여명이 된다. 각 대학은 최고경영자 과정을 앞 다투어 개설하고 있다. 삼성전자의 인재개발원, LG전자의 인화원 등 일류 기업들은 자체적으로 교육기관을 운영하고 있다.

군에서도 리더십에 대한 관심이 점점 더 높아지고 있다. 국방대학교는 2003년에 리더십 석사과정을 개설하였으며, 2004년에는 리더십개발원을 운영하기 시작하였다. 각 군에서는 2005년부터 리더십센터를 설치하였으며, 각 사관학교에서 리더십 센터가 운영되었다.

3. 리더십 개발의 필요성

리더십 개발은 조직에서 효과적인 리더로서 역할을 수행할 수 있도록 구성원들에게 기회와 훈련 그리고 경험을 제공하기 위해 구조화된 과정으로 이루어진 전략적 투자이다. 여기에서 리더십 개발은 구성원들의 성장과 조직의 발전이 가능하도록 지식과 기술을 개발시키는 통합적 접근이며, 특정한 직급이나 직책을 맡은 사람들에게만 국한되는 것이 아니라 조직의 모든 구성원들에게 적용되어지는 활동이다.

조직에서의 리더 육성과 리더십 개발활동을 통하여 얻을 수 있는 이득은 다음과 같다.

첫째, 리더 육성은 선발기능의 한계를 보완해 준다. 아무리 훌륭한 선발시스템이라 하더라도 선발과정만으로 조직이 요구하는 역량을 충분하게 갖춘 인재를 확보할 수 없다. 어떻게 보면 선발과정은 잠재적 역량을 기준으로 선발 이후에 성장가능성이 높은 자원을 선발하는 것이며, 부족한 부분은 선발 이후의 리더개발과정을 통하여 보완되어야 한다. 특히 직무에 요구되는 역량은 선발 이후 장기간에 걸쳐 계획적으로 배양되는 것이 일반적이다.

둘째, 리더 육성은 조직의 지속적 성장을 유지시켜 준다. 현재의 리더들은 시간이 지나면 그 자리를 떠나게 되고, 차세대 리더들이 그 자리를 이어받게 된다. 차세대 리더들을 대상으로 미래에 요구되는 역량과 예상치 못한 상황에서의 대처능력을 사전에 배양해 놓아야 새로운 환경에 효과적으로 대응해 나갈 수 있다.

셋째, 리더 육성은 구성원의 자기효능감을 증진시켜 준다. 직무와 세상을 바라보는 인식의 틀이 변화되고, 해당된 업무 역량이 배양된 구성원들은 직무에서 적극적이고 도전적이며 신속하게 대응하게 된다. 이들은 두려움보다는 도전과 모험을 추구하게 되고, 문제회피가 아니라 문제해결을 시도하고, 수동적인 직무태도에서 능동적이고 자발적인 직무태도로 전환된다.

넷째, 리더 개발은 대상자들의 주도성을 강화시켜 준다. 주어진 업무를 자발적으로 추진하는 경향성이 강해지고, 현장의 즉각적인 대응조치 능력이 함양되며, 조직발전을 위해 건설적인 의견을 제시한다.

다섯째, 리더 육성은 구성원들로 하여금 책임과 영향력을 증대시켜 준다. 리더 육성 프로그램을 통하여 구성원들은 업무에 대한 책임의식이 강화되고, 폐쇄적인 의사소통문화가 개방적인 의사소통 문화로 변화된다. 정보와 아이디어의 공유가 활발해지고, 피드백에 대한 회피적인 반응이 줄고 오히려 피드백은 필수적인 요소라는 긍정적인 반응이 증가한다.

여섯째, 리더 육성은 구성원들로 하여금 조직에 더 헌신하게 만들어 준다. 리더 개발이 잘 이루어지는 조직에서는 이직률이 감소하고, 리더와의 신뢰가 강화된다.

일곱째, 리더 육성은 조직의 창의성 배양에도 기여한다. 리더 육성 과정에서 조직의 변화와 관련된 다양한 아이디어들이 제기되고, 창의적인 문제해결 방안들이 공유된다.

로우손(Lawson)은 조직에서 운영하는 리더십 개발 활동들의 효과에 대해 다음과 같이 설명한다.

첫째, 리더십 개발은 리더들을 더 훌륭하게 만든다. 리더들은 전략적 사고를 하게 되고 세계화된 관점을 갖게 되며, 거래적 리더가 아닌 변혁적 리더로 성장한다.

둘째, 잠재역량이 우수한 인적자원 풀을 유지할 수 있다. 직책별 후계자로 양성 프로그램을 운영하고 구성원을 대상으로 한 리더십 교육 프로그램의 운영은 조직 구성원 전체의 리더십 역량을 향상시켜 주어 잠재적인 리더 풀을 확장시켜 준다.

셋째, 리더십 개발 프로그램의 운영은 조직에 공동체적 문화를 유지시켜 준다.

조직 구성원들이 조직의 비전, 임무, 가치, 그리고 목표 등을 온전하게 받아들이게 하고, 역동적이고 지지적이며 팀지향적인 문화를 창달하고 유지하게 한다.

넷째, 리더십 개발은 인적자원을 확보하고 유지하게 한다. 인적자원을 중시하는 조직에서는 고역량을 갖춘 관리자에 투자하는 것이 경쟁시장에서 우위를 유지하는 데에 있어서 핵심요인이라는 것이 강조되고, 이러한 조직에 성공가능성이 높은 사람들이 몰리게 된다.

— 02 —

리더십 개발 여건 조성

대부분의 리더들은 구성원들의 역량을 개발해야 한다는 것에 대해 절박함이나 필요성을 느끼지 못한다. 현재 유능하다고 평가받는 리더들은 현행 업무 수행에 적합한 인재들을 활용하여 과업을 성공적으로 완수하고 조직으로부터 인정을 받아 왔다. 이들은 추가적으로 부하들의 역량을 개발해야 한다고 생각하지 않는 경우가 많다. 이러한 리더들이 이끄는 조직은 일상적이고 현재와 비슷한 수준의 과업을 해결하는 데에 별 어려움을 느끼지 못한다.

그러나 조직의 미래는 정확히 예측하기가 어렵다. 언제 어떠한 수준의 위협이 나타날지 모른다. 따라서 리더는 개략적으로 추정이 되는 미래의 과업에 대비하여 조직의 역량을 향상시켜 놓아야 한다. 리더는 급변하는 상황에 대응할 수 있도록 조직의 역량을 현행 임무수행 수준 이상으로 높이도록 노력하여야 한다. 리더가 조직의 역량을 개발하는 활동은 리더들이 갖추어야 하는 중요한 실행능력들 중 하나이다.

1. 리더의 '개발하기' 역량

미국 경영학회는 2005년에 전 세계 1,573명의 관리자와 인사전문가들을 대상으로 실시한 연구 결과에 기초하여 미래 리더에게 요구되는 다섯 가지 특성과 열 두 가지 역량을 제시하고 있다. 그런데 여기에서 언급된 역량들 중 하나에 '리더 육성'이 포함되어 있다.

허쉬와 블랜차드(Hersey & Blanchard)는 상황적 리더십 이론에서 리더의 행동유목을 과업지향적 행동, 관계지향적 행동, 개발적 개입 등 크게 세 가지로 분류하였다. 여기서 과업지향적 행동(task behavior)이란 리더가 각각의 부하직원이 무엇을 해야 하고, 언제 어디서 어떻게 그 과업을 완수해야 한다는 것을 지시하는 등 부하직원의 역할을 조직화 및 정의하는 것을 말한다. 관계지향적 행동(relation behavior)이란 의사소통의 언로를 트고, 사회 정서적 지지를 제공하며, '심리적 다독거림'을 주는 등 부하직원과의 인간적 관계를 유지하는 것을 말한다. 개발적 개입(developmental intervention)은 리더가 부하직원의 직무성숙도와 심리적 성숙도 수준을 변화시키기 위한 활동들을 의미한다. 이들의 이론은 리더의 역할들 중에서 부하직원들의 역량개발을 위한 활동의 의미를 부각시켜주고 있다.

임파워먼트 리더십은 1980년대 후반에 확산된 이론들 중 하나로서 성과증진을 위해 리더가 권한을 위임하고, 부하들의 역량을 개발하는 것에 중점을 둔다. 이 이론에서 임파워먼트는 부하 직원에게 업무상의 권한을 단순히 위임하는 것만을 의미하는 것이 아니다. 그 보다 더 앞서서 중요한 것으로 강조되는 것은 리더가 위임을 해 줄 부하직원의 역량을 잘 파악하고, 부족한 부분을 보완시키는 것이라고 한다.

특히 선진국의 군에서는 리더의 '개발하기' 역량에 높은 관심을 두고 강조해오고 있다.

독일 연방군은 장교양성과정에서 교육훈련의 목표를 지휘자, 교육자, 훈육자 등 크게 세 가지로 정하고 있다.

첫째는 지휘자 역량 배양으로서 각 계급별 전투 및 전술적 역량을 배양하는 것이다. 일반적으로 군사교육훈련 과정에서 가장 중요하게 여기어지는 부분이며 가장 많은 시간이 할애되는 부문이다.

둘째는 교육자 역량 배양으로서 제대별 교관능력을 배양하는 것이다. 한국군의 경우 과거에는 지휘자 역량배양에 집중하였을 뿐, 교육자 역량 배양을 위해서는 커다란 관심을 기울이지 않았다. 그러나 최근 들어서서 한국군에서도 독일군의 사례분석을 통하여 이러한 부분에 대해 강조되고 있다. 예를 들면, 장교는 소대장으로서 소대병력을 지휘하여 잘 싸우는 것도 중요하지만, 평상시에 소대원들을 대상으로 소대전술을 가르칠 수 있는 역량을 구비하고 있어야 한다. 그런데 소대원들에게 소대전술을 가르치는 방법을 배우지 않았다면 어떻게 소대장이 소대원들을 대상으로 교육을 실시할 수 있겠는가? 장교는 스스로 사격술에 능통하도록 연습하는 것도 중요하지만, 부하들에게 사격술을 가르칠 수 있는 역량도 구비하고 있어야 한다. 이러한 의미에서 군의 장교와 부사관들은 부하들을 교육시킬 수 있는 교육자 역량을 배양해야 한다.

셋째는 훈육자 역량 배양으로서 부하 관리에 필요한 역량을 배양하는 것이다.

미 육군은 리더에게 요구되는 요소들을 품성(attributes)과 역량(competency)으로 구분하고 있다. 품성에는 인성(a leader of character), 리더다움(a leader with presence), 그리고 지적 능력(intellectual capacity) 등이 포함되며, 역량에는 이끌기(lead), 개발하기(develop), 그리고 성취하기(achieve) 등을 강조한다. 이처럼 미 육군은 리더의 3대 실천 역량들 중 하나로서 '개발하기'를 강조하고 있다. '개발하기'는 자기를 개발하고, 타인을 개발하며, 긍정적 환경을 조성해야 한다는 것을 강조한다.

2. 직무 환경 변화

세계적으로 매년 3,560억 달러가 리더의 교육과 훈련에 지출된다. 그런데 투입되는 금액 대비 성과와 수익은 실망적으로 나타나고 있다는 연구 결과들이 있다. 미국의 기업리더십위원회가 2011년 50개 기관 1,500명의 관리자들 중에서 75%를 인터뷰한 결과, 사내 학습과 개발 담당 부서의 핵심역할에 대해 응답자의 25%만이 그 역할이 의미 있다고 인정하였을 뿐이다. 한 제조업체가 안전교육을 위한 첨단센터에 2,000만 달러를 투자하였는데도 불구하고 수차례의 사망사고가 발생하기도 하였다. 이러한 사례들에 비추어 리더십 교육에 대한 투자 효과가 거의 없다고 판단해야 하는가? 또 효과가 없는 것으로 평가되는 경우, 그 실패의 원인은 과연 리더십 교육과정에 있다고 보아야 하는가? 연구자들의 결론은 다행히도 교육 자체보다는 교육을 받은 사람들이 근무하는 곳의 직무환경에 그 원인이 있을 가능성이 높다고 본다. 즉 교육을 통해 만들어진 '씨앗'들이 온전하게 성장할 수 있기 위해서는 그 바탕이 되는 '토양'이 비옥해야 한다는 점이다. 그렇다면 어떤 요인들이 리더십 교육을 통한 효과창출을 저해하는가?

하버드 비즈니스 리뷰 2016년 10월호에 기고된 연구결과에 의하면, 다음과 같이 변화를 가로막는 장애물들이 언급되었다. 첫째는 전략과 가치에 관한 방향이 명확하지 않은 경우이다. 또한 가치에 대한 공유노력이 부족하거나, 현실과 동떨어진 가치를 설정하는 경우이다. 둘째는 팀워크가 부족하고 새로운 방향 모색에 무관심하며, 자신이 변화되어야 하는 필요성을 인정하지 않는 경우이다. 세 번째는 리더가 톱다운 방식의 리더십 스타일을 갖고 있거나 반대로 자유방임적 리더십 스타일을 갖고 있는 경우로서 문제에 대한 정직한 대화가 어려운 상황이다. 네 번째는 잘못된 조직의 설계에 기인하여 사업부문, 기능별, 지역 간 조정이 힘든 경우이다. 다섯째는 경영진이 인재확보에 시간과 관심이 부족한 경우이다. 여섯째는 조직문화상의 문제로서 직원들이 고위급 임원들과의 자유롭고 개방적인 대화가 잘 이루어지지 않는 경우이다. 따라서 조직의 리더들은 차세대 리더후보들을 육성하는 노력과 시스템의 운영에서 위에서 제시한 장애물들을 극복할 수 있는 방안을 모색해야 한다.

3. 조직의 강점 강화

미국 심리학회장이었던 마틴 셀리그먼(Martin Seligman)은 긍정심리학의 창시자로 알려져 있다. 그는 심리학적 연구가 대부분 우울, 정신이상, 부적응행동 등 인간의 부정적인 측면을 보완하는 방향으로 집중되어 왔으며, 기쁨, 정신건강, 웰빙 등과 같은 긍정적인 측면의 발전에는 다소 등한시 해 왔다고 보았다. 그런데 인간의 행복한 삶은 부족한 것을 채우는 것만으로 이루어지기 어려우며, 긍정적 측면을 강화시키는 노력이 함께 해야 한다는 것을 강조하였다. 마틴 셀리그먼의 이러한 사고는 조직의 변화와 개발에도 새로운 통찰을 제공하였다.

조직 개발에 대한 전통적인 관점에서는 문제를 발견하고 원인을 진단한 다음 해결책을 강구하는 방식으로 조직의 변화와 개발을 시도하였다. 그러나 전통적인 접근으로는 변화를 지속적으로 유지시키기 어려우며, 조직을 현 상태로 유지하려는 경향성이 매우 강하게 나타난다. 휘트니, 블룸, 쿠퍼리셔(Whitney, Trosten – Bloom, & Cooperridcer)는 전통적인 접근방식을 결점기반 변화관점이라고 칭하고, 이를 아래와 같이 긍정적 변화관점과 비교하였다.

긍정적 변화 관점에서는 리더의 혁신비전 제시, 리더십, 리더의 혁신 방침에 따라 조직 내부적으로 혁신 마인드를 형성하는 것이다. 이 관점은 리더가 매력이 있고 구체적으로 나아갈 목표와 방향을 제시하고, 추진력과 설득력을 발휘하여 조직 구성원들을 지원하고 간결하고 설득력 있는 전달을 통해 구성원들로 하여금 적극적으로 용기를 내어 혁신에 참여토록 분위기를 조성하는 것이다.

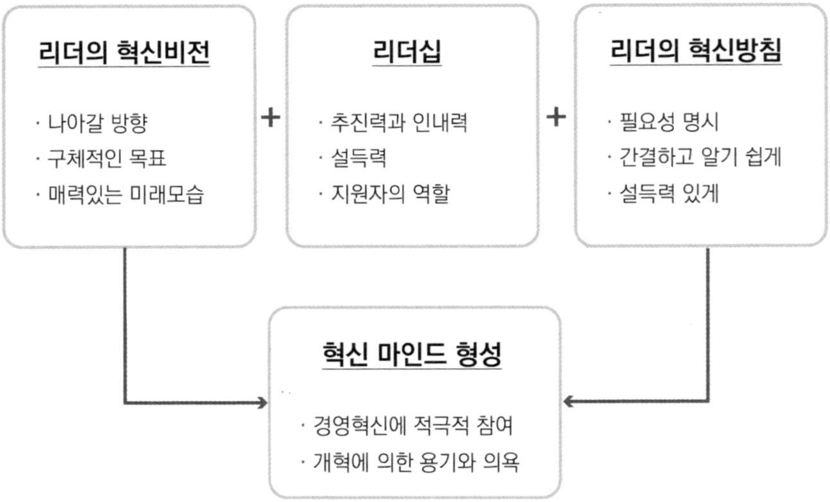

— 03 —

리더십 개발 가이드라인

앞 절에서 소개한 바와 같이 세계적으로 리더십 개발에 투입되는 비용과 노력이 상당한 수준으로 이루어지고 있으나, 가시적인 효과가 기대만큼 크지 않다. 리더십 개발이나 리더 양성 교육의 효과가 미미한 이유로서 보수적인 직무환경이나 직무 계선 상에 있는 관리자들의 관행이 언급되었는데, 또 다른 원인으로 리더십 개발 방식이나 접근에서의 미숙함을 들 수 있다. 다음에서는 리더십 개발이 성공적이고 효과적으로 이루어지기 위해 고려되어야 할 내용들에 대해 살펴보기로 한다.

1. 리더십 개발의 3대 과제

리더가 조직의 역량을 개발하기 위하여 고려해야 하는 3가지 주요한 과제가 있다. 첫 번째는 무엇을 개발할 것인가?를 결정하는 것이다. 두 번째는 결정된 리더십 개발 내용을 어떻게 개발할 것인가?라는 문제이다. 세 번째는 개발활동의 성과는 어떻게 평가할 것인가?와 관련된 문제이다.

역량 개발 내용

구성원들에게 요구되는 역량은 조직의 특성에 따라서 다르며, 주어진 과업에 따라 차이가 있다. 무엇을 얼마나 개발할 것인가?를 판단하기 위해서는 조직에서 요구되는 역량에 대해 명확한 기준이 있어야 한다.

미군의 경우 품성과 역량을 갖춘 리더라는 일종의 '리더상'을 설정하고 있다. 미군의 리더십 교육은 미군이 지향하는 7대 가치와 전사적 윤리 의식이 충만하고, 지덕체를 겸비하여 구성원들을 이끌고(lead) 개발하여(develop) 임무를 완수(achieve)할 수 있는 사람들을 육성하는 데에 그 목표를 두고 있다. S 기업의 경우 도덕적이고 책임감과 도전의식을 갖춘 창의적 인재를 원한다.

그렇다면 이러한 개발 내용 또는 개발 목표들은 어떻게 구성되어 지는가? 조직에서 이루어지는 리더십 개발 또는 역량 개발 활동은 대부분 다음의 세 가지 유형으로 이루어진다.

첫 번째 유형은 리더십 개발과 관련된 활동이 거의 전문한 조직에서 CEO 또는 중간관리자들이 리더십의 중요성을 인식하여 새롭게 리더십 개발과 관련된 활동을 시도하는 경우이다. 이 경우 리더는 사람들을 외부의 특정한 리더십 개발 프로그램에 참여시키거나 외부 프로그램을 도입하여 운영하려고 한다.

두 번째 유형은 조금 더 구체적으로 리더십 개발 활동을 시도하는 경우이다. 리더는 내부적으로 리더십 개발 프로그램 구축을 위한 TF를 구성하고 전문가의 자문을 받으며 초보적인 단계에서 개발 프로그램을 운영해 보려고 시도한다. 이 경우 대부분은 교육성과의 평가에 대해서는 별다른 대책을 수립하지 않는다.

세 번째 유형은 이미 어느 정도의 리더십 개발 시스템을 운영하고 있는 조직으로서 CEO에 의한 새로운 관점이 추가되거나, 내·외부의 전문가의 평가에 따라 기존의 시스템을 수정 및 보완하는 유형이다.

리더십 개발 활동이 어떤 배경에 의해 이루어지든 상관없이 리더십 개발 내용의 선정은 크게 두 가지 방법에 의해 결정되어 진다. 첫 번째 방법은 개발시키고자 하는 내용들을 리더십 이론들에서 찾는 것이다. 이 방법은 전통적인 리더십 이론들(권력 이론, 특성 이론, 행동 이론, 상황 이론 등)이나 새로운 리더십 이론들(카리스마 리더십, 변환적 리더십, 서번트 리더십, 코칭 리더십, 한국적 리더십 등)에서 강조되는 요인들을 중심으로 필요한 것을 선택하는 것이다. 이 방법의 문제점은 제시된 특성이나 행동 유형의 효과가 일관성이 부족하거나, 해당 조직의 특성을 충분히 반영하지 못한다는 것이다.

두 번째 방법은 전인적 관점에서 요구되는 요인들을 선정하는 것이다. 이 방법은 조직 내 구성원을 대상으로 가장 효과적인 리더에게 요구되는 요소들은 무엇인가?에 대해 조사하는 것이다. 현직 실무자, 시니어 그룹, 최고경영자 그룹을 대상으로 조사하는 것과 더불어 작업분석과 외부의 요구 내용을 함께 고려한다. 아래의 도표는 미 육군이 전인적 관점에서 리더에게 요구되는 요인들을 선정한 결과이다.

품성		역량	
인성	육군 7대 가치 전사 윤리 공감	**이끌기**	타인 이끌기 영향력 확장하기 솔선수범 소통
갖춤새	군인적 자세 신체적 적합 침착성, 확신감 회복 탄력성	**개발하기**	긍정적 환경 조성 자기 개발 타인개발 (상담, 코칭, 멘토)
지적 능력	정신적 명민함 합리적 판단 혁신 대인관계 기술 전문적 지식	**성취하기**	성과 나타내기

로우손(Lawson)은 리더십 개발에 관한 수많은 자료들을 분석한 결과에 기초하여 효과적인 리더들의 핵심 역량으로서 다음과 같은 요인들을 언급하였다.

- 관계형성
- 의사소통 및 영향 미치기
- 변화하는 상황에 적응
- 정서 지능을 활용
- 부하 동기유발 및 감명주기
- 팀을 지지하기
- 비전 설정 및 공유
- 부하 코칭 및 개발하기
- 자기를 인식
- 정직, 성실, 윤리적
- 변화 관리
- 고객 중심
- 문제 해결 및 의사결정

리더십 개발 방법

리더십 개발 내용이 결정되고 나면 그 다음 과제는 선정된 내용들을 어떻게 개발할 것인가?라는 문제에 대한 답을 구하는 것이다. 일반적으로 리더십 개발의 기회는 크게 세 가지 영역에서 이루어진다.

첫 번째 영역은 조직의 공식적인 교육·훈련 프로그램들을 통한 리더십 개발이다. 이 영역의 방법들은 대부분의 조직에서 널리 사용되는 것들이다. 공식적인 교육·훈련 프로그램들은 짧은 일정의 워크숍부터 일년 이상의 포괄적인 프로그램에 이르기까지 다양한 형태로 운용되고 있다. 자체 경영 연수원이나 사내 대학 프로그램, 조직내 경영관리 훈련 프로그램, 외부 세미나, 초청 강의 등의 방법들이 여기에 해당된다.

두 번째 영역은 경험학습을 통한 리더십 개발이다. 경험학습에는 후견, 경영지도, 개발을 위한 업무할당 직무 순환 프로그램, 실천학습, 야외도전 프로그램 등이 포함된다. 경험학습 방법의 적용에 중요한 영향을 미치는 그룹은 상위계층의 관리자들이다. 이들의 적극적인 관심과 참여가 부족할 경우 경험학습이 원활하게 이루어지기 어렵다.

세 번째 영역은 자기 조력 활동으로 개인이 자기 자신의 기술을 개발하기 위한 활동들이다. 실무서적 읽기, 유투브 시청, 대화형 컴퓨터 프로그램 활용 등의 활동들이 여기에 포함된다.

위에서 설명된 세 가지 영역의 리더십 개발 방법은 상호 독립적으로 이루어지기 보다는 부분적으로 교차되어 있다. 가장 효과적인 운영은 세 가지 영역의 개발 방법들을 상황에 맞추어 적절한 방식으로 혼합하여 사용하는 것이다.

리더십 개발 효과 평가

리더십 개발에서 평가는 개발 프로그램의 마지막에만 실시되는 활동이 아니라 프로그램의 진행과정에서 혹은 종료시점이나 직무에 복귀한 이후에도 실시되어야 하는 활동이다. 통상 리더십 개발과정에서 평가활동을 프로그램의 종료 후에 성과분석 개념으로 실시하는 경우가 대부분이다. 개발의 효과에 더 큰 관심을 갖는 경우 프로그램의 실시 전과 실시 후에 평가를 실시하여 두 검사간의 차이로서 개발프로그램의 효과를 입증하려고 시도한다. 하지만 가장 바람직한 방법은 개발 프로그램 운영 전반에 걸쳐 계획 단계에서부터 평가활동을 면밀히 검토해야 한다.

그렇다면 리더십 개발 프로그램에서 평가는 어떤 의미를 갖는가? 한넘과 마티니(Hannum & Martineau)는 리더십 개발 프로그램에서 평가활동의 목적을 다음과 같이 설명한다.

첫째, 평가는 참여자, 해당 조직, 그리고 공동체가 어떻게 하면 리더십 개발 프로그램을 완전하게 경험할 수 있으며, 그 효과를 최대화할 수 있는지를 말해준다.

둘째, 평가는 제안된 혹은 이미 존재하는 리더십 개발 활동들이 개발 목표에 더 가깝게 도달하도록 조율해 준다.

셋째, 평가는 리더십 개발 경험에 참여하는 것이 조직성과의 향상과 더 나은 조직사회로의 변화에 어떻게 연결되는가를 보여준다.

넷째, 평가는 어떤 리더십 역량이 특정 상황에서 가장 적합한 것인지 여부를 밝혀준다.

2. 리더십 개발 성공원칙들

바이른과 리스의 원칙들

바이른과 리스(Byrne & Rees, 2006)는 성공적인 리더십 개발 프로그램을 구축하고 유지하는 데에 도움이 될 수 있는 수행원칙들을 다음과 같이 제시한다.

- 리더십 개발 프로그램은 조직의 임무, 비전, 가치, 목표, 그리고 전략적 주도성을 지향해야 한다.
- 리더십 개발 프로그램은 결과에 기초하고 측정 가능해야 하며, 조직의 투자에 대한 명확한 이득이 주어져야 한다.

- 리더십 개발 프로그램은 장기간에 걸친 성공을 위한 조직의 관여를 반영해야 한다.
- 리더십 개발 프로그램은 역량에 기초해야 한다.
- 리더십 개발 프로그램은 자기관리와 성인학습의 기초에 근거해야 한다.
- 리더십 개발 프로그램은 다층 학습수준을 포함해야 한다.
- 리더십 개발 프로그램은 학습 진단 측정치들을 포함해야 한다.
- 리더십 개발 프로그램은 개인 학습 계획을 위한 준비를 갖추어야 한다.
- 리더십 개발 프로그램은 학습문화를 통하여 조직 전체로부터 충분히 지지되어야 한다.
- 리더십 개발 프로그램은 장기간 지속되도록 해야 한다.

콜빈의 원칙들

리더십 개발 전문가인 콜빈(Colvin, 2007)은 성공적인 리더십 개발 프로그램은 갑자기 만들어지는 것이 아니며, 매우 신중하게 계획되어져야 한다는 것을 강조한다. 또한 그는 성공적인 리더십 개발 프로그램을 위해서는 프로그램들이 개인의 요구와 조직의 요구 양자를 합치시켜야 하며, 리더십 역량들이 발달적으로 평가되고, 리더들이 강의와 코칭 등에 참가할 것과 선임 관리자들에 의한 프로그램의 검토를 강조한다. 그는 최상위 10개 기업의 리더십 개발 프로그램 운영에서 공통적으로 발견되는 항목들 9개를 정리하여 다음과 같이 소개하고 있다.

- 시간과 재원을 투자
- 촉망받을 리더들을 조기에 파악
- 배치를 전략적으로 선택
- 리더들을 현재의 직무상에서 개발
- 피드백과 지지에 열정적
- 개인보다 팀을 개발
- 감명을 통해 리더십 구사
- 리더들로 하여금 해당 그룹에서 적극적이도록 고무
- 리더십 개발을 문화의 일부분으로 만들기

완벽을 추구하는 조직은 망한다. 완벽을 추구하는 경영자와 리더들은 자신의 부하들의 행동을 좋게 평가하지 않는다. 조그마한 실수에도 크게 나무란다. 이들은 치열한 경쟁 속에서 무조건 이겨야 한다는 절박함으로 살아왔다. 무엇이든지 자기 기준에 부합하지 않으면 마음이 불안하여 견딜 수가 없다.

지나친 완벽주의는 여러 가지 부작용을 내포한다. 지나친 완벽주의자는 융통성이 부족하고, 완벽을 목적으로 과도한 시간을 투자하며, 규칙준수의 업무수행을 위해서라면 인간관계나 건강을 희생시킬 수도 있다. 이들은 상대의 작은 실수도 용납하지 않는다. 이러한 리더의 휘하에 있는 부하들은 마냥 바쁘게 움직여야 한다.

핵심인재 관리

홍석환은 HRD 컨퍼런스 핵심 이슈로 인재유형별 선발, 육성, 및 관리방안에 대해 논하였다. 그는 이 글을 통하여 기업의 핵심인재 관리는 기업의 생존전략 차원에서 추진되어야 한다는 것을 강조한다. 내부적으로 핵심인재의 선발기준을 명확히 설정하고 누구든지 핵심인재로 선발 및 육성될 수 있다는 공정한 여건을 조성할 것을 권한다. 핵심인재를 선발만 하고 아무런 액션이 없다거나, 선발되지 않은 그룹에 대한 무관심 등은 오히려 부정적 결과를 야기할 가능성이 높다.

서경민은 핵심인재 육성 프로그램의 현황을 분석하고 다양한 시사점을 제공했다. 그는 핵심인재를 외부에서 영입하기 보다는 회사 내부에서 육성하는 것이 더욱 바람직하다고 주장하였다. 또한 그는 핵심인재 육성 프로그램은 조직 및 개인차원의 경력개발계획 또는 회사차원의 승계 계획과 연계하여 운영되어야 효과적이라고 설명한다. 즉 회사가 추구하는 가치와 전략을 자연스럽게 체득하게 되면서 실효성 있는 프로그램으로 설계 운영되어야 한다는 것이다. 아울러 그는 비핵심인재의 사기저하 및 소외감 등으로 인한 부작용을 최소화해야 하며, 개인 맞춤형 프로그램의 비중을 제고해야 한다고 말한다.

8장 '역량을 개발하라' 관련 유튜브 소개

1. 역량의 3가지 종류(HR Friend, 최영훈, 11분)

1) URL: https://www.youtube.com/watch?v=rAqNgSHwcDI
2) 내용: HR 기본 지식에 대해
  (1) 공통역량, 리더십 역량, 직무역량의 개념

2. Digital Transformation 시대, MS 직원역량 강화 전략(강희선 전무, 22분)

1) URL: https://www.youtube.com/watch?v=c4m-fWHnJLE
2) 내용: MS 직원역량 강화 전략에 대해 소개
  (1) Tech intensity = (tech adoption x tech capability)*trust
  (2) 스킬: analytical thinking, active learning and learning strategies
  (3) 평생 학습 시스템, 다양한 학습경험 기회, 인증시험 제도 활용

3. 조직의 발전을 위한 변화! 조직 개발(HR아카데미, 강정범 박사, 5.4분)

1) URL: https://www.youtube.com/watch?v=BFYqQIf8D48
2) 내용: 조직개발에 대한 개념적 설명
  (1) 조직 개발의 개념, 특성, 기대되는 성과
  (2) 조직개발의 모형에 대한 강연(변화에도 단계가 필요합니다. 참조)

4. 리더의 4가지 핵심 역할(한국리더십센터, 2.2분)

1) URL: https://www.youtube.com/watch?v=3NYEvoFWYQo
2) 내용: 4가지 역할에서 코칭 역할을 포함
  (1) 신뢰 구축, 실행 전략, 창의적 비전, 코치 역량

5. 국가공무원 인재개발원의 약속(인사처TV, 3.4분)

1) URL: https://www.youtube.com/watch?v=JBovvH_VUEk
2) 내용: 국가공무원 인재개발원의 인재육성 방향
  (1) 사명감, 문제해결 능력, 미래대비 역량
  (2) 글로벌 역량

CHAPTER 09

변화를 주도하라!

01 혁신과 리더

02 변화 관리

03 변화 시스템 구축

리더에게 혁신은 선택이 아니라 필수이다. 혁신은 조직이 성장하고 경쟁력을 강화시키는 기회이다. 100여년 전 기업의 수명이 100년이었지만, 오늘날 기업의 수명은 10~15년으로 감소되었다고 한다. 이러한 추세에도 불구하고 50년 이상을 장수하는 기업들의 공통적인 특징은 끊임없이 혁신을 도모한다는 것이다.

대부분의 리더들은 혁신의 중요성과 필요성에 대해 공감한다. 그러나 실제로 그들의 조직에서 혁신이 일어나는 경우는 드물다. 만약 리더가 현행의 업무에만 최선을 다하는 경우, 급격한 상황변화로 인하여 발생하는 예기치 않은 위협이나 문제를 해결할 수 없게 된다. 리더가 시대흐름을 파악하고 미래를 예측하여 조직의 역량을 강화시키는 것은 혁신을 위한 준비를 완료한 것이다. 이제 남은 것은 혁신을 주도하는 것이다.

— 01 —

혁신과 리더

1. 혁신은 선택이 아닌 필수

20세기 중반 세계는 2차 산업혁명의 시대에서 3차 산업혁명의 시대로 들어서게 되었다. 컴퓨터의 등장은 복잡한 수식의 계산을 순식간에 처리할 수 있게 하였으며, 인터넷의 발전은 공간을 초월하여 소통할 수 있는 문화를 만들어 주었다. 그런데 이제는 반세기에 걸친 3차 산업혁명시대를 넘어서서 4차 산업혁명시대가 도래하였다.

4차 산업혁명시대

4차 산업혁명시대는 AI에 기초한 로봇, 사물인터넷을 통한 정보와 기술의 융합, 가상 및 증강현실과 3D 프린트, 자율주행 기술 등 기존과 다른 세상을 구현해 나가고 있다. 고도화된 AI는 관측 및 예측, 의학적 진단 및 처방과 치료, 법률적 문제의 해결 등 인간의 전문성에 의존해 오던 영역을 이미 상당부분 대신하고 있으며, 그 역할을 확산 및 증강시켜나가고 있다. 빅데이터의 활용은 인간의 지적능력을 초월한 판단력을 보여주고 있다. 블록체인과 암호화폐는 기존의 화폐 개념을 위협하고 있다. 가상 및 증강현실은 인간의 지각 및 인식체계만으로는 경험할 수 없는 새로운 세상을 펼쳐 보여준다. 이에 미래학자들은 나름대로 미래의 사회가 어떻게 변할지를 예측하며 미래를 준비해야 한다고 말한다.

그들이 말하는 미래의 모습은 어떤 모습일까?

미래학자들은 세계가 지금보다 더 밀접하게 연결되어갈 것으로 예측한다. 이에 따라 개인의 일상생활에서도 세계화의 영향을 더 많이 받게 된다. 해외의 글로벌 브랜드와 상품들을 더 손쉽게 구입할 수 있다. 국내에 유입되는 외국인은 더욱더 많아지며, 이주민과 난민의 증가에 따른 갈등이 증가된다. 인구통계학적으로도 여러 지표상의 변화가 눈에 띄게 나타난다. 사람들의 평균 수명이 괄목하게 증가하여 고령화된 사회의 다양한 문제들이 나타난다. 선진국의 출산율은 지속적으로 감소하고 이에 따라 생산인력이 줄어든다. 반면에 공공의료 시스템의 부담은 급속도로 증가한다. 산업현장에서도 전통적인 화석연료에 의한 에너지 생산이 다양한 신재생에너지들로 대체된다. 자율주행에 의한 전기차와 드론차를 비롯하여 로봇에 의한 생산시설들이 빠른 속도로 증가한다. 가상 및 증강 현실을 구현하는 다양한 기술의 발전은 사람들의 일상생활 패턴에도 영향을 준다. 대면강의 중심의 교육이 비대면 방식으로 전환되어가고 전통적인 사회적 접촉이 점점 줄어들면서, 개인중심의 생활방식이 확장되어 간다.

변하지 않으면 망한다

흐르지 않고 고여 있는 물은 반드시 썩는 것처럼, 과거의 영광과 현재의 성공에 도취하여 현실에 안주하는 조직은 퇴보하게 되고 결국에는 사멸된다. 100년 넘게 존속해 온 세계 초일류 기업들이 현재의 성과에 빠져 미래를 대비하지 않은 결과 쇠락의 길을 가는 사례들을 종종 보게 된다.

1908년 포드자동차가 선보인 T형 자동차는 저가격, 견고성, 실용성을 장점으로 대중화에 성공하였으며, 한동안 선풍적인 인기를 누리게 되었다. 그러나 실용성보다는 세련되고 다양한 디자인을 선호하는 고객들의 요구에 부응하지 못한 채 단일 차종으로 대량생산만을 고집하던 포드는 결국 1927년에 T형 자동차의 생산을 중단하게 되었다.

모토로라는 1983년 세계 최초의 아날로그 방식의 셀룰러 핸드폰을 상용화하면서 이동 통신 업계의 리더로 부상하였다. 1990년대 중반에 들어서면서 이동통신 시장은 아날로그 방식에서 디지털 방식으로 변하고 있었다. 그러나 모토로라는 이를 무시하고 아날로그 방식에 집착하였다. 그 결과 고객들은 모토로라를 외면하게 되었고, 모토로라는 세계 1위의 자리를 물려주게 되었다.

존 가드너는 여섯 명의 미국 대통령을 보좌했고, 보건, 교육, 복지부 장관을 역임했으며, 카네기 재단의 회장이었다. 그는 아무리 탁월한 조직이라고 하더라도 지속적으로 혁신하지 않으면 서서히 죽어가는 것과 같다고 말했다. 매우 뛰어난 조직이라 하더라도 미래를 준비하지 않으면 사회적으로 인정은 받지만 이들은 속으로 죽어가게 된다.

무인양품은 1980년에 시대를 앞선 브랜드로 탄생하여 2000년까지 매출과 이익이 매년 30%씩 지속적인 성장을 하였다. 이러한 성장세에 취한 무인양품의 경영진들은 자신감이 넘쳐 타 경쟁사의 활동에는 전혀 관심을 두지 않은 채 오만과 자만에 빠진 운영을 계속하였다. 결국 무분별한 점포확장이 실패를 거듭하게 되고 급기야 2001년을 기해 실적이 급하강하면서 심각한 경영란에 봉착하게 되었다. 이러한 실적의 급하강은 무인양품에만 해당된 것은 아니었다. 무인양품과 유사한 경영행태를 보였던 일본의 세계적인 기업들에게도 해당되었다. 캐논, 소니, 파나소닉, 혼다, 히타치 등의 기업들은 1980년대에 높은 영업 이익률을 보였으나, 1990년대와 2000년대에 이르면서 실적이 급하강하였다. 『최고의 리더는 어떻게 변화를 이끄는가』의 저자인 기무라 나오노리는 이러한 모든 결과들이 변화에 대한 경영진의 무감각에 기인한다고 보았다.[1]

위에서 언급한 사례들이 공통적으로 시사하는 바는 급변하는 상황 속에서 경쟁의 우위를 유지하기 위해 기업과 조직은 시대흐름을 파악하고 끊임없이 변화하고 혁신함으로써 미래에 대비하여야 한다는 것이다. 조직을 이끌어가는 리더들은 변화를 추진하는 것이 리더에게 요구되는 가장 중요하고 어려운 책임들 중 하나임을 유념해야 한다.

2. 혁신을 위한 리더의 역할

1993년 6월 삼성의 이건희 회장은 삼성의 사장들과 임원들 전부에 대해 프

1 이정환 역. (2018). 최고의 리더는 어떻게 변화를 이끄는가(기무라 나오모리 저, 2017). 다산북스.

랑크푸르트로의 소집명령을 하달하였다. 100여명의 임직원을 대상으로 강연을 한 이회장은 참석자들에게 "마누라와 자식을 빼고 다 바꾸자!"는 경영 DNA 개혁을 선언하였다. 이건희 회장은 삼성의 관리방식을 완전히 변화시키고, 근무방식, 인재확보, 품질관리 등 전방위적인 혁신을 강력하게 추진하였다. 삼성의 혁신은 사업이나 구조의 혁신에 앞서서 의식의 근원을 바꾸는 것부터 시작하였다. 프랑크푸르트 선언 이후 삼성은 7시에 출근하고 오후 4시에 퇴근하는 7·4제도, 학력제한의 철폐, 연봉제, 세계최고를 향한 질경영, 정보화와 국제화와 더불어 사업의 복합화 등등 끊임없는 혁신활동을 지속하였다.

혁신은 선택이 아니고 필수이며, 지속적인 혁신이 이루어져야 한다는 점에 깊이 공감한다. 그렇다면 리더로서 혁신의 필요성을 어떻게 판단하며, 무엇을 혁신해야 하는가? 성공적인 혁신을 위해 리더로서 어떻게 행동해야 하는가?

혁신 설계자

혁신에는 리더십이 중요하다. 그렇지만 리더가 스스로 혁신가가 되어 조직의 비전을 제시하고 이를 실현하도록 구성원들을 이끄는 것에 만족한다면 지속적인 혁신을 통한 성공을 보장받기 어려울 수 있다. 진정한 혁신 리더는 집단 구성원으로 하여금 저마다의 특별한 역량을 끊임없이 발휘하게 하고, 이러한 능력들을 하나로 모아 시너지 효과를 극대화시키는 사람이다. 혁신 리더의 역할은 스스로가 무대 위에서 공연하는 것이 아니라, 구성원들이 공연할 무대를 만드는 것이다. 혁신을 이끌어 내는 리더는 구성원들을 혁신의 길로 이끌어 가는 사람이 아니라, 그들이 의지를 갖고 혁신의 길을 가도록 환경을 만드는 사람이다(Hill, Brandeau, Truelove & Lineback, 2014).

혁신 조직에서 나타나는 세 가지 공통점은 협업, 시행착오를 통한 발견적 학습, 그리고 통합적 의사결정이다. 혁신은 천재 한명의 창의적인 아이디어로 완성되는 것이 아니라, 많은 사람들이 노력한 결과물이다. 아울러 혁신은 다양한 아이디어의 실험 과정을 통해 궁극적으로 완성되어 지는 학습과정이다. 그리고 혁신은 상충되는 다양한 의견들이 조정되고 통합되어 지면서 이루어진다. 개개인의 개성과 능력과 아이디어가 존중받으면서도 전체에 초점을 두고 통합되어지는 과정이 필요하다. 혁신조직에 공통적으로 나타나는 세 가지 즉, 협업, 발견적 학습, 그리고 통합적 의사결정이 이루어지기 위해서 리더는 무엇을 해야 하는가?

먼저 리더는 '부분의 합은 전체 이상이다!'라는 명제에 대한 강한 믿음이 있어야 한다. 개인들이 한 목소리로 힘을 합할 때 보다 더 강한 시너지 효과가 나타난다. 따라서 리더는 구성원들의 마음과 열성이 하나의 목표를 향해 합쳐질 수 있도록 여건을 조성하고 독려해야 한다.

시행착오를 통한 발견적 학습을 위해서 리더는 시행착오를 감수하고자 하는 의지와 오류 및 실수를 감내하는 인내심이 있어야 한다. 실수와 잘못을 감내하는 것은 통제불능의 상태가 될 때까지 방관하는 것을 의미하는 것은 아니다. 이것은 리더가 '계산된 실수'를 허용하라는 의미이다. 즉 주어진 임무의 달성 자체를 방해하는 치명적인 실수가 아닌 범위에서 실수를 허용하라는 것이다.

리더 스스로가 혁신의 주체라고 생각을 하게 되면, 자신의 생각을 구성원들에게 강요할 가능성이 커진다. 이 경우 리더는 자신이 획기적으로 훌륭한 아이디어를 내 놓았다고 생각하고, 사람들이 그 아이디어를 따르게 만들려고 한다. 그러나 이처럼 "나를 따르라!"는 식의 혁신 노력은 성공의 가능성이 낮다.

혁신을 위한 문화조성자

혁신이 지속적으로 이루어지기 위해서는 조직의 문화가 바뀌어야 한다. 혁신에 유리한 기업문화는 저절로 형성되는 것이 아니다. 리더가 끊임없이 강조하여 구성원들의 의식에 혁신의 필요성이 각인되도록 해야 한다. 리더는 혁신과업에 주도적인 역할을 수행하는 사람들을 가시화하고, 이들에게 힘을 실어준다. 혁신해야 할 대상영역을 탐색하기 위한 조사를 실시하기도 하고, 혁신의 성과에 대한 조직차원의 보상과 인정을 제공한다.

혁신은 기업문화라는 정원에서 자라는 채소와 같다. 비옥한 토양과 기후 조건이 좋다 하더라도 시의적절한 수확이 없다면 효용성이 떨어진다. 리더가 조직의 문화를 혁신에 유리하게 만들어 가기 위해서는 다양한 노력을 기울여야 한다. 리더는 구성원 한 사람 한 사람의 힘이 결속되도록 여건을 조성해야 한다. 리더는 일정한 권한 위임을 통하여 구성원들이 창의적이며 효과적으로 활동할 수 있게 해 주어야 한다. 의사소통이 명료하게 이루어지고 다양성이 수용되어야 한다. 공포분위기의 가능성을 차단하고, 사리사욕이나 개인적 성공에 대한 욕심을 멀리해야 한다.

혁신이 조직 내의 구성원들 전체의 참여로 이루어지도록 여건을 조성하는 것 또한 혁신 리더의 역할이다. 구성원들의 자발적인 참여는 투명성을 바탕으로 한 신뢰구축을 통해 가능하다. 리더와 구성원들이 허심탄회하게 소통할 수 있는 채널이나 온라인상의 소통광장을 구축하는 것은 신뢰구축을 위한 대표적인 방법이다. 구성원들은 소통광장을 통해 업무수행에 필요한 정보와 절차를 마음껏 이용할 수 있으며, 리더는 소통광장을 통해 회사가 처한 상황을 구성원들에게 좀 더 솔직하게 알려줄 수 있다. 경영진이나 리더가 구성원들과 서로의 의견을 주고 받을 수 있는 공간을 통하여 상호 이해와 신뢰가 강화되고, 새로운 아이디어와 창의적인 문제 해결 방안들이 생산될 수 있다.

변혁적 리더가 되라!

리더십에 관한 다양한 이론들 중에서 혁신 리더십과 연관성이 가장 높은 것은 변혁적 리더십이라고 볼 수 있다. 변혁적 리더십은 구성원들로 하여금 높은 수준의 도덕적 가치를 추구하여 긍정적인 변화를 유도하는 리더십이다. 변혁적 리더십에서 리더의 역할은 혁신을 추구하는 리더들의 역할과 매우 유사하다.

변혁적 리더는 혁신을 추구하는 리더가 비전을 제시하듯이 매우 높은 수준의 윤리적, 도덕적 가치를 부하들에게 고취시킨다. 변혁적 리더는 부하들에게 높은 기대를 표시하고, 일에 대한 도전의식과 의미를 부여하며, 부하들로 하여금 최선을 다해 행동하도록 동기화시킨다. 변혁적 리더는 성원들의 창의성과 혁신성을 자극하며, 부하들의 개인적인 욕구에도 세심한 관심을 기울이고 지원한다(Bass & Avoli, 1994). 따라서 혁신을 추구하는 리더들에게 가장 좋은 모델은 변혁적 리더십을 발휘하는 리더가 되는 것이라고도 볼 수 있다.

혁신의 성공 조건

현실을 돌아보면, 혁신을 강조하면서도 혁신문화를 제대로 실행하고 있는 기업은 드물다. 또한 혁신을 시도해 보지만 실패하는 경우도 많다. 그렇다면 어떻게 해야 혁신이 성공적으로 이루어질 수 있을까? 여기 혁신이 성공적으로 이루어지기 위한 조건들에 대해 간략하게 설명하고자 한다.

혁신이 성공적으로 수행되기 위해서는 먼저 구성원들이 혁신의 필요성을 인식하고 이에 적극 공감하여야 한다. 구성원들의 현재에 대한 만족도가 높을수록 변화로 인한 불편을 원치 않는다. 구성원들이 혁신의 필요성을 공감하지 않으면, 구성원들은 "지금도 괜찮은데 뭐가 문제지?"라고 생각하면서 변화를 거부한다. 이들은 오히려 변화의 노력들에 대해 부정적인 평가와 여론을 조성할 뿐이다.

혁신이 성공적으로 수행되기 위해서는 혁신에 대한 명확한 비전이 제시되어야 한다. 리더가 최소한 10여분에 걸쳐 비전에 대해 간결하면서도 설득력 있는 설명을 할 수 있어야 한다. 구성원들이 쉽게 이해하고 공감할 수 있는 비전이 부재하거나 구성원들이 공유할 기회를 제공받지 못하는 경우 혁신이 원활하게 이루어지지 못한다.

혁신이 성공적으로 수행되기 위해서는 리더의 강력한 혁신 의지와 혁신 기술이 필요하다. 리더들의 혁신 리더십이나 변화관리 스킬이 부족한 경우 혁신이 실패할 가능성이 높다. 혁신이 성공하기 위해서는 리더가 혁신에 대한 강한 신념을 갖고 있어야 하며, 구성원들이 리더의 신념과 역량을 신뢰할 수 있어야 한다.

혁신이 성공적으로 수행되기 위해서는 혁신적인 조직문화가 구축되어야 한다. 리더가 혼자서 혁신을 외치고 조직은 반응을 보이지 않는 경우 혁신의 노력은 한 순간의 일시적인 소란으로 기록된다. 리더의 적극적인 혁신의지와 더불어 혁신을 추구하는 조직문화로의 변화가 동반될 때, 혁신의 지속성이 보장 받을 수 있게 된다.

— 02 —

변화 관리

혁신은 변화를 수반한다. 기술의 발전, 사회의 변화, 구성원들의 의식변화에 따라 조직과 구성원들도 여러 관점에서 끊임없이 변화를 시도하게 된다. 리더는 변화를 주도하는 사람으로서 변화에 직면하여 발생하는 다양한 문제들을 해결해 나가야 한다.

1. 변화에 대한 저항

변화를 시도하는 과정에서 가장 대표적으로 나타나는 문제는 '변화에 대한 저항'이다. 리더가 변화를 주도하려고 할 때, 구성원들이 변화를 꺼리고, 변화에 저항하는 것은 매우 일반적인 모습이다. 변화에 부정적인 구성원들은 변화를 위한 리더나 조직의 움직임에 무관심하거나 문제점을 제기한다. 저항의 가장 강한 모습은 이직으로 나타나기도 한다. 그렇다면 변화에 대한 저항요인들은 어떠한 것들이 있는가?

시갈과 마르쿠스(Siegal & Marcus)는 변화에 대한 저항요인을 다음의 네 가지로 요약한다.

첫 번째는 이성적 저항으로 개인이나 집단이 변화의 필요성에 대해 충분히 이해하지 못했을 경우에 발생한다.

두 번째는 구조적 저항으로 경영시스템이나 보상체계가 지니고 있는 현재의 관성에서 기인한다.

세 번째는 사회 문화적 저항으로 권력이동과 같이 기존 권력구조나 힘의 균형에 대한 위협을 느낄 때 발생하며, 문제의 진단 및 대처가 다소 어렵다.

네 번째는 심리적 저항으로 개인수준의 변화에 대한 두려움에서 출발하며, 이 또한 진단 및 대처가 다소 어렵다.

저항의 원인은 개인적인 원인과 조직적인 원인으로 구분할 수 있다.

개인적 원인

사람들은 나름대로 루틴한 생활에 익숙해 있다. 그런데 변화는 이러한 익숙한 생활에서의 탈피를 요구하게 된다. 이에 사람들은 특별한 사유가 없는 한 좀처럼 익숙한 방식을 포기하려 하지 않는다. 변화는 안전을 위협할 수 있다는 생각이 변화에 대한 저항을 유발하기도 한다. 조직의 변화로 인하여 지위와 권력이 상실될 것으로 예상될 경우에도 저항이 일어난다. 구성원들은 경제적인 변동이 예상될 경우 더욱 더 강한 저항을 보인다. 변화를 제안하는 사람에 대한 신뢰가 형성되어 있지 않을 경우에도 구성원들의 저항이 일어날 수 있다.

조직적 원인

조직의 안정성을 유지해 온 규정이나 업무과정 등이 변화에 저항하는 요인으로 작용할 수 있다. 조직은 여러 개의 시스템이 복합적으로 상호작용하는 체계를 갖고 있다. 만약 한 시스템만의 변화가 시도될 경우, 다른 시스템으로부터 저항의 압력을 받게 된다. 새로 부임한 리더가 어떤 변화를 시도할 때, 구성원들이 그 리더의 전문성과 역량을 신뢰하지 못한다면 참여보다는 저항의 가능성이 더 크다.

2. 변화에 대한 저항 극복

변화에 대한 저항을 관리하는 것은 변화를 계획하고 주도하는 리더의 핵심 과업이다. 리더가 변화에 대한 저항을 관리하는 데에 사용 가능한 방법에는 여러 가지가 있다. 그중에서 정보의 소통과 지지적 분위기 조성이 매우 효과적이다.

정보의 소통

구성원들이 변화의 이유와 배경을 잘 이해하지 못할 경우 저항으로 나타날 수 있다. 이 경우 리더는 구성원들과의 열린 논쟁과 토의 그리고 의사소통을 통하여 변화에 대한 저항을 줄일 수 있다. 변화와 관련된 모든 정보가 구성원들에게 제공되고, 리더의 구체적인 설명이 주어진다면 구성원들의 저항은 줄어들게 된다. 구성원들이 의사결정 과정에 참여할 수 있는 조직 구조에서는 변화에 대한 구성원들의 저항 가능성 보다는 참여의 가능성이 더 높아진다.

지지적 분위기

변화에 직면하게 될 경우, 누구나 걱정과 불안을 경험하게 된다. 변화를 주도하는 리더는 구성원들의 걱정과 불안을 해소시켜 줄 수 있는 다양한 지원시스템을 마련하는 것이 저항의 극복에 도움이 된다. 상담, 새로운 기술의 훈련, 단기 유급휴가 등의 조치와 지원은 구성원들의 헌신과 몰입을 유도하고, 저항을 약화시킨다. 리더의 지지적 활동은 리더에 대한 구성원들의 신뢰도를 높여주며, 리더의 변화 노력에 동참할 가능성을 높여준다.

구성원의 자발적 참여

조직변화는 구성원들의 이해와 공감이 없는 한 성공가능성이 높지 않다. 구성원들의 적극적인 참여가 없이 경영진의 변화 압력이 거세질 경우, 수면 밑의 저항은 더 커지기만 한다. 리더는 계획된 조직 변화가 효과적으로 이루어지도록 구성원들의 자발적인 참여를 유도하는 다양한 노력과 기술을 발휘하여야 한다.

기본적으로 개인들은 자신들의 이익을 보장받으려는 욕구, 안전하게 유지하려는 욕구, 기존의 누리는 것을 잃지 않으려는 욕구 등의 지배를 받는다. 구성원들이 조직의 변화 노력으로 인하여 자신들의 욕구들이 위협받는다고 판단될 경우, 이들은 변화에 대한 강한 저항을 보이게 된다. 따라서 조직을 변화시키고자 하는 리더들을 조직 변화의 목표들이 개인에게 어떻게 유익한지를 이해시켜야 한다. 즉 조직의 변화를 통하여 개인의 이익이 실현되는 것을 강조해야 한다.

구성원들을 참여시키는 또 다른 효과적인 처방은 구성원들의 조직에 대한 소속감을 강화시키고, 열린 대화와 투명한 의사결정이 이루어지도록 하는 것이다. 카쯔와 밀러(Katz & Miller)는 구성원들의 소속감을 키워주는 열두 가지 행동지침을 다음과 같이 소개한다.

1) 진심으로 반겨라
2) 팀원들을 심리적으로 편안하게 대하라
3) 공익을 위하고 성과를 함께 나누라
4) 상대방에게 경청하라
5) 편안함만을 추구하지 말라
6) 주인의식을 가져라
7) 타인의 생각과 감정을 헤아려라
8) 다양성을 수용하라
9) 오해나 반대의사를 표현하여 해결하라
10) 모든 사람들이 아니라고 말할 때 자신 있게 말하라
11) 전체 상황을 이해하도록 도움을 요청하라
12) 신뢰를 구축하라

— 03 —

변화 시스템 구축

변화를 위한 활동들이 지속적으로 유지되고 활성화되기 위해서는 변화의 노력이 단순한 과제수행의 형식으로 진행되어서는 안 된다. 변화의 시도가 하나의 프로그램을 사용해 보는 식으로 그친다면 오히려 조직에 역효과를 가져다 줄 수 있다. 변화의 지속성을 유지하기 위해서는 조직의 문화도 변화의 방향에 맞추어 함께 바뀌어야 한다.

조직문화는 조직 구성원들이 공유하는 가치와 신념체계 및 사고방식의 복합체를 의미한다. 조직문화에는 조직의 기반이 되는 사회의 영향을 받으며, 조직 내 최고관리자의 조직관리 이념과 전략, 그리고 구성원들의 특성이 반영되어 있다. 조직문화는 조직구성원들에게 정체성을 제공하고, 몰입을 가능하게 하며, 조직체계의 안정성을 높이고, 구성원들의 행동방향을 좌우하는 기능을 수행한다. 조직의 문화를 변화시키는 유용한 두 가지 방법은 바로 변화에 유리한 혁신문화 조성과 학습조직 활용이다.

1. 혁신 문화 조성

혁신은 리더 혼자만의 의지와 노력으로 이루어질 수 없다. 리더의 혁신의지가 조직 구성원들에게 전달되고 조직 전체가 함께 노력해야 한다. 또한 혁신은 한, 두가지의 참신한 아이디어 제안이나 일회적인 특별한 프로그램을 적용해 보는 것으로 이루어질 수 없다.

혁신은 인내심을 갖고서 이끌어 나가야 하는 과정의 산물이다. 그러한 의미에서 혁신을 위한 문화조성은 혁신의 추동력을 지속적으로 생산해 낼 수 있는 효율적인 수단이다. 혁신에 유리한 문화 조성은 다양한 방법을 통하여 이루어질 수 있는데, 이곳에서는 중요한 몇 가지에 대해 소개하고자 한다.

솔선수범

공정을 주장하는 리더가 개인생활이나 조직 운영에서 공정하지 못한 행태를 보인다면 구성원들은 그 리더들 신뢰하지 않을 것이며, 그 리더가 제안하는 혁신방향에 동의하지 않을 것이다. 리더가 혁신을 외치면서도 회의나 세미나 등에서 여전히 리더 중심적이고 권위적인 행태를 취한다면 사람들은 그 리더의 혁신과업에 동참하지 않으려 할 것이다. 리더를 포함하여 리더의 측근에 해당되는 임원들이나 중요한 직책을 수행하는 부서장들 스스로가 조직내의 일상적인 활동에서 혁신에 유리한 문화조성에 솔선수범해야 한다.

리더가 혁신의 의지를 가장 쉽게 보여줄 수 있는 방법들 중 하나가 리더의 집무실 또는 부서장들의 사무실 구조를 바꾸는 것이다. 혁신의 의지는 권위적인 T자형 테이블 대신 원형 테이블을 배치시킨다거나, 거리감을 주는 책상배치 대신에 편안한 마음으로 의견을 나눌 수 있는 형태로 책상을 배치하는 것 등 사소한 모든 것에서 드러나야 한다. 회의나 세미나의 경우에도 리더가 중심이 되어 훈시나 보고를 받는 형식으로 진행되지 않도록 리더의 발언비중을 줄이고 많은 사람들이 의견을 나눌 수 있도록 시간을 배분하고 분위기를 만들어 가야 한다.

실수의 허용

완전무결을 강조하는 조직에서는 결고 혁신의 노력이 성과를 얻을 수 없다. 혁신은 가보지 않은 낯선 세계를 향한 용기있는 도전이다. 새로운 시장, 새로운 영역, 새로운 방식으로 도전하는 혁신의 과정에서 실수와 실패는 당연히 발생할 수 있는 일이다. 그런데 한 치의 실수도 용납하지 않는 분위기나 관리 문화에서는 자발적인 혁신이 어려울 뿐만 아니라 강제적인 혁신도 성공할 가능성이 매우 희박하다. 어떤 부서나 부서장이 용기있는 도전을 하는 과정에서 발생한 실수로 인하여 그 부서가 불이익을 받거나 그 부서장의 경력관리에 치명적인 피해가 주어진다면 그 어떤 사람이 그러한 결과를 눈으로 확인하고서도 혁신에 동참하겠는가?

혁신을 추구하고 추진하는 조직은 실험과 도전을 장려하며 성공과 실패 모두에 대해 보상하려고 노력해야 한다. 오늘날 공조직이나 군대의 경우를 보면, 불행하게도 성공보다 '실수를 안하는 것'에 대해 보상이 주어지고 있다. 조직 활동에서 실수가 발생하는 것은 당연한 일인데도 불구하고 사소한 실수의 경우에도 심한 문책과 불이익이 주어지고 조직을 안전하게 유지하는 것만으로도 포상을 받는 분위기이다. 이러한 분위기에서는 대부분의 리더들이 사고 예방에 치중한 안전한 관리에 관심을 갖게 되고, 위험을 감수하려는 태도나 활동은 약화된다.

변화를 추구하는 조직에서는 리더가 구성원들의 계산된 실수를 허용하는 분위기가 조성되도록 노력해야 한다. 리더는 새로운 시도에 의해 발생하는 실수들에 대해 신중하게 접근해야 한다. 많은 사람들이 생각하기에도 그 실패의 원인이 지탄받고 책임을 물어야 할 내용이라면 처벌이 필요하겠지만, 가급적 처벌의 방식이 아닌 다른 방식을 모색해 보아야 한다. 실수한 내용보다는 용기있는 시도에 대한 공개적인 격려와 지지가 이루어져야 한다. 그래야 사람들이 기꺼이 새로운 시도를 통한 혁신의 대열에 적극 동참할 수 있게 된다.

조직 구조와 지원

변화를 추구하는 조직은 조직구조를 유기적으로 변형시켜야 한다. 유기적인 구조는 수직적 관계보다 수평적 관계가 더 우세하며, 중앙집권화된 업무방식보다 분권화된 업무방식이 더 활성화된 구조를 의미한다. 유기적인 구조에서는 유연성과 적응성 그리고 상호지원이 원활하게 이루어진다. 유기적인 구조를 갖춘 조직은 위원회, 테스크포스 등과 같이 부서 간의 상호작용을 촉진하는 메커니즘들을 많이 사용한다.

혁신의 동력을 얻기 위해서는 새로운 아이디어를 제안하는 사람들에 대한 보상체계가 구축되어야 한다. 혁신을 위한 노력이 인사평가의 기준에 포함되는 것도 한 방법이다. 조직내의 혁신 활동들이 모니터링되고, 그 내용들이 조직 구성원들에게 잘 인식되도록 혁신정보가 공유되어야 한다. 혁신을 계획하고 관리하는 전담부서가 설치되어 혁신의 임무를 주도적으로 운영하는 것도 중요한 방법이다. 혁신을 담당하는 부서를 설치하였으나 리더가 이 부서에 힘을 실어주지 않고 아무런 권한도 부여하지 않는다면, 혁신부서를 통한 혁신활동은 탁상공론에 머물고 말 것이다.

2. 학습 조직

혁신이 조직적이고 지속적으로 이루어지기 위한 효과적인 방안으로 현재의 조직을 학습조직으로 변화시키는 것을 고려할 수 있다. 학습조직은 일상적으로 학습을 계속 진행해 나가며 스스로 발전하여, 환경변화에 빠르게 적응할 수 있는 조직이다.

대부분의 조직들은 실수가 발견되면 과거의 관행과 현재의 정책에 의해 교정과정을 진행한다. 그러나 학습조직은 조직의 목표, 정책, 표준일과를 수정하여 실수를 교정한다. 학습조직은 이처럼 조직 내 깊이 뿌리박힌 가정과 규범에 도전하며, 문제에 대해 아주 다른 해결책과 극적으로 진보적인 개선안을 가져오는 기회를 제공하기도 한다.

구조조정이나 업무 재설계 등의 혁신 전략은 단발성으로 끝나는 반면에, 학습조직은 계획－실행－성찰의 학습과정을 반복적으로 적용해 나간다. 학습조직에서는 계획된 활동의 실행에서 나타난 결과를 면밀히 분석하고 구체적인 성찰을 통하여 원인을 파악하고 보완책을 강구하여 더 효과적인 계획을 수립한다. 반복된 학습과정을 통하여 조직의 업무성과가 향상되고 조직의 업무수행 역량이 강화된다.

리더는 학습조직을 운영하는 과정에서 학습과정을 얼마만큼의 기간으로 설정할 것이지, 학습의 깊이는 어느 정도로 할 것인지, 학습의 넓이는 얼마만큼으로 할 것인지 고민하여야 한다.

학습조직에 대한 다양한 정의들을 종합하면 학습조직의 특징은 다음과 같이 정리될 수 있다.[2]

첫째, 조직과 환경간의 상호작용에 초점을 둔다.

둘째, 바람직한 미래 창조를 위해 위험을 감수하는 적극적인 자세를 강조한다.

셋째, 개인, 집단 및 조직 수준에서의 끊임없는 학습을 강조하며, 학습과정을 관리하고 학습의 결과를 공유 및 활용하는 체제를 갖고 있다.

넷째, 모든 조직 구성원들의 학습참여를 촉진하고 보상하는 체제를 갖는다.

다섯째, 학습을 통해 지속적으로 행동을 수정 및 변화시켜 나가는 것을 추구한다.

여섯째, 학습의 장기적인 결과가 업무에 미치는 효과를 고려한다.

일곱째, 공식적, 의도적인 학습보다는 일상적인 경험을 통한 자연스럽고 비공식적인 학습에 초점을 둔다.

여덟째, 분권적이며 계층의 수가 적은 구조를 가지며, 집단관계에 초점을 둔다.

지식의 공유

학습조직이 요구되는 여러 가지 이유들 중 하나는 조직의 지식수준 고양과 연관되어 있다. 조직의 경쟁우위를 보장하며 지속적인 성장의 기반이 되는 조직의 자원들 중 하나가 지식이며, 지식의 창출과 공유는 조직의 성과에 직·간접적인 영향을 미친다.

지식은 일반적으로 명시적인 지식과 암묵적인 지식으로 구분된다. 명시적인 지식은 문서를 통해 비교적 쉽게 습득되고 전달될 수 있지만, 암묵적인 지식은 구성원들간의 상호작용 등 비공식적인 공유를 통해 습득된다. 학습조직은 바로 조직내의 암묵적인 지식의 공유를 시스템적으로 가능하게 만들어준다. 특히 개인이 보유한 지식의 유통기간이 과거에 비하여 상대적으로 단축되어가고 있고 조직의 구성원들이 습득하고 적용해야 할 지식의 종류와 범위가 갈수록 증가하는 추세에서 지식의 공유를 가능하게 하는 학습조직의 필요성은 계속 커져가고

2 한국행정학회에 게시된 자료의 일부분을 인용한 것임(https://kapa21.or.kr〉bbs〉dictionary).

있다. 학습조직은 실제적으로 직무를 수행해 나가는 데에 있어서 활용 비중이 큰 암묵적인 지식이 명시적 지식과 선순환될 수 있는 일종의 학습 플랫폼으로서의 기능과 역할을 수행한다. 혁신과 변화를 추구하는 조직일수록 암묵적 지식의 활용을 강화시켜주는 학습조직에 대한 관심이 요구된다.

소수 리더의 심오한 능력(피터 셍에)

피터 셍에(Peter Senge)는 현대는 불확실한 미래를 앞두고 갈수록 글로벌화 되어가고 있으며, 오늘날의 조직은 유례없는 학습의 요구에 직면해 있다고 보았다. 이에 그는 현재 리더들 중 소수만이 터득한 심오한 능력에 대해 다음과 같이 언급한다.

첫째, 시스템 지능이다. 이는 상호의존 양상 파악 능력과 미래 예측 능력을 포함한다. 미래 예측 능력은 시스템의 운영 현황과 진행 방향을 파악하는 일 그리고 복잡한 과학적 데이터를 제대로 분석하는 능력이다.

둘째, 광범위한 파트너십 구축 능력이다. 이는 이질적인 존재와 협력하거나 비주류의 생각을 파악하는 기술이다.

셋째, 정신적, 심리적, 영적 수준에서의 열린 자세이다. 이는 모든 문제에 대한 해답이 없을 수도 있다는 열린 자세, 완벽한 모델은 없다는 융통적인 자세, 개인적 시각이 아니라 복합적 시각을 수용하는 자세, 자신이 문제의 일부분이라는 사실을 인정하는 열린 마음이다.

9장 '변화를 주도하라' 관련 유튜브 소개

1. Powerful, Neflix의 혁신 전략(한국능률협회, 3.8분)

1) URL: https://www.youtube.com/watch?v=dJBIcE9Dgwg
2) 내용: Neflix의 혁신전략을 소개
  (1) 판단, 소통, 혁신 등 9개 가치 도출하고 인사평가 기준으로 적용
  (2) 직원들에게 내재화하고 탁월을 추구하는 조직문화로의 변화 추진
  (3) 개인에게 자유를 주면서 책임감을 부여하여 혁신성을 유지

2. 디지털시대 조직문화 혁신 어떻게(Forbes Korea, 무늬랩스 김일겸, 12.5분)

1) URL: https://www.youtube.com/watch?v=V6D_BZEm5H0
2) 내용: 디지털시대 조직문화 혁신
  (1) 디지털시대에 필요한 새로운 조직문화 어떻게 이해해야 하는가?
  (2) 디지털 조직문화 구축에 바람직한 접근방법은 무엇인가?
  (3) 성공적 변화 추진을 위한 기업의 과제는 무엇인가?

3. 케털리스트 사람의 마음을 움직이는 기술(더 리더, 11.5분)

1) URL: https://www.youtube.com/watch?v=HCnhDFKpKLM
2) 내용: 조나 버거의 저서 [캐털리스트]의 내용
  (1) 변화를 가로막는 5가지 장벽과 제거 방법
  (2) 장벽: 리액턴스 효과(설득에 저항), 소유효과(기존 방식을 고수), 거리감(수용 밖의 정보를 거부), 불확실성(불확실한 상황에 일시 정지), 보강증거(더 많은 증거를 원함)

4. 혁신조직 만들고 싶다면 두려움 없이 말하게 하라(IGM 세계경영연구원, 4.2분)

1) URL: https://www.youtube.com/watch?v=5tHoTDlStX8
2) 내용: 두려움 없이 말할 수 있는 문화 구성 방법
  (1) 구글의 아리스토텔레스 프로젝트: 심리적 안정감이 제일 중요
  (2) 실수 허용, 질문 분위기.
  (3) 포스트 모템(사후부검제도): 실패의 원인에 대한 논의

부 록

리더십 개발 이론

— 01 —

리더십 개발 이해

1. 리더와 리더십 개발

1.1. 왜 리더십인가?

리더가 국가의 흥망성쇠 혹은 기업의 성장이나 도태에 미치는 영향은 매우 지대하다. 역사적 사례에서 알 수 있듯이 왕이나 군주 혹은 기업가들의 잘못된 판단과 행동으로 인하여 한 나라가 패망하게 되고 기업이 도산하는 결과를 초래한다. 과거에 왕이 부국강병에 진력하기 보다는 백성과 충신들을 멀리하고 향락이나 꾐에 빠져 결국에는 패망에 이르렀던 역사적 사례들이 많다. 기업의 회장이 권위적이고 독선적이며 안하무인격인 태도와 행동으로 급변하는 외부환경에 적응하지 못하여 회사가 도산하는 사례들도 많다. 미국의 Enron 사태는 리더의 비윤리적 경영이 얼마나 엄청난 손실을 초래하는 지를 여실히 보여준 대표적인 사례이다. 대기업이 아닌 소규모의 동아리 모임에서 조차도 동아리 회장의 생각과 행동유형에 따라 회원들의 만족감과 즐거움이 다르게 나타난다.

리더의 중요성에 대한 논의에서 빼 놓을 수 없는 주제는 바로 리더십이다. 흔히 리더십은 리더, 구성원, 상황의 함수로 표현되지만, 리더십은 리더와 절대적인 관계를 갖는다. 국가나 조직 그리고 기업의 흥망성쇠에 미치는 리더의 영향이 큰 만큼 리더의 리더십에 대한 논의는 유사 이래로 지속적으로 큰 관심사가 되어 왔다.

오늘날 사람들의 의식 속에 리더십이 얼마나 큰 비중을 차지하고 있는지를 손쉽게 확인하는 방법은 구글 검색에 '리더십'이라는 키워드를 입력해 보는 것이다. 2021년 3월 기준으로 한글 탐색에서 1천 5천 5백만 여건이 검색되고, 영문 탐색에서는 무려 25억 6천만 여건이 검색된다. 검색된 내용들을 들여다보면, 카리스마 리더십, 변혁적 리더십, 임파워먼트 리더십, 진성 리더십, 셀프리더십, 여성리더십 등 수많은 리더십 유형들이 논의되고 있으며, 대통령 리더십, 장군 리더십, 팀장리더십, 팔로워십 등 각종 역할에 따른 리더십들이 언급되고 있다. 이제 리더십은 군대나 회사 조직에 한정되지 않고, 스포츠, 예술, 문화, 종교, 가정, 집단, 단체, 비공식 조직 등 인간 생활의 전반적인 영역에 걸쳐 관심의 중심에 위치하며 다양한 방식으로 연구되고 있다.

1.2. 리더십 개발의 필요성

리더와 리더십이 조직의 성패에 미치는 영향이 매우 큰 만큼 리더 양성과 리더십 개발에 대한 관심과 노력은 아주 오랜 시절부터 계속되어 왔다. 고대의 왕이나 군주들은 자신의 뒤를 이어나갈 후계자들을 교육시키기 위해 국사를 채용하였으며, 이들을 통하여 왕이 갖추어야 할 가치관과 예법, 세계관, 군사적 식견 등을 익히도록 하였다. 조선 초기 왕세자들은 성균관에 입학하여 서연관들로부터 일과표에 의거하여 제왕교육을 받았다고 한다.

오늘날 세계적으로 유명한 대기업들은 기업 고유의 인재상을 설정하고 그에 합당한 선발시스템과 리더십 교육기능을 담당하는 부서들을 운영하고 있다. 인재육성을 잘하는 세계적 조직들은 인재육성시스템에 많은 예산을 투자하고, CEO를 포함한 리더들이 적극적으로 참여하고 있다. 미국 기업들의 경우 리더십 교육을 위해 2015년을 기준으로 한해에 약 1,600억 달러를 투자하고 있으며, 전 세계적으로는 약 3,500억 달러가 투자되고 있다(HBR, 2016년 10월호). 세계 최고의 비영리 리더십 교육기관인 미국의 창조적 리더십센터(center for creative leadership)에서는 매년 약 3만 명의 수강생들이 리더십 교육을 받는다. 미 제너럴일렉트릭(GE)사는 1956년부터 '잭월치 리더십개발센터(Crotonville 연수원)'를 운영해 오고 있는데, 이 연구소는 GE의 기업문화 변화에 가장 핵심적인 영향을 미치고 있다. GE의 최고 경영자들 중 95%가 이곳을 거쳐 갔으며, GE는 매년 10억 달러를 이곳에 투자하고 있다[1].

일본의 경우 미래 인재 양성소인 마쓰시타의 정경숙을 비롯해서, 후지쓰, 히타치, 도시바, 시마즈, 덴소, 미라이 공업, 파나소닉, 교세라, 도요타 등 수많은 기업들이 임직원들의 리더십 교육에 높은 관심과 재원을 투자하고 있다. 국내의 경우에도 삼성의 인재개발원과 LG의 인화원을 비롯해서 상당수의 기업들이 임직원들을 대상으로 한 리더십교육 프로그램들을 운영하고 있다.

리더십 개발 교육에 대한 관심은 민간분야뿐만 아니라 군대에서도 매우 강조되고 있으며, 장교와 부사관들의 리더십 교육에 많은 노력을 기울이고 있다. 미 육군의 경우 교육사령부 예하에 리더십 센터를 설치하고, 이곳을 통하여 육군의 리더십 개념을 발전시키고 다양한 교육 프로그램을 적용하고 있다. 독일 연방군은 독자적인 교육기관인 내적 지휘센터(Innere Führungszentrum)를 통해, 장병들을 대상으로 리더십과 민주시민 교육을 실시하고 있다. 한국군은 대략 2005년부터 각 군에 리더십센터를 설치하고 군 고유의 리더십을 연구하고, 간부들을 대상으로 리더십 교육을 실시해 오고 있다. 정예장교를 양성하는 사관학교에서도 학습-실천-평가-피드백의 순환시스템을 활용하여 장기간에 걸친 리더십 개발 프로그램을 운영하고 있다.

국내·외를 막론하고 민간 분야에서부터 군사 분야에 이르기까지 거의 모든 조직체들은 구성원들의 리더십 개발 교육에 높은 관심을 갖고서 많은 예산과 노력을 투자하고 있는 이유는 리더십 개발 교육이 조직의 성과와 목표달성에 상당한 영향을 미치기 때문이다. 이외에도 리더십 개발이 중요한 이유는 여러 가지가 있다.

첫 번째는 조직이 요구하는 인재를 확보하는 데에 있어서 선발시스템만으로는 한계가 있다는 것이다. 대부분의 기업이나 군에서는 각자가 원하는 인재상을 설정하고, 그 인재상에 적합한 인원을 선발하고자 한다. 그러나 선발과정에서는 그 조직에서 요구되는 업무수행 역량을 충분하게 갖춘 사람을 선발한다는

1 http://biz.chosun.com/site/data/html_dir/2017/11/03/2017110300704.html

것은 어려운 일이다. 따라서 대부분의 조직들은 지적역량, 가치, 성격과 같이 교육을 통한 변화가 어려운 부분들은 선발과정에서 검증을 하고, 조직과 리더에게 요구되는 직무역량들은 선발 이후의 교육과 훈련을 통하여 개발시키는 방략을 택하고 있다.

두 번째는 조직의 지속적인 발전을 위한 후계자 양성이다. 후계자 양성은 업무의 연속성과 창의적 활동을 위해 역량이 우수한 잠재적 후보들을 대상으로 집중적인 교육을 시키는 것을 의미한다. 조직에서 전문성과 경륜을 갖춘 관리자의 뒤를 이어서 준비되지 않은 후임자가 그 임무를 수행하는 상황이 발생한다면 인원 교체 후 상당한 기간 동안 혼란 속에 빠지게 된다. 그런데 다음 상위 직책을 대비하여 충분한 교육과 훈련을 경험한 후보자들이 있다면, 빠른 시일 내에 업무를 정상화할 수 있다. 즉 리더십 개발은 잠재역량이 우수한 인적 자원 풀(Pool)을 유지시켜 줌으로써 관리직 승계과정에서 발생하기 쉬운 혼란을 최소화시켜 준다.

세 번째는 급격하게 변화되어 가는 외부환경에의 적응과 대응이다. 계속해서 진행되고 있는 세계화 추세는 기업과 조직으로 하여금 해당 국가를 넘어서서 폭넓은 세계관을 갖도록 요구하고 있으며, 조직의 리더들도 세계적인 리더로서의 자질과 역량을 요구받고 있다. 기업들은 경쟁위주의 사고에서 벗어나 협업을 통한 시너지 효과를 추구하며, 구성원들을 평가하는 데에 그치지 않고 권한을 위임하고 역량을 개발해 주는 리더들을 원한다. 주어지는 요구에 반응하는 수동적인 존재가 아니라 외부 환경에 선제적으로 대응해 나가는 능동적인 리더들이 요구되고 있다. 지시하고 말하기보다는 경청하고 코칭해 주는 리더들이 필요하다. 이렇게 변화되는 리더십은 자연적으로 형성되는 것이 아니고 체계적이고 지속적인 교육을 통하여 갖추어 질 수 있다(Lawson, 2008). 리더십 개발 교육은 리더들로 하여금 시야를 넓혀 글로벌 관점에서 전략적으로 사고하게 하고, 주어진 과업에 그저 반응하는 존재가 아니라 시대 변화에 능동적으로 대응하는 변혁적인 활동을 촉진시켜 준다.

네 번째는 리더십이 저절로 개발되지 않기 때문이다. 리더십 개발은 자연적인 경험을 통해서만 목표에 도달할 수 없으며, 체계적인 교육과 훈련이 요구된다. 관리자나 경영자들은 리더십이 매우 중요하다는 점에서는 공감하고 있으나, 리더십의 개발을 위한 재원과 노력의 투자에는 인색하다. 왜냐하면, 관리자들이 구성원들의 리더십 개발에 노력을 기울인다 하더라도 이에 대한 조직의 보상이 약하고, 또 부하들의 리더십 개발에 등한하더라도 별다른 요구가 없기 때문이다.

다섯 번째는 리더십 개발 활동을 통하여 조직차원에서 얻어지는 이득이 많기 때문이다. 우선적으로 리더십 개발 교육은 조직에 공동체적 문화를 유지시켜 준다. 리더십 교육을 통하여 구성원들이 조직의 비전, 임무, 가치, 목표 등을 공유하게 되고, 역동적이며 지지적이며 팀지향적인 문화를 구축할 수 있다. 또한 리더십 개발 교육은 기존의 구성원에게만 영향을 미치는 것이 아니라 우수한 인적자원의 신규 확보에도 유리하다. 리더십 개발을 통하여 추구하는 인재상에 적합한 인원을 선발하게 되고, 또한 개발 프로그램의 유익함이 조직을 홍보하는 부가적인 이득을 얻을 수 있게 해 준다.

2. 리더십 개발의 성패

2.1. 리더십 개발의 실패 원인들

리더십 개발은 기업과 조직의 성패와 경쟁력 제고에 미치는 영향이 지대하다. 그렇게 때문에 세계 일류 기업들과 공조직들에서는 많은 예산을 투자하여 직원들의 리더십 배양을 위한 노력들을 아끼지 않고 있다. 그러나 모든 리더십 개발활동이 반드시 효과를 보이는 것만은 아니다. 많은 기업들이 리더십 개발을 위해 상당한 비용과 노력을 투자하고 있지만, 투자 대비 수익 계산에서 만족스러운 결과를 얻지 못하는 경우도 있다.

2011년 미국의 기업리더십위원회가 50개 기관 1,500명의 고위관리자를 대상으로 인터뷰를 실시한 결과, 응답자의 3/4은 사내학습과 리더십 개발담당 부서에 대해 불만족을 표현하였으며, 사업성과를 내는 데에 있어서 리더십 개발담당 부서가 핵심역할을 하였다고 응답한 비율은 응답자의 1/4수준이었다 (Schrader, Finnstrom, & Beer, 2016). 유사한 예로서 한 제조업체가 안전교육을 위한 첨단센터에 약 2,000만 달러를 투자하였음에도 불구하고, 이 제조업체에서 수차례의 사망사고가 발생하였다. 이러한 사례들은 리더십 개발교육이나 안전교육 등의 효과성에 대한 회의적인 입장을 강화시킨다.

변화에 대한 장애 요인들

그렇다면 실패의 원인이 리더십 개발을 위한 교육과정에 있는 것일까? 리더십 교육을 통하여 사고와 행동이 변화된 교육생들이 자신의 조직에 돌아가서 높은 성과를 나타내지 못하고, 오히려 조직 환경에 부적응하는 경우가 많다고 한다. 이들의 경우 희망이 절망으로 바뀌고 학습된 무기력감에 빠지게 된다. 그렇다고 해서 우리는 이러한 현상의 원인이 리더십 교육과정의 비효과성 때문이라고 단정지을 수는 없다. 리더십 교육의 성과를 연구하는 전문가들은 리더십 교육과정 그 자체 보다는 조직의 직무환경에 더 큰 원인이 존재하는 경우가 많다고 한다. 이들은 아무리 좋은 씨앗이라고 해도, 성장조건이 되는 토양이 좋지 않으면 풍성한 결실을 맺을 수 없다는 주장이다. 결국 러더십 개발 교육의 성공적인 효과를 달성하기 위해서는 교육과정을 훌륭하게 개발하는 노력과 더불어 토양이 되는 조직의 문화가 함께 변화되어야 한다는 것을 시사해 준다. 그렇다면 기업의 경우 리더십 개발활동의 성과를 저해하거나 약화시키는 요인들에는 어떠한 것들이 있는가?

Schrader et. al.(2016)은 조직에서의 변화를 저해하는 여섯 가지 요인들을 언급하였다.

첫째는 변화전략과 가치에 대한 방향설정이 불명확한 경우이다. 즉 변화에 대한 방향이 불명확하거나, 변화를 추구하는 핵심가치에 대한 논의가 부족한 경우이다. 또는 추구하는 가치가 비현실적이거나 실현 가능성이 낮은 경우에도 변화의 목적을 달성할 수 없게 된다.

둘째는 임원진들의 팀워크가 부족하거나 새로운 방향의 모색에 무관심한 경우이다. 아울러 임원진들 스스로가 변화되어야 할 필요성을 인정하지 않는 경우이다. 임원진들이 현상유지에 급급하고 사고만 발생하지 않으면 된다는 방어적인 태도를 취하고 있는 한, 모험과 실수를 통한 변화의 가능성은 줄어든다.

셋째는 리더가 톱다운(top-down) 혹은 자유방임형 스타일이어서 소통이 어려운 경우이다. 리더에서 부하로의 일 방향적인 채널만이 존재하고, 아래 사람들의 의견이 상향 전달되기 어려운 여건에서 변화를 위한 주도적인 참여는 이루어질 수 없다. 이러한 리더십 스타일을 갖고 있는 리더들은 부하들의 리더십 개발에 관심을 갖지 않는 경우가 대부분이다.

넷째는 직원들이 고위급 임원들로 구성된 시니어 팀에 조직의 효율성을 저해하는 장애물에 대해 말하기를 두려워하는 권위적이고 경직된 조직문화이다. 이러한 조직문화에서는 소통이 원활하게 이루어지지 못한다.

다섯 번째는 조직설계 상의 문제로서 사업부문별, 기능별 부서 간 조정이 어려운 경우이다. 또는 물리적인 거리로 인하여 조정이 곤란한 경우이다.

여섯 번째는 경영진 스스로가 인재 확보와 역량개발에 시간할애와 관심이 부족한 경우이다. 이러한 경영진들은 인재관리에 대한 마인드 자체가 부족하다.

리더십에 대한 오해들

조직에서의 추진되는 리더십 개발 노력과 그 성과를 저해하는 요인으로 리더십에 대한 오해들도 한 몫을 한다. 리더십에 대해 근거가 없고 제한적인 생각들은 오히려 리더십 개발을 방해하기도 한다(Hughes, Ginnett & Curphy, 2009).

첫 번째 오해는 좋은 리더십은 상식적이라는 것이다. 즉 좋은 리더가 되기 위해서 필요한 건 상식이라는 것이다. 여기에는 당장 상식이라는 용어가 불분명하다는 점에서 문제를 내포한다. 우리는 상식수준에서 옳다고 생각하는 두 가지 속담이 서로 상반되는 경우를 보면서 일반적인 상식들의 부정확성과 비논리성을 경험하게 된다. 예를 들면 우리는 "떨어져 있으면 그리움은 더해진다"라는 속담과 "안 보면 마음도 멀어진다"라는 두 속담을 다 믿는다. 만약 리더십이 상식 수준에서 이루어지는 것이라면 일반적으로 리더와 팔로워 사이에 문제가 발생할 가능성은 거의 없어야 한다. 그러한 현실은 그렇지 않다. 리더십은 상식 그 이상이다.

두 번째 오해는 리더는 만들어지는 것이 아니라 타고 나는 것이라는 생각이다. 일부는 리더가 타고난 것이라고 하는 반면에, 다른 일부는 리더는 인생 경험을 통하여 만들어지는 것이라고 한다. 사람들의 특성들 중에는 유전의 영향을 크게 받는 것들이 있다. 키와 얼굴 그리고 지능과 같은 특성들은 유전도가 높은 대표적인 특성들이다. 그러나 영웅에 대한 연구나 리더에 관한 연구 결과들은 선천적인 결정론보다는 환경적인 요인과의 상호작용을 지지한다. 즉 리더는 타고난 측면이 없지 않아 있지만 후천적인 노력을 통하여 개발된다고 보는 것이 일반적이다. 앞에서도 유사하게 언급하였지만, 인간의 모든 것이 선천적으로 결정되어진다면 우리 사회의 교육자체가 의미를 상실하게 될 것이다.

세 번째 오해는 리더십이란 정규과정에 의해 개발될 수 있는 성격이 아니라 실제 경험을 통해서만 얻어질 수 있다는 생각이다. 이러한 배타적인 생각은 잘못된 것이다. 정규과정에 의한 교육과 경험은 상호 보완적이라고 보아야 한다. 초보적인 리더들이 주어진 상황을 스스로 파악하고 대응해 나가는 것은 쉬운 일이 아니다. 리더십에 대한 정규 교육과정은 리더들로 하여금 리더십 상황을 파악할 수 있는 다양한 방법들을 제시해 주고 주어진 상황이 어떻게 진행될 것인가를 예측할 수 있게 해준다.

2.2. 리더십 개발의 성공원칙

조직에서 리더십 개발 활동이 성공적인 결과를 얻기 위해 갖추어야 할 요건들은 무엇일까? 일부 리더십 개발 전문가들은 리더십 개발 프로그램의 성공적인 구축을 위해 다양한 가이드라인을 제시하고 있다.

Colvin(2007)은 성공적인 리더십 개발 프로그램은 갑자기 만들어지는 것이 아니며, 매우 신중하게 계획되어야 한다는 것을 강조한다. 또한 개인의 요구와 조직의 요구 양자를 충족시킬 수 있도록 프로그램들이 계획되어야 하며, 리더십 역량들이 발달적으로 평가되고, 선임 관리자들의 적극적인 참여를 권장한다. 콜빈은 성공적인 리더십 개발 프로그램의 구축을 위해 최상위 10위권에 해당되는 기업들에서 공통적으로 관찰되는 사항들을 정리하여 다음과 같이 제시하고 있다.

- 리더십 개발을 위해 시간과 재원을 투자해야 한다.
- 촉망받는 리더들을 조기에 파악하도록 한다.

- 리더들의 배치를 전략적으로 운영한다.
- 리더들을 현재의 직무를 기준으로 개발시킨다.
- 피드백과 지지에 열의와 성의를 보이도록 한다.
- 개인보다는 팀의 개발에 주력한다.
- 감명을 통한 리더십을 구사하도록 한다.
- 리더들로 하여금 해당 그룹에서 적극적으로 행하도록 격려한다.
- 리더십 개발을 문화의 일부분이 되도록 한다.

한편, Byrne와 Rees(2006)는 성공적인 리더십 개발 프로그램의 구축을 위해 또 다른 안내 원칙들을 다음과 같이 제시하고 있다.

- 리더십 개발 프로그램은 조직의 임무, 비전, 가치, 목표, 그리고 전략적 주도성을 지향해야 한다.
- 리더십 개발 프로그램은 결과에 기초하고 측정 가능해야 하며, 조직의 투자에 대한 명확한 이득이 주어져야 한다.
- 리더십 개발 프로그램은 장기간에 걸친 성공을 위한 조직의 관여를 반영해야한다.
- 리더십 개발 프로그램은 역량에 기초해야 한다.
- 리더십 개발 프로그램은 자기관리와 성인 학습의 기초에 근거해야 한다.
- 리더십 개발 프로그램은 다층 학습 수준을 포함해야 한다.
- 리더십 개발 프로그램은 학습 진단 측정치들을 포함해야 한다.
- 리더십 개발 프로그램은 개인 학습 계획을 위한 준비를 갖추어야 한다.
- 리더십 개발 프로그램은 학습문화를 통하여 조직 전체로부터 충분히 지지되어야 한다.
- 리더십 개발 프로그램은 장기간 지속되도록 해야 한다.

리더십 개발과 관련된 다양한 의견들을 종합적으로 살펴볼 때, 기업이나 조직에서 리더십 개발 활동이 성공적으로 운영되기 위해서는 다음의 원칙들이 반영되어야 한다.

첫째는 최고경영자를 비롯한 임원진들(군대의 경우 지휘관들)의 적극적인 관심과 투자가 이루어져야 하며, 아울러 리더십 개발 활동에 직·간접적으로 참여하여야 한다. 최고 경영자 그룹의 관심과 지지는 리더십 개발을 위한 예산과 인력의 확보에서부터 리더십 개발 프로그램에의 참여도와 프로그램의 지속성에 지대한 영향을 미친다. 따라서 리더십 개발을 담당하는 책임부서는 리더십 개발 활동의 필요성과 기대되는 효과에 대한 설득력 있는 정보를 최고경영자 그룹에 제공해야 한다. 예를 들면, 조직에서 인간 성장과 개발의 중요성이나 생산적이고 효율적인 리더의 중요성을 강조하고, 리더십 개발 활동이 조직의 임무, 비전, 가치들, 목표들, 그리고 전략적 주도성 확보 등과 매우 밀접하게 연관되어 있다는 점을 부각시켜야 한다.

둘째는 리더십 개발 활동의 결과가 측정가능한 성과로 나타날 수 있어야 하며, 조직에 의미 있는 투자회수율을 보여주어야 한다. 이를 위해서는 리더십 개발 프로그램들이 조직에서 요구되고 생산적 활동을 창출시킬 수 있는 역량(competency) 개발에 집중되어야 한다. 아울러 리더십 개발이 새로운 경쟁 환경에의 적응에 도움이 되어야 한다.

셋째는 리더십 개발의 목표가 리더의 직무수행 능력향상 뿐만 아니라 후계자 양성을 포함하여야 한다. 리더십 개발은 리더들로 하여금 현재 맡고 있는 역할을 성공적으로 수행하도록 다양한 역량을 개발해 주면서도, 향후 더 높은 수준의 직책을 수행할 수 있는 역량을 개발시켜야 한다. 이를 위해서는 잠재역량이 우수한 자원들을 미리 발굴하여 리더십 개발 프로그램에 참여하도록 해야 한다. 또한, 리더십 개발 프로그램은 개인의 발전뿐만 아니라 조직의 단·장기적 요구를 충족시킬 수 있도록 구성되어야 한다.

넷째는 리더십 개발 활동이 리더 자신들의 변화뿐만 아니라 조직의 문화를 함께 변화시킬 수 있도록 구상되어야 한다. 앞에서 리더십 개발 활동이 실패하는 원인들 중 하나로 부정적인 조직문화에 대해 언급하였다. 조직의 문화가 함께 변화되지 않을 경우, 리더십 개발 교육의 효과는 약화되거나 소실될 가능성이 높다. 따라서 조직 전체적으로 학습의 중요성에 대한 인식을 강화시키고, 리더들이 해당 조직에서 적극적으로 활동할 수 있도록 시간적 여유와 지지가 이루어져야 한다. 리더십 개발이 일부의 관심사가 아니라 조직 전체의 관심사가 되도록 해야 한다. 최고경영자 그룹의 관심은 이러한 조직의 여건과 분위기 조성에 매우 중요한 의미를 갖는다.

다섯째는 리더십 개발을 위한 프로그램들이 체계적이며 효과적으로 설계되어야 한다. 리더십 개발 프로그램들은 다층의 학습수준을 고려하여 설계되어야 하며, 성과를 입증할 수 있도록 다양한 평가수단들은 프로그램 설계과정에서부터 함께 고려되어야 한다. 또한 프로그램들이 자기관리와 성인학습을 기반으로 제작되도록 해야 한다. 성공적인 프로그램 설계에 대한 논의는 다음 장에서 구체적으로 논의될 것이다.

3. 리더십 개발 모형과 시스템적 접근

앞에서 리더십의 중요성과 리더십 개발의 필요성에 대해 충분한 공감이 이루어졌다면, 이제 리더십을 개발하는 문제에 직면한다. 우리는 리더십을 개발시키기 위해 다양한 활동과 노력들을 시도할 수 있다. 그런데 어떻게 해야 이러한 활동과 노력들을 통하여 성공적인 결과를 얻을 수 있는가? 이에 대한 해답으로 우리는 두 가지 이슈에 대해 논하고자 한다.

첫 번째는 리더십 개발 모형에 관한 것이다. 리더십을 개발하는 방법에는 여러 가지 방법이 있겠지만 가장 효과적인 방법은 무엇인가에 대해 생각해 보아야 한다. 본 절에서는 리더십 개발에서 경험과 더불어 성찰의 중요성에 대해 언급하고자 한다.

두 번째는 리더십 개발을 위한 활동들이나 프로그램들이 시스템적 관점에서 실행되어야 한다는 것이다. 이는 리더십 교육과정이 대학의 교과과정이 만들어지는 과정과 유사한 개념으로 구성되어야 한다는 것을 의미한다. 리더십 개발은 다양한 활동들이 연속성과 계속성을 유지한 채 시스템적으로 설계되어야 한다. 본 절의 후반에서는 리더십 개발을 위한 프로그램들의 시스템적 접근에 대해 설명하고자 한다.

3.1. 리더십 개발에서 경험과 성찰

리더십 개발은 일종의 학습과정으로서 경험이 매우 중요하다. 경험은 조직생활에서 자연적으로 발생할 수도 있으며 의도된 계획에 의하여 주어질 수도 있다. 조직에서 어떤 직책을 수행하는 과정에서 시행착오를 경험하기도 하고, 자신의 리더십의 결과를 경험하기도 한다. 우리들의 주변에는 자신의 리더십 발전에 도움을 줄 수 있는 사람들이 있다. 가정에서는 부모들이, 직장에서는 상사들이, 학교에서는 교육자들이 나에게 도움을 줄 수 있는 잠재군들이다. 업무와 관련된 과제(task)도 나의 성장에 도움이 될 수 있다. 새로운 프로젝트를 맡고, 도전적인 과제를 수행해 나가면서 자신의 역량을 발전시킬 수 있다. 또한 최고 경영자들이 리더십을 중요하게 생각하는 경우, 조직 자체적으로 구성원들을 대상으로 다양한 리더십 개발 프로그램들을 적용할 수도 있다.

그런데 스스로 모든 것을 경험하는 데에는 한계가 있다. 그래서 경험은 그것이 자신의 경험이 아닌 타인의 경험이라고 하더라도 도움이 될 수 있다. 2차 세계대전시 대표적인 장군이며 리더였던 Matthew Ridgeway 장군은 "우수한 자질을 갖고 태어난 사람이라 하더라도 일생을 통해 자신이 경험할 수 있는 것은 매우 제한되어 있다. 타인의 경험은 최고의 스승이다"라고 말하였다. 또한 경험은 개인적 속성이 강하다. 경험은 상황에 따라서 그 의미가 달라지고, 새로운 상황에서 그대로 적용할 수 없는 경우가 많다. 그래서 경험이 오히려 구속이 되는 경우도 있다. 자신이 경험한 것에 집착하고, 자신의 생각만을 주장하다 보면 부정적인 결과를 초래할 가능성이 높아진다. 이처럼 개인적 경험의 한계를 극복하기 위해서 리더는 개인적 차원의 경험을 넘어서서 다른 사람의 지식과 경험에서도 배울 수 있어야 한다. 이러한 의미에서 리더십 개발을 위한 정규 교육과 훈련의 역할도 중요하다. 대학 수준의 리더십 과정에서 리더십에 대한 주요 개념들을 학습하고, 초급 리더를 대상으로 하는 교육에서 동료와 부하들을 교육시키고 피드백하는 법을 학습하고, 고위급 리더를 대상으로 하는 교육에서 전략적 기획과 대외활동을 학습할 수 있다.

리더십 개발에서 도전적인 경험과 교육이 중요하지만, 이들만으로 성공적인 결과가 보장되지는 않는다. 경험과 교육을 통하여 성장하기 위해서는 경험과 교육에서 무엇인가를 배울 수 있는 능력이 있어야 한다. 즉 리더십 개발은 어떤 경험을 갖는가보다는 어떻게 그러한 경험을 성장으로 연결시키는지가 더 중요하다는 것을 의미한다. T. S. Elliot은 "어떤 사람은 경험을 하고도 그 의미를 놓쳐 버린다. 어떤 사람들은 도전적인 경험에서 많은 것을 얻지만, 어떤 사람들은 아주 적게 얻는다. 성장이란 자동적인 것이 아니다"라고 말하였다. 이러한 맥락에서 리더십 개발이 성장으로 연결되기 위해서는 성찰이 필수적이다. 성찰은 자신의 경험과 학습한 지식에 대해 생각하고 적용가능성을 높여주는 사고과정이다. 이러한 성찰은 적절한 피드백을 통해 그 효과가 극대화될 수 있다.

Hughes, Ginnett & Curphy(2009)는 가장 효과적으로 리더십을 개발하는 방법으로 행동(Action)－관찰(Observation)－성찰(Reflection)이 나선형으로 이루어지는 것을 제안하였다. 이들은 리더가 행동을 하고 나면, 리더는 그 행동의 결과를 관찰하고, 그 의미나 중요성에 대해 성찰해야 하며, 이와 같은 A－O－R 활동이 나선처럼 지속적으로 수행되어질 것을 강조한다. 미 육군사관학교 리더십 및 행동과학과 교수인 J. N. LeBoeuf 박사도 리더십의 성장과 개발을 위해서 경험과 교육 그리고 성찰이 점차 더 많은 경험으로 확대되어져야 한다고 말하였다.

리더십 개발과 성장 = 경험 +
새로운 지식(교육/훈련) + 성찰(지원과 피드백이 주어지는)
+ 실행(더 많은 경험)

3.2. 리더십 개발의 시스템적 접근

리더십 개발의 세 가지 과제

리더십 개발에 대한 실제적인 방안을 모색하고자 할 때 우선적으로 제기되는 세 가지 이슈가 있다. 첫 번째는 리더십의 개발 내용에 관한 것이며, 두 번째는 리더십의 개발 방법에 관한 것이다. 그리고 세 번째는 리더십 개발의 효과 평가에 관한 것이다.

첫 번째 이슈는 '리더십 개발 내용으로 무엇을 개발할 것인가?'라는 질문이다. 조직에서 요구되는 리더십은 조직의 특성, 리더의 직급, 영향력의 범위, 시대적 상황과 조직의 여건 등에 따라 상이하다. 예를 들면 미 육군은 장교들에게 품성과 역량을 갖춘 리더가 될 것을 요구한다. 여기서 품성은 가치관, 인성, 지성, 군인다움, 체력 등을 의미하고, 역량은 조직을 이끌고, 개발하고, 과업을 성취하는 것을 의미한다. 어느 한 기업은 사원들에게 도덕적이고, 책임의식을 견지하고, 도전의식을 갖춘 창조적 인재를 요구한다. 리더십 이론들마다 강조하는 효과적인 특성과 행동들이 각기 다르다. 특성이론, 행동이론, 상황이론과 같은 전통적인 리더십 이론들과 더불어 카리스마 리더십, 변혁적 리더십, LMX, 임파워먼트 리더십, 진성 리더십 등 다양한 리더십 이론들은 각기 나름대로의 특성과 행동을 강조한다. 성공한 유명인사들마다 각기 자신의 경험에 기초하여 나름대로의 리더십을 설명한다. 그렇다면 우리는 어떤 리더십을 개발시켜야 할 것인가? 대부분의 리더십에서 공통적으로 강조되는 요소들을 중심으로 리더십을 개발할 것인지, 아니면 조직에 특수한 요소들을 우선적으로 개발할 것인지 등등의 이슈들이 우선적으로 해결되어야 한다.

두 번째 이슈는 리더십 개발 방법에 관한 것으로서 '리더십을 어떻게 개발할 것인가?'라는 문제이다. 리더십을 개발시키기 위한 방법으로 조직에서 공식적으로 운영하는 리더십 개발 프로그램을 활용할 수 있다. 리더십 개발 프로그램들은 조직에서 자체적으로 개발할 수도 있으며, 외부의 도움을 받거나 요청을 하여 작성될 수 있다. 또는 구성원들이 개별적으로 직무경험을 통하여 자신의 리더십을 개발시킬 수도 있다. 최근에 홍수처럼 쏟아지는 자기개발서를 활용하는 것도 한 방법일 것이다. 그렇다면 어떤 프로그램을 활용하는 것이 가장 효과적일까?

세 번째 이슈는 '리더십 개발 활동이 성공적인 결과를 가져다 주는가?'라는 문제이다. 학교기관에서 학업의 성취도를 판단하기 위해 다양한 평가를 실시하는 것과 마찬가지로 기업이나 공조직에서 이루어지고 있는 리더십 개발 활동들이 어느 정도의 성과를 나타내는지 평가되어야 한다. 오늘날 리더십 개발 현장에서 가장 일반적으로 이루어지고 있는 평가활동들을 살펴보면, 대부분의 경우 교육이 종료되는 시점에서 교육에 대한 만족도를 평가한다. 그런데 리더십 개발 교육을 통해 기대하는 진정한 효과는 교육을 받은 사람들이 향후 자신들의 직무에서 더 높은 성과를 얻는 것이다. 따라서 개발활동의 성과를 판단하기 위해서는 매우 체계적인 평가활동이 이루어져야 한다. 그렇다면 어떻게 평가하는 것이 가장 효과적인가?

위에서 언급한 세 가지 이슈를 효과적으로 풀어나가는 방법은 리더십 개발 프로그램들을 시스템적으로 설계하는 것이다.

리더십 개발의 시스템적 설계

리더십 개발을 위한 프로그램들의 설계는 어떻게 이루어져야 하는가? 가장 단순한 방법은 합의된 개발 내용들을 개발시키기 위해 먼저 연관된 개발 방법들을 탐색하고, 이들을 조합하여 실행 계획을 작성하는 것이다. 그러나 이러한 단순한 접근방법은 여러 가지 문제점을 유발할 가능성이 농후하다. 먼저 리더십 개발 내용과 개발 방법에 대해 조직차원의 합의가 부족할 가능성이 높으며, 프로그램에 참여하는 사람들의 요구를 합목적적으로 만족시키기에 미흡할 가능성이 크다.

따라서, 리더십 전문가들은 조직 차원의 리더십 개발 활동이 시스템적으로 설계될 것을 적극적으로 권장한다. 여기서 시스템적 설계란 리더십 개발을 위한 제반 프로그램들이 교육계획, 교육과정, 교육 종료 후 성과에 이르기까지 전체적인 과정에서 구성되는 것을 의미한다.

리더십 개발 교육을 시스템적으로 설계할 경우 여러 가지 유익한 점들이 있다. 첫째, 교육과정의 전체적인 맥락을 조망할 수 있다. 둘째, 각 단계별 활동들을 상호 조율하여 시간과 공간의 충돌을 예방하고 노력의 중복을 최소화할 수 있다. 셋째, 교육과정의 정상적 진행 여부를 판단할 수 있다. 넷째, 교육 과정의 성공적인 적용 가능성을 향시켜 준다. 다섯째, 교육과정의 시작과 지속적 유지에 도움을 준다.

시스템적 설계 모델

교육의 시스템적 설계로서 가장 많이 언급하는 기본 모델은 타일러(Tylor) 모형이다. 타일러(1949)의 모형은 학교의 교육과정을 설계할 때, 가장 기본적으로 고려되는 틀이다. 이 모형은 교육과정을 설계하는 과정으로서 아래와 같은 절차가 적용될 것을 제안한다. 먼저 교육 목표를 설정하고, 가능한 교육 경험들을 선정한 다음, 이들을 조직하고 실행하며, 최종적으로는 평가를 시행하는 것이다.

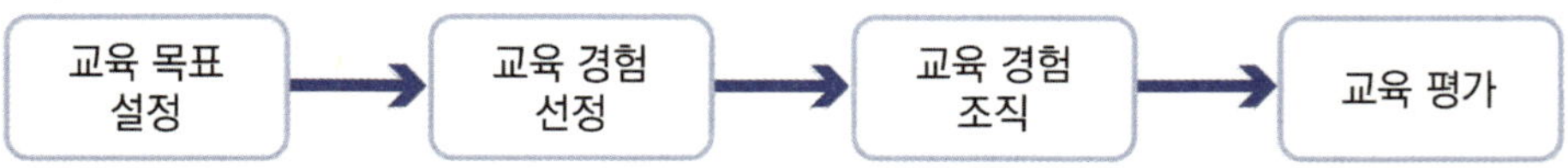

Tylor가 제시한 교육과정 설계의 초기모형을 시작으로 최근까지도 다양한 형태의 교육과정 설계모형들이 등장하였다. 이들 중에서 리더십 개발 프로그램들을 설계하는 상황에 가장 최적의 방식은 교수시스템설계(Instructional System Design, ISD) 모형에 기초한 시스템적 접근이다. 그리고 이러한 시스템적 접근에 기초하여 교육과정을 설계하는 대표적인 모형이 ADDIE 모형이다. ADDIE는 교육과정을 제작하는 활동들의 영문 앞 철자들을 의미한다(Analysis, Design, Development, Implementation, Evaluation).

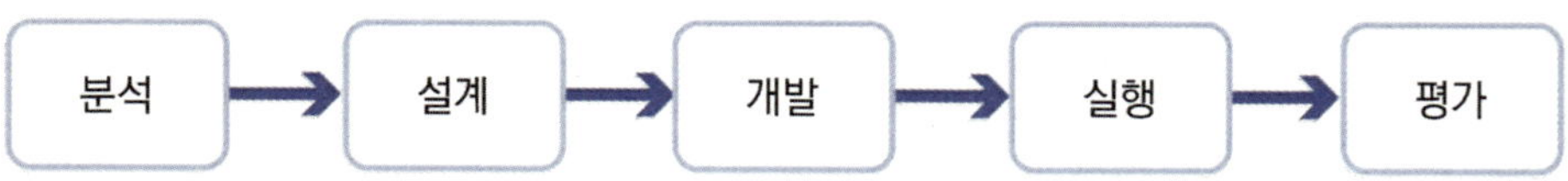

ADDIE 모형은 리더십 개발을 위한 활동들을 구성할 때 제일 먼저 분석(analysis)이 이루어질 것을 요구한다. ADDIE 모형의 첫 번째 단계인 분석에서는 조직에서 요구하는 것과 학습자에게 필요한 것들을 종합적으로 파악하고, 도달하고자 하는 목표수준과 현재수준간의 차이를 확인한다. 분석단계에서 이루어지는 가장 중요한 과업은 직무분석(Job analysis)이다. 해당 직책을 수행하는 데에 요구되는 것이 무엇이며, 현재 어떤 상태인가를 분석하는 작업이다.

ADDIE 모형의 두 번째 단계는 설계(design)이다. 설계과정에서는 리더십 개발 교육의 목표를 설정하고, 교육에 활용할 수 있는 프로그램들을 확인하고, 교육을 위한 가용 자원과 지원시스템들을 살핀다. 설계과정에서 빠뜨리지 않아야 할 부분이 리더십 개발 프로그램에 대한 평가 계획을 수립하는 것이다. 평가계획은 교육이 종료된 이후에 계획하는 것이 아니라 교육을 설계하는 단계에서 미리 계획되어야 한다.

ADDIE 모형의 세 번째 단계는 개발(development)이다. 이 과정에서는 교육 활동을 보다 더 구체화하고, 교육장면에서 이루어질 활동을 점검하고, 기존 교육 프로그램의 부족한 부분을 보완 및 개발하는 등 교육을 위해 최종적으로 준비를 완료하는 단계이다.

ADDIE 모형의 네 번째와 다섯 번째 단계는 실행(implementation)과 평가(evaluation)이다. 실행단계는 리더십 개발 활동들이 설계된 계획에 따라 실행하는 과정이다. 평가는 리더십 개발 활동에 대한 평가이며, 그 성과에 대한 평가까지 포함한다.

— 02 —

리더십 개발 요인

'무엇을 개발시킬 것인가?'라는 문제는 곧 리더십 관점에서 개발시키고자 하는 요인들을 선정하는 것이라고 볼 수 있다. 요인 선정은 다양한 방법들이 있을 수 있겠으나, 크게 보면 세 가지 방향에서 접근할 수 있다.

한 가지 접근은 전통적인 리더십 연구에서 검증된 효과적인 리더의 특성이나 행동에 집중하는 것이다. 20세기 초부터 진행되어 온 과학적인 리더십 연구들은 특정 상황에서 효과적인 리더의 특성을 연구하거나, 효과적인 리더의 행동을 연구하였다. 일부 연구자들은 효과적인 특성이나 행동이 상황불변적인 속성을 갖는 것이 아니라, 상황에 따라서 동일한 특성이나 행동의 효과가 달라진다는 주장을 하였다. 또 다른 연구들은 성공한 리더와 실패한 리더가 구분되는 특성이나 행동들에 대해 언급하였다. 다음 절에서 보다 더 구체적으로 설명되겠지만, 이 접근은 리더십 개발 요인을 선정하는 가장 손쉬운 방안이기도 하다. 하지만, 이 접근은 리더십 개발 활동을 운영하는 조직의 특성을 반영한 결과에 기초하지 않기 때문에, 자신에게 맞지 않는 옷을 입는 경우가 될 수 있으며, 궁극적으로 리더십 개발 활동의 효과가 미약하게 될 가능성이 크다.

두 번째 접근은 최근에 강조되는 새로운 리더십 이론을 받아들이는 것이다. 이 접근은 변혁적 리더십 이론이나 카리스마적 리더십 이론을 비롯하여, 서번트 리더십, 진성 리더십, 임파워먼트 리더십, 여성 리더십 등에서 논의되는 리더의 특성이나 행동들을 리더십 개발 요인으로 선정하는 것이다. 이 접근의 한 가지 장점은 시대적인 상황을 반영하고 있다는 점에서 교육을 수강하는 사람들의 참여 동기를 높여줄 수 있다는 점이다. 하지만 이 접근 역시 해당 조직의 특성을 충분히 반영하지 않고 있다는 문제점을 여전히 갖고 있다.

세 번째 접근은 리더십 개발을 전담하는 부서가 주관하여 해당 조직에서 성공적인 리더에게 요구되는 특성과 행동 요인들을 새롭게 도출하는 방안이다. 조직마다 조직의 목표와 특징이 있으며, 시대적 상황이 요구하는 내용들이 있다. 이 접근은 조직의 다양한 계층으로부터 의견을 수렴하고, 또 내·외부 전문가들의 검토를 통하여 가장 효과적인 리더에게 요구되는 자질과 역량요인을 선정하고, 이에 기초하여 리더십 개발 활동을 디자인하는 것이다. 이 접근은 오늘날 대부분의 기업이나 군의 리더십 개발과정에서 가장 널리 활용되고 있는 방안이다. 그러나 이 접근을 위해서는 조직 내부적으로 리더십 교육과 개발에 관해 상당한 수준의 전문성을 갖춘 인력을 보유하고 있어야 한다는 제한점이 있다.

1. 리더십 연구에 기초한 요인 선정

조직에서 구성원들의 리더십을 개발하고자 할 때, 무엇을 개발할 것인가에 대해 답을 구하는 가장 쉬운 방법은 리더십 연구에서 효과적인 것으로 밝혀진 리더의 특성이나 행동을 선정하는 것이다.

20세기 초에 리더십 연구자들은 위대한 리더들이 소유하고 있는 타고난 자질이나 특성 등이 무엇인지에 대해 관심을 갖고 연구하였다. 이들은 위대한 리더들이 일반인과 확연히 구분되는 특성들을 가지고 태어난다고 믿고서 리더와 비리더를 구분하는 명백한 특징을 찾고자 하였다. Stogdill(1948)은 20세기 초부터 약 반 세기 동안 다양한 영역에서 이루어진 특성 연구들을 종합적으로 분석한 결과 아래와 같이 중요한 특성들을 발견하였다.

- 지능(intellignece)
- 각성(alertness)
- 통찰력(insight)
- 책임감(responsibility)
- 주도성(initiation)
- 지속성(persistence)
- 자기 확신(self-confidence)
- 사교성(sociability)

Katz(1955)는 경영관리자들의 경영활동을 직접 관찰한 현장연구에 기초하여 효과적인 리더십은 전문적 기술, 대인관계 기술, 개념적 기술의 세 가지 기술에 달려 있다고 제안하였다. 이 세 가지 기술들은 리더의 직급에 따라서 요구되는 정도가 상이하다. 즉, 상위직에 갈수록 개념적 기술이 더 많이 요구되고, 하위직으로 갈수록 전문적인 기술이 더 많이 요구되며, 대인관계 기술은 모든 직급에서 비슷하게 요구된다.

Mann(1959)은 리더들을 구별하는 특성들에 대하여 발표하였다. Mann이 제시한 특성들은 지능(intelligence), 남성성(masculinity), 적응성(adjustment), 지배성(dominance), 외향성(extroversion), 보수 기질(conservatism) 등이다.

Stogdill(1974)은 또다시 1948년부터 1970년 사이에 이루어진 리더의 특성에 관한 연구 결과들을 분석하였으며, 그 결과 다음과 같은 특성들이 효과적인 리더십과 정적인 상관관계를 갖는다는 것을 확인하였다.

- 책임감과 과업 완성 욕구
- 목표추구에서 활력적인 지속성
- 문제해결에서 모험성과 독창성
- 사회적 상황에서의 주도성의 발휘 욕구
- 자기 확신 및 자기 정체감
- 의사결정과 활동의 결과를 수용하려는 자발성
- 대인 간의 스트레스 완화를 위한 준비도
- 좌절과 지연을 인내하는 수용성
- 다른 사람의 행동에 영향을 미치는 능력
- 목표를 위해 사회적 상호작용시스템을 구조화하는 역량

카리스마적 리더십(charismatic leadership)에서는 리더들이 강한 권력 욕구, 높은 자신감, 자신의 비전에 대한 강한 확신 등의 개인적 특성을 갖고 있다고 설명한다. 아울러 카리스마적 리더들은 매력적인 비전과 이념적 목표를 제시하고 강력하고 설득력 있는 의사소통 형식을 사용하며, 자신의 인상을 관리한다고 한다(House, 1977).

변혁적 리더십(transformational leadership)에서는 네 개의 'I'로 요약되는 요인들이 강조된다. 첫 번째 'I'는 이상적 영향력(Idiealized influence)으로 부하들에게 강력한 역할 모델이 되는 리더의 능력을 말한다. 리더는 매우 높은 윤리적, 도덕적 행동 기준을 갖고서 올바른 일을 하는 것으로 비전과 사명감을 부하들에게 고취시킨다. 두 번째 'I'는 영감적 동기부여(Inspirational motivation)로서 리더가 부하들에게 높은 기대를 표시하고, 일에 대한 도전의식과 의미를 부여하며, 부하들로 하여금 최선을 다해 행동하도록 동기화시키는 것을 의미한다. 세 번째 'I'는 지적 자극(Intellectual stimulation)으로 리더가 성원들의 창의성과 혁신성을 자극하는 것을 의미한다. 네 번째 'I'는 개별적 배려(Individual consideration)로서 리더가 부하들의 개인적인 욕구에도 세심한 관심을 기울이고 지원하는 것을 의미한다(Bass & Avoli, 1994).

진성 리더십(authentic leadership)을 연구하는 학자들 중에서 Walumbwa 등(2008)은 진성 리더의 행동 패턴이 네 가지 요인으로 구성되어 있다고 보았다. 그 네 가지는 자아 인식, 내면화된 도덕적 관점, 균형잡힌 정보처리, 관계 투명성이다. 또한 George(2003)는 진성 리더가 다섯 가지 기본적인 특성을 갖는다고 말한다. 이들에 의하면, 진성 리더들은 진정한 목표의식을 갖고 있고, 올바른 일에 대한 강한 가치관을 갖고 있으며, 타인과 강한 유대감을 형성하여 신뢰를 구축하고, 강한 자제력을 바탕으로, 측은지심과 동정심을 갖는다.

백기복, 서재현, 구자숙, 김정훈(2010)은 한국인의 문화가치를 반영한 리더십 이론으로서 '한국형 리더십'을 제시하였다. 이 이론은 그간 발표된 한국적 리더십 이론개발 문헌들과 한국인의 가치체계를 검토하고, 한국기업 종사자들을 대상으로 설문조사를 실시하여 정립되었다. 이 이론은 리더십 요인을 크게 세 차원, 즉 개인, 관계, 조직의 차원으로 구분하였다. 개인차원에서는 자기긍정·솔선수범·성취열정을, 관계차원에서는 수평조화·하향온정·상향적응을, 조직차원에서는 환경변화와 미래 비전을 제시하였다.

이처럼 새로운 리더십 이론들은 각자 나름대로 리더에게 요구되는 특성이나 역량 또는 행동 특징들을 강조한다. 이 경우 어떤 주장이 더 타당하지 여부를 확인하기 어려우며, 한 가지 이론에서 제시하는 요인들만 치중할 경우 리더십 개발의 완성도에 문제가 발생할 수 있다. 특히 특정한 리더십 이론들은 조직의 특성을 반영하지 않고 있기 때문에, 실제적인 효과 생성이 어려울 수도 있다.

2. 전인적 요인 선정

특정한 이론에 치우치지 않으면서도 조직의 특성을 잘 반영하여 리더십 개발 요소를 도출하는 방법은 해당 조직을 대상으로 해당 조직에서 효과적인 리더십을 발휘할 수 있는 리더상을 구성하는 것이다. 이 리더상에는 리더에게 요구되는 모든 것들, 즉 전반적인 품성과 역량들이 포함된다.

리더상은 해당 조직과 연관된 사람들을 대상으로 가장 효과적인 리더에게 요구되는 요소들에 대해 조사하고, 그 조사 결과를 요약하여 정리한 결과로 나타난다. 리더상을 선정하는 과정에서 해결해 나가야 하는 주요 이슈는 누구를 대상으로 정보를 추출할 것인지(조사대상) 여부와 어떤 관점에서 살펴 볼 것인지(조사관점), 그리고 어떤 방식으로 조사할 것인지(조사방식)에 관한 것이다.

2.1. 조사 대상

리더상을 선정하기 위해 의견을 조사할 대상은 일반적으로 현직 실무자, 시니어그룹, 최고 경영자층, 외부의 요구분석 등이다.

리더상을 조사하는 대상으로 가장 보편적인 집단은 현직의 실무자들이다. 이들은 해당 직무 분야에서 효과적인 리더를 가장 직접적으로 체험하는 사람들이기 때문에, 어떤 리더가 조직을 가장 효과적으로 이끌어가고 또 이끌어 갈 수 있는지에 대해 가장 잘 알고 있다. 다음으로 중요한 조사 대상은 시니어 그룹과 최고 경영자 층이다. 이들은 회사가 추구하는 이념과 가치 그리고 사업전략 등 다양한 관점에서 업무를 추진해 온 사람들이다. 이들에게 중요한 판단은 업무의 성과측면이다. 중간계층의 리더가 구성원들에게 좋은 평가를 받았다 하더라도 조직의 목표를 달성하지 못하거나, 좋은 성과를 얻지 못한다면 유능한 리더라고 평가될 수 없다. 그렇기 때문에 성과를 창출할 수 있는 리더에 대한 요구사항은 상위 계층의 리더들이 더 잘 인식하고 있다.

조직의 지속적인 발전을 위해서 리더상에 반드시 반영되어야 할 요소는 외부의 요구에 상응하는 능력을 구비하는 것이다. 경쟁에서 우위를 유지하고, 변화되어 가는 외부 환경에 효과적으로 적응하기 위해서는 리더의 판단과 결심이 매우 중요하다. 리더가 상황을 정확하게 파악하고, 시의적절한 판단과 전략적 결정을 추진할 수 있어야 한다.

조사 대상은 가급적 다양하게 설정하는 것이 좋다. 다양한 계층의 의견들에서 공통적으로 제시되는 요인들은 해당 조직의 리더로서 갖추어야 할 필수요소가 될 수 있다. 계층별로 차이를 보이는 요인들은 조직의 계층별 리더상을 수립하는 데에 유용한 정보가 될 수 있다. 계층별 차이는 조직의 리더상이 2~3개의 계층으로 세분화시키는 데에 도움이 된다. 하위계층의 리더, 중간계층의 리더, 상위계층의 리더들에게 요구되는 사항들이 조금씩 달라지도록 리더상을 구성하는 것이 좋다.

2.2. 조사 방식

리더상을 선정하기 위한 조사활동은 다양하게 이루어질 수 있다. 가장 보편적인 방법은 설문지를 구성하여 의견을 수렴하는 것이다. 하지만 설문 조사 방법은 양면성을 갖고 있다. 설문지가 잘 구성될 경우에는 좋은 결과를 얻을 수 있지만, 설문 구성에서 문제가 있는 경우 잘못된 결과를 얻을 가능성도 매우 높다. 설문조사 방법의 문제점을 최소화 하기 위해서는 전문가의 도움이 반드시 필요하다.

면접은 설문지보다 더 구체적이고 정확한 의견을 수렴할 수 있다. 면접조사는 설문조사의 경우보다 응답자의 성실한 응답 가능성이 더 높다. 면접조사는 두 가지 유형으로 진행될 수 있다. 면접에서 질문할 내용들을 사전에 구성하고, 구성된 내용을 중심으로 면접을 진행하는 구조적 면접방법이 있다. 또한 구체적으로 정해진 틀 대신에 대략적인 방향을 갖고서 면접 내용에서는 다소 개방적으로 면접을 진행하는 방법이 있다.

문헌조사는 해당 직무의 성공적인 수행과 연관된 지침이나 교육자료들, 그리고 해당 분야와 연관된 리더십 연구 결과들에 대한 분석을 의미한다. 문헌조사는 리더상을 수립하는 데에 참여하는 전문가들에 의해 수행되는 것이 일반적이다.

2.3. 전인적 리더상 선정 사례(미 육군)

미 육군은 리더에게 요구되는 품성과 역량을 전인적 차원에서 제시하고 있다. 미 육군은 리더십 교범을 통하여 육군의 리더가 갖추어야 할 품성과 역량을 'BE, KNOW, DO' 개념에 맞추어 제시하고 있다. 여기서 'BE'는 리더가 갖추어야 하는 품성을 의미하며, 'KNOW'는 리더가 익혀야 할 기술과 역량을 의미한다. 'DO'는 리더가 갖추고 익힌 것을 바탕으로 조직을 이끌고, 조직을 개발하고, 조직의 목표를 달성하는 것을 의미한다. 미 육군에서 강조되는 품성과 역량은 다음의 도표에 제시되어 있다.

미육군의 장교에게 요구되는 요소들

품성(Attributes)과 역량(Competencies)을 갖춘 리더			
인성 (Character)	육군 7대 가치 공감 전사 윤리	이끌기 (lead)	타인 이끌기 지휘권을 초월한 영향력 확장 솔선수범 소통
갖춤새 (Presence)	군인적 자세 신체적 적합 침착성, 확신감 회복탄력성	개발하기 (develop)	긍정적 환경 조성 자기를 준비 타인 개발 (상담/코칭/멘토링)
지적 능력 (Intellectual Capacity)	정신적 명민함 합리적 판단, 혁신 대인관계 기술 영역별 지식	성취하기 (achieve)	상과 나타내기

이렇게 전인적인 관점에서 리더상을 설정하는 경우, 리더가 갖추어야 할 요인들을 품성과 역량으로 구분하기도 하지만, 기업의 리더십 개발 현장에서는

품성보다도 역량을 중심으로 리더십 개발 활동이 이루어지고 있다. 그 이유는 품성 자체의 개발 가능성에 대해 한계를 가정하고 있기 때문이다. 즉, 역량 중심의 리더십 개발을 강조하는 입장에서는 가치나 인성이 교육과 훈련을 통해 변화되기 어려운 대상으로 인식하고 있다. 그러나 군과 같은 조직에서는 여전히 리더의 품성에 대해서도 동일하게 그 중요성을 강조하고 있다.

— 03 —

리더십 개발 방법

리더십 개발은 다양한 방법을 통해 개발이 가능하다. 조직에서 구성원들의 리더십을 개발하기 위해 활용할 수 있는 방법들은 크게 세 가지 범주로 구분된다. 그중 첫 번째는 공식적인 교육과 훈련을 통한 리더십 개발이다. 이 방식은 주로 조직 차원에서 계획되고 운용되며, 일정한 기간 동안 업무현장에서 벗어나서 리더십 전문가에 의해 실시되는 것이 일반적이다. 두 번째는 직무 환경에서 직무경험을 통하여 리더십이 개발되는 것이다. 직무경험은 상사의 지도와 후견, 외부의 도움, 직무관련 기술 개발을 위한 도전, 특별 과제수행을 통한 성장 등 여러 가지 방식이 있다. 세 번째는 자기 조력 활동으로 개인이 스스로 실행하는 방식이다. 자기조력 활동의 예로는 독서, 시청각 자료 활용, SNS상의 자기개발 프로그램 활용 등이 있다. 앞에서 설명한 리더십 개발의 세 범주는 상호 독립적이라고 볼 수 없으며, 어느 정도는 공유되어 있다고 보아야 할 것이다. 공식적인 교육 훈련 프로그램에서 직무경험이나 자기 조력 활동을 포함할 수 있다.

실제로 조직현장에서 이루어지고 있는 리더십 개발 활동들을 보면, 세 가지 범주의 리더십 개발 활동들이 통합적으로 운영되지 못하고 일부 프로그램들을 부분적으로만 운영하는 경우가 많다. 그 이유는 해당 조직에서 요구되는 역량을 체계적으로 분석하지 못하고, 그 시기에 유행하고 회자되는 프로그램들을 그대로 받아들이기 때문이다. 또 다른 경우는 리더십 개발 계획이 최고 경영자 그룹에 의해 일방적으로 결정됨으로써 개발 계획 자체가 비체계적으로 구성되는 것이다. 가장 바람직한 리더십 개발 활동은 먼저 전문적인 부서에 의해 해당 조직에 요구되는 핵심역량들이 정확하게 파악되고, 이를 기준으로 현 상태가 분석되고, 개발 계획이 수립되는 것이다.

1. 공식적인 교육 훈련

조직에서 구성원들의 리더십을 개발시키기 위해 가장 많이 활용하는 방법은 공식적인 교육과 훈련 프로그램을 운용하는 것이다. 조직에서 운용되는 리더십 개발 프로그램들은 대부분 중간 또는 하위 계층의 관리자들을 대상으로 설계되는 경우가 많으며, 일반적으로 최고경영자들을 대상으로 하는 프로그램들은 매우 드물다. 또한 리더십 개발 프로그램들이 차후에 맡게 될 상위직을 준비하는 역량개발 교육이기보다는 현재 직위에 필요한 기술에 중점을 두는 경우가 많다. 프로그램의 교육 기간은 짧게는 하루에서 길게는 일 년 이상이 되는 경우도 있다. 조직에서 운영하는 공식적인 교육 및 훈련 프로그램들의 예로는 자체 경영연수원 과정, 기업대학 과정, 경영관리 훈련프로그램, 외부 세미나, 초청강연, 대학의 비정규 경영관리 개발 프로그램, 컨설팅 회사 프로그램에의 참여 등 다양하다.

1.1. 프로그램 유형들

기업 대학(사내 대학)

기업대학은 기업 또는 특정 직무에 특화된 훈련을 위해 기업내부에서 자체적으로 운영하거나 외부 대학과의 협력을 통하여 운영되는 교육 프로그램이다. 기업대학은 Leadership college, Sales college, Operational effectiveness college, Business skills college, Customer service college 등 다양한 명칭으로 운영되고 있다. 기업대학은 학위를 수여하는 체계를 갖추고 있지만, 학위 취득이 주된 목적은 아니다. 그보다는 기업에서 요구되는 역량 개발에 더 중점을 두고 있으며, 커리큘럼은 기업의 전반적인 전략에 조율되어 있다. 기업대학의 장점은 해당 기업의 선임 관리자들을 교육장면에 참여시켜 교육생들과 실제적이며 효용성이 높은 상호작용을 기대할 수 있다는 것이다. 현직의 관리자들이 교육에 참여할 경우, 직무와 연관된 실제적인 문제들과 이슈들에 대한 논의가 활발하게 이루어질 수 있다. 또한 강의자원의 고정적인 확보와 더불어 경험의 누적을 통하여 교육자의 수준을 향상시킬 수 있다(강성록 외, 2021).

세미나와 초청강연

세미나와 초청강연은 대부분의 조직에서 손쉽게 경험할 수 있는 프로그램들이다. 이는 해당 분야의 전문가들을 직접 초대하여 조직 구성원들을 대상으로 특정 내용에 대한 논의와 교육을 실시하는 방법이다. 내용면에서 보면, 리더십 이해, 의사소통과 영향미치기, 동기유발과 유지, 변화 관리, 갈등 해결, 코칭, 성과관리, 스트레스 관리 등 다양한 주제가 포함된다. 세미나와 초청강연 방식에 중요하게 고려되어야 할 점은 토의나 강연 내용이 조직의 경영철학과 요구되는 리더십 역량과 실제를 반영하는 것이어야 한다는 것이다. 그리고 이 방식을 가장 효과적으로 활용하기 위해서는 한 두 시간의 강연보다는 온전하게 하루 정도의 시간을 활용하는 것이 바람직하다.

외부 컨설팅 회사 프로그램 활용

조직 자체적으로 교육 및 훈련 프로그램을 갖추지 못한 경우, 또는 자체 프로그램만으로는 요구되는 역량개발에 한계가 있는 경우, 외부의 공인된 프로그램을 활용할 수 있다. 또는 리더십 개발 분야에 전문성을 갖춘 기관에 의뢰하여 조직에서 운영가능한 프로그램을 제작 의뢰할 수 있다. 외부의 프로그램을 활용하고자 할 경우, 사전에 해당 프로그램에 대한 효용성을 여러 채널을 통하여 검증하여야 한다. 아울러 내·외부 전문가들의 의견을 충분히 수렴한 이후에 외부 프로그램을 활용하는 것이 바람직하다.

1.2. 훈련 기법들

조직에서 공식적인 교육 및 훈련 프로그램들을 운영할 때 사용되는 기법들에는 다양한 유형이 있다. 전문적인 기술의 학습의 경우, 강의, 시범, 절차 매뉴얼, 지침서, 비디오테이프, 장비 시뮬레이션 등이 활용될 수 있다. 개념적 관리기술의 학습에는 사례실습, 경영게임, 모의게임, 비디오테이프 등이 사용될 수 있다. 대인기술의 학습에는 강의와 시뮬레이션, 역할연기, 집단 실습 등의 방법이 사용될 수 있다. 다음에서는 가장 대표적인 방법으로 행동역할 형성 훈련, 사례토의, 경영/모의 게임에 대해 살펴보기로 한다.

행동역할형성 훈련은 시범을 본 후 역할 연기를 통해 행동을 학습하는 방법을 말한다. 이 방법은 Bandura의 사회학습이론에 기초한다. 이 방법은 단순히 행동지침을 제시하고 시범을 보이는 것으로는 불충분하며, 실제적인 연습과 피드백이 함께 이루어져야 한다. 시범을 보일 경우 가능한 긍정적 행동과 부정적 행동이 보이도록 한다. 역할 연기는 학습요점을 적용하는 학습이며 다양한 출처의 피드백이 활용되는 경우 가장 효과적이다.

사례 토의는 조직에서 일어날 가능성이 높은 사례들에 대해 전문적인 강의자가 교육생들과 토의를 진행하는 것이다. 사례들로는 조직에서 일어난 사건들이나 리더의 생활사건, 조직의 경쟁전략과 재무성과를 기술한 것 등을 소재로 하여 교육 참가자들에게 분석적 기술과 의사결정기술을 함양시키는 방법이다. 토의는 학급전체가 토의하는 방식과 소집단별로 토의를 진행한 후에 전체 토의를 하는 방법이 있다. 이러한 사례 토의는 관리자의 당면상황에 근접한 상황조치 훈련이 가능하다는 점, 타인의 생각과 관점에서 사안을 이해할 수 있다는 점, 효과적인 관리자의 행동에 대한 이해를 증진시킬 수 있다는 장점을 갖는다.

경영게임과 모의게임은 지필방식으로 이루어지거나 컴퓨터에 기반을 두어 이루어질 수 있다. 진행은 먼저 복잡한 문제를 분석하고 결정을 내리고, 그 결정의 결과에 대한 피드백을 받는 방식으로 이루어진다. 가령 가격책정, 광고, 생산 산출물, 제품 개발, 경영관리 결정 등의 문제를 다룰 수 있다. 대단위로 이루어지는 모의 게임에서는 인지적 기술과 의사결정기술뿐 아니라 대인관계 기술도 강조된다. 모의 게임의 효과를 극대화시키기 위해서는 단기간에 시행되는 것보다 여러 차례의 시행을 통해 이루어짐으로써 피드백의 기회를 확대하는 것이다.

2. 경험학습 프로그램

효과적인 리더십에 필수적인 기술들의 많은 부분은 공식적인 교육 및 훈련 프로그램보다 경험을 통해 학습된다. 대표적인 경험학습으로는 중다출처 피드백, 개발을 위한 업무할당, 직무순환 프로그램, 실천학습, 멘토링, 경영자 코칭 등이 있다.

중다출처 피드백

중다출처 피드백은 360도 피드백, 중다평정자 피드백, 다면 평가 등 다양한 명칭으로 불리는 방법으로 개인의 활동에 대한 평가 결과를 피드백해 주는 것이다. 피드백의 정보는 표준화된 설문지를 통해서 산출될 수 있으며, 자신과 타인의 평가를 비교한 결과에 기초할 수 있다. 또한 숙련된 촉진자가 진행하는 워크숍을 통해서도 피드백이 주어질 수 있다. 피드백의 원천은 직상 상사, 동료, 부하, 코치 등이 다양한 집단으로부터 수집되도록 한다.

업무할당

개발을 위한 업무할당은 현행 직무를 수행하면서 추가적으로 특별한 업무를 할당하는 방법이다. 특별한 업무는 신규 프로젝트를 관리하게 하거나, 조직단위 훈련 프로그램의 개발 및 실시, 상사가 처리했던 행정관리 활동에 대한 책임 부여, 평가센터에서의 업무수행, 다른 부서의 탁월한 리더를 위한 참모 업무 수행 등의 다양한 방식이 활용될 수 있다.

직무순환

직무순환 프로그램은 6개월에서 3년에 이르기까지 다양하며, 조직 내에서 다른 기능의 하위단위에서 근무하는 경우를 말한다. 직무순환 프로그램은 협력 관계 기술을 개발시켜주고, 새로운 과제에 도전하는 경험을 함양시켜주며, 조직 내 타 부서를 이해할 수 있게 해 준다. 또한 이 방식은 조직 내 부서간의 상호 의존성을 인식하게 해 주며, 넓은 인맥 구축의 기회를 갖게 해주는 장점이 있다. 그러나 다른 한편으로는 직무순환으로 인하여 개인의 생산성이 저하될 가능성이 있으며 지원부서의 구성원들이 희생에 대한 불만을 토로할 수 있다는 문제점들이 있다.

실천학습

실천학습은 직무에서 일어나는 실시간 학습 체험으로서 조직의 요구와 더불어 개인의 발전이라는 두 가지 목적을 추구할 수 있는 프로그램이다. 실천학습에서는 문제상황이나 프로젝트가 주요 학습 경험이 된다. 실천학습 집단은 일반적으로 4~8명으로 구성하는 것이 효과적이다. 실천학습은 참가자들로 하여금 창의적으로 문제를 해결하는 능력을 배양시켜주고, 효과적인 팀원이 되는 방법, 조직의 생산활동에 대한 지식 획득, 발표 및 촉진 능력, 의사소통 기술, 대인관계 기술, 새로운 관점 갖기 등 다양한 경험을 제공한다. 실천학습(action learning)은 수개월의 기간에 걸쳐 실시되는 방법으로 현장 프로젝트 업무를 수행하면서 기술훈련 세미나에 참가하는 경우를 예로 들 수 있다. 세미나를 통하여 현행 직무의 생산성을 향상시키고 시스템을 개선할 수 있는 전략수립에 도움을 받을 수 있다.

멘토링

멘토링은 직무상의 유경험자가 경험이 부족한 사람을 도와주는 것이다. 멘토링은 리더십 개발에서 그 중요성과 유용성이 점점 더 증대되고 있는 활동이다. 멘토링은 면대면, 유·무선, 화상, 전자메일 등을 통해 이루어지며, 일 방향적인 도움활동보다는 협동적인 관계 속에서 활동이 이루어진다. 멘토는 신뢰받는 조언자, 코치, 교사, 역할 모델, 그리고 스폰서로서 활동하게 된다. 멘토는 대상자의 상사가 되어서는 안 된다. 멘토와 멘티는 멘토링 과정에서 어떻게 행동해야 하는 가에 대해서 교육을 받을 필요가 있다.

경영자 코칭

경영자 코칭은 개별화된 활동들 중에서 가장 대표적인 활동이다. 경영자 코칭은 일대일로 진행되는 과정으로 경영자들의 관리 역량과 대인관계 기술을 향상시켜서 성과향상을 저해하는 장애물들을 극복하고 더 큰 역량과 자기 확신을 갖게 해 준다. 경영자 코칭에서는 강점을 강화시키고 부정적인 상황을 재구성하여 자기를 제한하는 사고와 행동들을 제거함으로써 더 높은 성과를 나타내게 한다. 코칭을 하는 사람은 심리치료가도 아니며, 카운슬러나 멘토도 아니다. 코치는 코치이를 청취하고 지지와 격려를 통해 도전하게 하며 자기 확신을 갖게 한다.

3. 자기 조력 활동

자기조력 활동은 개인이 자기 자신의 기술을 개발시키기 위해 시도하는 활동들을 의미한다. 자기조력 활동의 예로는 실무 서적 독서, 상업용 영상 시청, 대화형 프로그램 활용 등의 방식이 있다. 자기조력 활동은 공식적인 교육 및 훈련 프로그램들과 병행되거나 경험학습의 촉진을 위해 이루어질 경우 보다 더 효과적이다.

리더십의 대가인 유클(Yukl)은 자기 조력 활동들이 효과적으로 이루어지기 위해 필요한 다음과 같은 지침들을 제시한다(이상욱, 2004).

- 경력 목표의 개인적 비전을 수립하라.
- 적합한 후견인을 찾으라.
- 도전적인 업무과제를 추구하라.
- 자기감독을 개선하라.
- 관련된 피드백을 추구하라.
- 실수로부터 배우라.
- 여러 관점에서 사건을 이해하는 법을 배우라.
- 쉬운 해결책을 믿지 말라.

— 04 —

리더십 개발 프로그램 평가[2]

조직에서 이루어지는 제반 활동들은 철저한 계획에 의해 실행되며, 실행 후 평가를 통해 해당 활동의 성과를 가늠하고, 평가결과는 향후 활동계획에 피드백 정보로 활용된다. 만약 조직의 사업이나 활동에 평가과정이 반영되지 않는다면, 그 사업이나 교육의 효과를 실질적으로 증명할 수 없으며, 잘못된 방향 또는 허구적인 활동으로 진행되더라도 수정 및 보완할 수 없게 된다.

가장 바람직한 모습은 평가활동이 개발 프로그램 운영 전반에 걸쳐 계획 단계에서부터 면밀히 검토되는 것이다.

1. 평가기능의 이해

리더십 개발에서 프로그램의 평가는 '정책이나 프로그램에 관한 의사결정을 목적으로 사회과학적 조사방법을 사용하여 정책 또는 프로그램의 수행 과정과 결과를 측정하는 일련의 절차'로 정의할 수 있다(Rutman, 1984).

리더십 개발에서 평가는 여러 가지 장점을 갖는다. Hannum과 Martineau, 그리고 Reinelt(2007)는 평가활동이 가져다 줄 수 있는 장점을 다음과 같이 제시한다. 첫째, 평가는 참여자, 해당 조직, 그리고 공동체가 어떻게 하면 리더십

2 리더십 개발 프로그램 평가에 대한 설명은 저자가 공동으로 집필한 저서(리더십의 이론과 실제 그리고 개발, 강성록 외 공저, 학지사, 2021)에서 저자가 담당한 부분의 내용을 그대로 인용하였음.

개발 프로그램을 완전하게 경험할 수 있으며 그 효과를 최대화할 수 있는지를 말해 준다. 둘째, 평가는 제안된 혹은 이미 존재하는 리더십 개발 활동들이 개발 목표에 더 가깝게 도달하도록 조율해 준다. 셋째, 평가는 리더십 개발 경험에 참여하는 것이 조직성과의 향상과 더 나은 조직사회로의 변화에 어떻게 연결되는가를 보여준다. 넷째, 평가는 어떤 리더십 역량이 특정 상황에서 가장 적합한 것인지 여부를 밝혀준다.

일반적으로 평가는 내부 평가자 혹은 외부 평가자로 구분된다. 내부 평가자는 프로그램 담당자나 조직 혹은 공동체의 일부가 되며, 외부 평가자로는 조직 외부의 평가자가 고용된다. 내부 평가자는 통상 프로그램이나 평가의 맥락을 잘 이해한다는 장점을 갖으며, 그 동안의 신뢰와 믿음을 통하여 보다 더 중요한 자료들을 수집할 수 있다. 그러나 내부 평가자는 그들 스스로가 조직에 소속되어 있기 때문에 도전적이거나 심도 깊은 평가를 하지 못하고 주어진 맥락 속에서만 평가할 가능성이 크다. 반면에 외부 평가자는 내부 평가자들보다 덜 편향된 기준을 갖고서 객관적으로 평가를 할 수 있다는 장점이 있다. 하지만 외부 평가자들은 프로그램이나 평가의 맥락을 충분히 이해하지 못하기 때문에 잠재적으로 공격적인 용어에 덜 민감하고 덜 중요한 사항을 추천하거나 선택할 가능성이 높다. 따라서 가능하다면 내부 평가자와 외부 평가자 모두를 활용하는 것이 최선의 방책이다.

리더십 개발 프로그램의 결과가 측정되어질 수 있는 영역은 다양하다. 가장 먼저 개인의 영역에서 리더십 개발여부를 평가할 수 있다. 이들은 개인의 지식, 기술, 가치, 신념, 정체성, 태도, 행동들과 능력들에서의 변화를 찾는다. 두 번째는 집단과 팀 영역이다. 이들은 작업집단의 분위기, 협동성, 생산성 등에서의 변화를 찾는다. 세 번째는 조직차원의 영역이다. 리더십 개발 프로그램들은 전략, 생존가능성, 생산품의 양과 질, 혹은 제공되는 서비스에 영향을 주고자 한다. 이에 따라 평가자들은 의사결정에서 리더십 파이프라인, 공유 비전, 전략과 활동들의 정렬 등에서의 변화를 찾는다. 그 밖에도 평가는 공동체 영역이나 학문 영역 그리고 사회망 시스템에서의 변화를 찾기도 한다.

2. 평가 설계 가이드라인

평가를 설계(계획)해야 하는 가장 이상적인 시기는 리더십 개발 프로그램이 설계되는 시점이다. 프로그램의 설계와 평가계획이 통합적으로 이루어질 경우, 평가질문들이 리더십 개발 계획의 설계에 도움을 주어서 더 높은 수준의 결과를 얻을 수 있다. 그러나 리더십 개발 계획을 설계하는 동안에 평가를 설계한다는 것이 항상 가능한 것은 아니다. 통상적으로는 리더십 개발을 설계하면서 평가의 필요성을 인식하지 못하거나 개발계획이 수립된 후에도 평가에 관심을 갖지 않는다.

다음에서는 평가활동이 올바르고 효과적으로 운용되기 위해 참조해야 할 가이드라인에 대해 설명하도록 하겠다.

첫째, 평가는 다양한 관점에서 영향정도를 살펴보아야 한다. 다양한 관계자 집단들이 다양한 관점을 갖고 있으며, 개발 활동에 참여한 사람들도 다양한 직책을 갖고 있기 때문에 타당한 평가를 위해서는 평가자들이 제반 관점들을 고려하는 것이 가장 바람직하다.

둘째, 평가는 관찰될 수 있는 여러 유형의 변화들을 평가한다. 리더십 개발 프로그램으로 인하여 참가자들에게 일어날 수 있는 변화는 지식, 인식, 개별 행동양식 등 다양하다. 수행성과 또한 개인차원에서의 성과와 집단과 조직차원에서의 성과로 구분될 수 있다. 장기적으로는 조직의 문화가 변화하는 것도 교육의 영향으로 판단할 수 있다. 리더십 개발 교육의 효과는 다양한 유형의 변화를 포괄하기 때문에 어디에서 효과가 있었는지 어디서 미흡하였는지 이해하는 것은 효과적인 평가를 위해서 매우 중요하다. 왜냐하면 개인들은 다양한 유형의 학습을 하게 되고 다양한 시점에서 변화가 나타나기 때문에 변화가 일어났을 때를 포착할 수 있도록 평가를 설계하는 것이 중요하다.

셋째, 다양한 자료 수집 방법을 사용하는 것이다. 어떤 방법도 완전할 수 없으며, 각각의 방법들은 나름대로의 장점과 단점을 갖고 있다. 다양한 방법을 사용하도록 설계된 평가는 다양한 종류의 영향에 대한 정보를 수집할 수 있다. 예를 들어 행동변화는 360도 다면평가를 활용하는 것이 효과적이며, 행동변화의 방해요소를 이해하기 위해서는 대면 인터뷰를 실행하는 것이 효과적이다.

넷째, 평가는 다양한 시간대를 기준으로 계획한다. 리더십 개발에서 평가가 회기(session) 또는 프로그램 종료 직후에만 실시되는 것은 아니다. 평가는 프로그램의 진행과정 중에 실시되기도 하며, 교육을 이수한 후 직무에 복귀하여 일정 시간이 지난 시점에 실시되기도 한다. 통상 리더십 개발과정에서 평가활동이 프로그램의 종료 후에 성과분석 개념으로 실시하는 경우가 대부분이다. 그러나 리더십 개발 프로그램의 실질적인 효과를 보고자 한다면, 프로그램의 실시 전과 실시 후에 평가를 실시하고 두 평가 결과간의 차이로서 효과를 입증해야 한다. 리더십 개발 프로그램의 효과는 단기, 중기, 장기적으로 나타날 수 있다. 따라서 참가자의 즉각적인 반응에만 평가를 한정할 경우, 장기간에 걸쳐 나타나는 효과를 놓치게 된다. 단기 영향은 참가자들이 개발 활동의 종료 직후에 무엇을 생각하는지를 포함하거나, 참가자들이 개발 활동을 통하여 얻게 된 새로운 아이디어나 자기인식이 무엇인지를 다루게 된다. 중기 영향은 대략 3~6개월 후의 효과를 측정하는데, 주로 개인의 기술 향상, 행동 변화, 팀 개발 등과 연관되어 있다. 장기 영향은 9개월에서 1년에 걸친 기간에 나타나는 효과로서 성과향상이나 다양한 복잡기술의 획득, 조직수준에서의 변화 등을 포함한다.

다섯째, 다양한 수준에서의 변화를 측정하는 것이다. 개인수준에서부터 집단수준 그리고 조직수준에 이르기까지 다양한 수준을 고려하여 평가를 설계해야 한다.

여섯째, 비교를 위한 통제집단을 활용하는 것이다. 통제집단의 사용은 평가에서 관찰된 조직에서의 차이가 리더십 개발 프로그램에 의해 유발된 것이라고 말할 수 있게 해 준다. 만약 통제집단을 사용하지 않은 채 리더십 개발 교육과정의 참가 집단만을 대상으로 변화를 측정할 경우, 그 변화가 다른 가외변인에 의해 유발되었을 가능성을 배제할 수 없게 된다.

3. 평가 내용과 방법

리더십 개발 프로그램의 효과를 평가하는 것은 단순히 프로그램에 대한 만족도만을 평가하는 것은 아니다. 리더십 개발 프로그램을 통하여 이루어질 수 있는 제반 변화를 평가하도록 해야 한다. 여기에는 개별 학습내용 조사, 개별 행동양식 평가, 조직 분위기 조사, 조직 문화 조사, 투자대 회수율 조사 등이 있다.

3.1. 평가 내용

개별 학습내용 조사는 리더십 개발 프로그램들을 통하여 새롭게 학습한 내용에 대해 알아보는 것이다. 이때 프로그램 실행 전에 실시한 기대조사 결과와 통합하여 자료를 분석해야 한다. 즉 프로그램 참가 전에 기대했던 학습내용과 프로그램에 참가한 후 인식된 학습내용을 비교하는 것이다.

개별 행동양식 평가는 개발 교육을 통하여 일어난 행동상의 변화를 측정하는 것이다. 행동변화는 양적으로 평가될 수 있지만 질적으로도 평가될 수 있다. 또한 행동상의 변화는 다양한 시점으로 구분하여 평가될 경우 보다 더 효과적이다. 평가는 현장관찰, 서면평가, 다면평가 등 다양한 방식으로 이루어질 수 있다.

조직분위기 조사는 리더십 개발 프로그램의 경험을 통하여 참가자가 소속된 집단이나 조직의 분위기가 어떻게 변화되었는가를 분석하는 것이다. 조직분위기 변화는 단기간에 나타나기 어렵기 때문에 중·단기적인 평가에 계획되는 것이 일반적이다.

조직 문화 조사는 조직이나 집단에 공유된 의식, 행동, 가치, 규범 등이 리더십 개발 프로그램의 경험으로 인하여 어떻게 영향 받는 지에 대해 알아보는 것이다. 문화의 변화는 단기간에 나타나지 않기 때문에 장기적이 평가계획에 의해 이루어진다.

투자대 회수율 조사(Return On Investment, ROI)는 리더십 개발 교육을 위해 소요된 비용을 계산하고 리더십 개발을 통해 예상되는 성과향상 실적을 계산하여 그 효용성을 구하는 것이다. 투자 대 회수율 조사는 이익을 추구하는 기업의 경우 매우 중요한 자료가 된다. 또한 ROI는 리더십 개발 프로그램의 지속적인 운영에도 도움이 되며, 최고 경영자의 신뢰와 지지를 획득하는 데에도 긴요하다.

3.2. 평가 방법

리더십 개발 프로그램의 효과에 대한 평가는 개발 프로그램 참가자, 참가자의 상급자, 하급자, 관리자 등 다양한 계층을 대상으로 이루어진다. 일반적으로 프로그램에 참가한 대상만을 평가하는 경우가 많은데, 효과적인 평가가 되기 위해서는 참가자와 연관된 다양한 집단의 의견과 평가를 종합하는 것이 좋다. 다면평가는 자기평가와 타인평가의 차이를 알 수 있으며, 상급자와 하급자들이 참가자에 대해 인식하는 차이를 관찰할 수 있다. 초점집단(Focus-group)을 대상으로 인터뷰 방식을 적용할 수도 있다. 6~10명 내외로 다양한 집단의 대표들로 구성한 집단을 대상으로 인터뷰를 하는 방식이다. 이 방식은 질적으로 수준 높은 정보를 획득할 수 있다는 장점을 갖는다. 리더십 개발 프로그램의 효과는 다양한 방법으로 평가될 수 있다. 다음에서는 대체적으로 많이 사용되는 평가방법에 대해 알아보도록 한다.

사전-사후 활동 평가(Pre-and Post-Initiative Assessments)

이 방법은 동일한 평가를 리더십 개발 활동 전과 후에 실시하는 것으로서 가장 많이 사용되는 방법이다. 사전-사후 활동 평가는 평가하고자 하는 것이 특수하고 구체적이어서 쉽게 관찰이 가능한 상황에서 잘 작동된다. 사전 평가와 사후 평가에서 평가내용은 동일한 것을 사용하는 것이 일반적이나, 목적에 따라서는 다른 내용을 평가할 수도 있다. 사전-사후 활동 평가를 운영할 경우, 두 가지 평가에서의 차이가 리더십 개발 활동 이외의 변인(가외 변인)에 의해서 나타났을 가능성에 유의해야 한다.

회고적 사전검사와 사후 평가(Retrospective Pretest and Posttest Assessments)

이 평가에서는 개발활동이 종료된 후 두 가지 검사를 동시에 실시한다. 하나는 프로그램이 시작되기 전의 상태를 회고하여 반응하는 것이며, 다른 하나는 프로그램 종료 후 현재 평가받고 있는 시점을 기준으로 참가자 자신에 관한 내용을 응답하는 것이다. 평가에는 참가자 본인, 상급자, 다른 관계자들이 참여할 수 있다. 이 방법의 장점은 다양한 관점에서의 평가를 포함한다는 것이다.

변화도 평가(Degree-of Change Ratings)

이 방법은 리더십 개발 프로그램의 경험을 통하여 나타났다고 생각되는 참가자들의 인식, 가치, 행동, 기술 등에서의 변화를 평가하는 것이다. 변화도 평가는 참가자를 대상으로 실시하는 것이 일반적이지만, 참가자와 관련된 다양한 집단을 대상으로 실시할 경우 더 정확한 정보를 획득할 수 있다. 이 방식은 사전검사를 실시하지 못한 경우를 보완할 수 있다.

4. 평가 모델

리더십 개발 프로그램의 평가에는 다양한 모델들이 사용될 수 있지만, 본 장에서는 Kirkpatrick(2007)의 훈련평가 프로그램을 먼저 소개한다. Kirkpatrick의 평가모델은 크게 4개의 수준으로 이루어져 있다. 수준 1은 반응(Reaction)으로 참가자들의 프로그램에 대한 호오도 내지는 만족도를 평가하는 것이다. 수준 2는 학습(Learning)으로 어떤 지식과 기술들이 습득되어 졌는가에 대한 평가이다. 수준 3은 행동(Behavior)으로 어떻게 다르게 수행하는가를 평가하는 것이다. 수준 4는 결과(Results)로서 기저에서 일어나는 효과를 측정하는 것이다.

반응 평가는 프로그램 참가자들을 대상으로 실시된다. 반응 평가는 참가자의 만족도에 관한 것으로서 참가자들이 훈련과정에서 얼마나 흥미를 느끼었는가를 측정한다. 반응 평가는 학습 내용이나 직무에서의 응용 능력 등은 측정하지 않는다. 반응 평가에서 질문들은 트레이너의 지식을 측정하기 보다는 트레이너의 소통 및 묘사 능력을 평가한다. 반응 평가는 일명 'smile sheets'라고 알려져 있으며, 간혹 평가에서 중요하게 생각되지 않고 생략되기도 한다. 반응 평가의 결과는 참가자의 만족도와 더불어 프로그램의 수정 소요를 말해 준다. 프로그램에 대한 흥미도는 프로그램에 대한 평판에 영향을 주며, 프로그램의 지속성에도 영향을 준다. 한 가지 문제는 반응 평가를 너무 의식하여 프로그램을 인기 위주로 구성할 가능성이 있다는 점이다.

학습 평가는 참가자 또는 트레이너를 대상으로 실시된다. 참가자를 대상으로 한 경우, 참가자가 리더십 개발 프로그램을 통하여 획득한 지식(인지 영역), 행동(기술 영역), 태도(정서 영역) 등을 평가한다. 평가 시기는 프로그램 실행 전·중·후로 구분된다. 학습 평가는 교수자(Instructor)의 효과성을 중점적으로 측정한다. 즉 교수자가 교육내용을 성공적으로 전달하였는지 여부를 판별한다. 학습 평가는 검사(test)와 관찰(observation)의 방식으로 이루어진다. 검사는 표준화된 측정도구를 사용하는데, 외부에서 제작된 것 혹은 내부에서 자체 제작된 것을 사용하여 프로그램의 실시 전과 실시 후에 평가하여 그 차이를 검증한다. 관찰은 훈련교관들이 실제 직무상황에서 참가자들의 실습과 응용 기술들을 관찰하는 것이다.

행동 평가는 참가자, 관리자, 부하, 동료 등을 대상으로 실시된다. 행동 평가의 평가 내용은 참가자들이 어떻게 다르게 행동하는가? 참가자들의 직무수행 방식에서 변화는 무엇인가? 등에 관한 답을 찾는 과정이다. 행동 평가는 교육이 종료된 후 약 3~6개월이 경과한 시점에서 이루어진다. 행동 평가는 참가자들이 학습내용을 각자의 작업환경에 적용하였는지에 대해 판단하는 것이다. 평가 방법으로는 조사, 인터뷰, 관찰, 수행평가 등이 있다. 행동 평가는 시간이 많이 소모되고 비용 또한 많이 요구된다. 행동 평가에서 효과적이지 않게 나타난 경우, 운영자는 참가자들로 하여금 효과가 나타나지 않은 원인을 스스로 생각해 보도록 동기유발 시켜야 한다.

결과 평가는 리더십 개발 프로그램의 효과를 결정하는데, 리더십 개발 프로그램들이 조직의 목표와 목적을 어느 정도 달성하였는지를 나타낼 수 있다. 결과 평가는 참가자와 통제집단을 대상으로 실시되며, 평가 시기는 행동의 수준에 대한 평가가 종료된 후이다. 이때 평가 방법은 투입 대 효과를 분석하는 것이다. 결과 평가에서는 리더십 개발 프로그램의 설계과정 초기에 실시한 요구분석(need analysis)의 내용을 포괄해야 한다. 결과 평가에서는 산출물, 판매, 실행 비용, 고객 만족도, 질적 기준, 안전 기록, 턴 오버 비율, 결근, 고용인 침체, 고용인 만족도, 부채 변화, 승진 등의 자료들이 사용된다. 결과 평가는 시간 변화에 따라 달라질 수 있기 때문에 평가를 주기적으로 반복하는 것이 좋다. 결과 평가에서 측정하고자 하는 결과에 미치는 현실적인 요인들이 많기 때문에 순수하게 훈련의 영향만을 판단한다는 것은 매우 어려운 일이다.

훈련결과 측정(Lawson, 2008)

구분	1(반응)	2(학습)	3(행동)	4(결과)
무엇을	사람들이 좋아하였는가?	어떤 지식/기술을 습득했는가?	어떻게 다양하게 수행하는가?	실제 장면에서의 효과는?
누가	참가자	참가자 훈련자	참가자, 동료, 책임자, 부하	참가자 통제집단
언제	훈련 후	훈련 전 · 중 · 후	훈련 종료 후 3~6개월	수준 3 조사 이후
어떻게	스마일 조사지	사전/사후검사 역할연기를 통한 기술응용 사례연구, 실습	조사, 인터뷰, 관찰, 수행평가	비용이익분석, 추적조사, 실행 자료

참고문헌

강성록, 고재원, 김용주, 박희태, 이민수, 이현엽, 임유신, 정원호. (2021). **리더십의 이론과 실제 그리고 개발**. 학지사.

김경섭 역. (2007). **최고의 리더**(제임스 쿠제스, 베리 포스너 공저, 2006). 비즈니스북스.

김상환 역. (2016). **세상에서 가장 강한 힘-경청**(제임스 셀리번 저, 2000). 미다스북스.

김인자, 우문식 역. (2014). **마틴 셀리그먼의 긍정심리학**(마틴 셀리그먼 저, 2002). 물푸레.

김정욱, 권석만, 정남운. (2000). 한국판 대인관계 문제 척도(K-IIP)의 개발: 요인구조 및 심리측정적 특성. **한국심리학회지: 상담 및 심리치료**, Vol. 12, No. 1, pp 153-175.

김중웅 역. (2006). **앨빈토플러, 부의 미래**(앨빈 토플러, 하이디 토플러 공저, 2006). 청림출판.

김태열, 박기찬, 박원우, 이덕로 역. (2015). **조직행동론**(로빈스, 져지 공저, 2014). 한티미디어.

권석만. (2018). **젊은이를 위한 인간관계의 심리학**. 학지사.

문용린. (2007). **하워드 가드너 다중지능**. 웅진지식하우스.

문일윤 역. (2007). **미래형 리더**(헤셀바인, 골드스미스 공저, 2006). 북@북스.

박원우. (1998). **임파워먼트 실천 매뉴얼**. Sigma Insight Group.

박유진. (2020). **리더십의 이해와 개발**. 수정판. 양서각.

박재호. (2007). **자기개발 리더십**. 생능출판사.

박정숙 역. (2002). **위대한 나의 발견, 강점 혁명**(마커스 버킹엄, 도널드 클리프턴 공저, 2002). 청림출판.

반광식 역. (1996). **뇌내 혁명**(하루야마 시게오 저). 사람과 책

백기복. (2016). **리더십 리뷰 2판**. 창민사.

백기복, 서재현, 구자숙, 김정훈. (2010). **한국형 리더십**. 인사조직연구, 18(4): 33-69.

백순근. (2006). **학교정책평가의 필요성 및 지향점**. 학교경영. 19(9), 46-51.

송경근, 김진철 역. (2000). **리더십 불변의 법칙 5**(쿠제스, 포스너 공저, 1995). 한·언.

안상윤. (2015). **자기주도 성공 리더십 개발**. 비즈프레스.

연호택, 박종호 역. (2006). **리더십 바이블**(골드스미스 등 공저, 2003). 브레인.

오헌석. (2009). ASTD **인적자원개발 트랜드**. 학지사.

우종민. (2013). **심리경영**. 해냄.

유은식 역. (2003). **우아한 노년**. 사이언스북스.

이덕남 역. (2010). **행복의 조건**(조지 베일런트, 2002). 프런티어.

이상욱 역. (2004). **현대조직의 리더십 이론**(유클 저, 2002). 시그마프레스.

이재열. (2010). **생활 속의 인간관계론**. 북코리아.

정성묵 역. (2005). **톰 피터스의 미래를 경영하라**(톰 피터스, 2002). 21세기 북스.

조지 베일런트. (2010). **행복의 조건**. 프런티어.

천태윤. (2014). **조직 및 인적자원 역량개발과 역량 강화**. 삼현출판사.

최영순 역. (2007). **신념의 마력**. 비즈니스북스.

최은수. (2016). **리더십 개발 프로그램, 이론과 사례**. 공동체.

최인철. (2016). **프레임**. 12세기북스.

최종안, 이인하, 최인철, 최은수. (2016). 낙관적인 사람이 행복할까, 행복한 사람이 낙관적일까?: 낙관성과 행복간 인과간계 탐색. **한국심리학회: 사회 및 성격**, vol. 30, No. 3, pp 95－114.

최호영 역. (2008). **학습된 낙관주의**. 21세기북스.

최호영 역. (2019). **아들의 삶의 의미**(알프레드 아들러 저). 을유문화사.

홍석환. (2011). **인재유형별 선발, 육성 및 관리 방안**. HRD 컨퍼런스.

Alderfer. C. P. (1969). An empirical test of a new theory of human needs. *Organizational Behavior and Human Performance*, 4(2), 142－175.

Avolio, B., Waldman, D., & Yammarino, F. (1991). Leading in the 1990s: The four I's of transformational leadership. *European Industrial Training*, 15, pp. 9~16.

Bass, B. M. (1985). *Leadership and performance beyond expectations*. New York: Free.

Bass, B. M., & Avolio, B. J. (1994). *Improving organizational effectiveness through transformational leadership*. Thousand Oaks, CA: Sage.

Beer, M., Finnstrom, M., & Schrader, D. (2016). Why leadership training fails and what to do about it. *Havard Business Review*. Oct.

Byrne, J. C., & Rees, R. T. (2006). *The successful leadership development program: How to built it and how to keep it going*. Pfeiffer.

Colvin, G. (2007). "Leader machines". *Fortune*, vol. 156, Nr. 7, Oct. 1.

DeNisi, A. S., & Kluger, A. N. (2000). Feedback effectiveness: can 360–degree appraisable be improved? *Academy of Management Executive*, 14(1), 129–139.

Geroge, B. (2003). *Authentic leadership: Rediscovering the secrets to creating lasting value*. San Francisco: Jossey–Bass.

Hannum, K. M., Martineau, J. W. (2008). *Evaluating the impact of leadership development*. Center for Creative Leadership.

Higgins. E. T. (1987). Self–discrepancy: A theory relating self and affect. *Psychological Review*, 94, 319–340.

House, R. J. (1977). A 1976 theory of charismatic leadership. In J. G. Hunt & L. L. Larson(Eds.), *Leadership The cutting edge*. Carbondale: Southern Illinois University Press.

Howard, A., & Wellins, R. (2008). *Global leadership forecast 2008/2009: Overcoming the shortfall in developing leaders*. Bridgewille, PA: DDI Center for Applied Behavioral Research.

Hughes, R. L., Ginnett, R. C., & Curphy, G. J. (2009). *Leadership*. The McGraw–Hill Companies, Inc.

Katz, R. L. (1955). Skills of an effective administrator. *Harbard Business Review*, Jan.–Feb., pp. 33~42.

Kirkpatrick, D. L. (2007). "The Four Levels of Evaluation." *Infoline*, Jan. Issue 0701. Alexandria, VA: ASTD Press.

Kouzes, J. M., & Posner, B. Z. (2006). *A Leader's legacy*. Jossey–Bass.

Lawson, K. (2008). *Leadership development basics*. ASTD Press.

London, M. (2002). *Leadership Development*. New York: Psychology Press.

Mann, R. D. (1959). A review of the relationship between personality and performance in small group. *Psychological Bulletin*, 56, 241–270.

Mann, F. C. (1965). Toward an understanding of the leadership role in formal organization. In R. Dubin, G. C. Homans, F. C. Mann and D. C. Miller(Eds.), *Leadership and Productivity*. San Francisco: Chandler.

Martin, C. (2005). *Coffee at luna's: a business fable*. NFI Research.

McClelland, D. C. (1965). N−achievement and entrepreneurship: A longitudinal study. *Journal of Personality and Social Psychology*, 1, pp. 389~392.

Miner, J. B. (1965). *Studies in management education*. Atlanta: Organizational Measurement Systems Press.

Mumford, M, D., Zaccaro, S. J., Harding, F. D., Jacobs, T. O., & Fleishman, E. A. (2000). Leadership skills for a changing world: Solving complex social problems. *Leadership Quarterly*, 11(1), 11−35.

Northouse, P. G. (2016). *Leadership: Theory and practice(7th.)*. CA: Sage.

Raths, L. E., Harmon, M., & Simon, S. B. (1960). *Values and teaching*. C. E. Merrill Books, Inc.

Rutman, L. (1984). *Evlauation research method: A basic guide*. SAGE Publications.

Schrader, D., Finnstrom, M., & Beer, M. (2016). 리더십 교육은 왜 실패를 거듭할까. *Harvard Business Review−Korea*, 10월호.

Stogdill, R. M. (1948). Personal factors associated with leadership: A survey of the literature. *Journal of Psychology*, 25, pp. 35~71.

Stogdill, R. M. (1974). *Handbook of leadership: A survey of theory and research*. New York: Free Press.

Tyler, R. W. (1949). *Basic Principle of Curriculum and Instruction*. Chicago: University of Chicago Press.

Walumbwa, F. O., Avolio, B. J., Gardner, W. L., Wernsing, T. S., & Perterson, S. J. (2008). Authentic leadership: Development and validation of a theroy−based measure. *Journal of Management*, 34(1), 89−126.

Williams, R. L. (2005). *Tell me how i'm doing: a fable about the importance of giving feedback*. AMACOM.

Zaccaro, S. J., Kemp, C., & Bader, P. (2004). Leader traits and attributes. In J. Antonakies, A. T. Cianciolo, & R. J. Sternberg (Eds.), *The nature of leadership* (pp. 101−124). Thousnad Oaks, CA: Sage.

찾아보기

[ㅎ]

저자 소개

김용주

육군사관학교 졸업. 재학 중 서독 사관학교 수학.
서울대학교 심리학과에서 학사와 석사 그리고 독일 기센대학교에서 박사학위 취득.
미국 노스캐롤라이나 샬롯 주립대학, 오리건 주립대학 교환교수.
육군사관학교 리더십 센터장과 사회과학 처장 역임.
현재 육군사관학교 심리경영학과 교수로 재임.

심리학, 리더십, 인지심리학, 군사심리학, 리더십 개발 등 강의.
병 인터넷 중독, 병 스트레스, 장병 가치관, 초급·중급·참모장교 리더십 진단도구 개발.
독일군 임무형 지휘와 내적 지휘, 병 정체성, 군기강, 부대정신, 안보의식,
SYMLOG, 생도선발제도, 테러에 대한 심리적 대응체계, 사회공학, 적성검사 등 연구.

심리학 개론, 리더십 개론, 독일연방군 총서, 임무형 지휘, 제복을 입은 국민의 군대,
교육에 대한 이해, 심리학의 군사적 활용, 리더십의 이론과 실제 그리고 개발 등 저술.

세상을 지배하는 STC 리더십

초판발행 2022년 7월 30일

지은이 김용주
펴낸이 노 현

편 집 탁종민
기획/마케팅 이후근
표지디자인 BEN STORY
제 작 고철민·조영환

펴낸곳 ㈜ 피와이메이트
서울특별시 금천구 가산디지털2로 53, 210호(가산동, 한라시그마밸리)
등록 2014. 2. 12. 제2018-000080호
전 화 02)733-6771
f a x 02)736-4818
e-mail pys@pybook.co.kr
homepage www.pybook.co.kr
ISBN 979-11-6519-293-8 93320

정 가 20,000원

박영스토리는 박영사와 함께하는 브랜드입니다.